大師教你學八字

中國五術教育協會 副理事長
黃恆堉◎著

大師系列 07

關於編校者

黃恆堉

◎台中市五術教育協會　理事長
◎吉祥坊易經開運中心　負責人
◎右成企管顧問有限公司　負責人
◎中國五術教育協會　副理事長兼學術講師
◎新竹中華風水命相學會　名譽會長
◎台灣省星相卜卦與堪輿職業工會　監事
◎中信、住商、信義房屋　陽宅教育訓練講師
◎永春不動產加盟總部　陽宅教育訓練講師兼顧問
◎美國南加州理工大學　ＭＢＡ
◎國際行銷大學企業行銷班　講師
◎中、小學、大專、社團　全腦開發兼任講師
◎電視台命理開運節目　老師
◎大學社團、讀書會　命理與人際關係養成講師
◎各大壽險公司　命理行銷專題講師（1000↑場）
◎扶輪社、獅子會、青商會、婦女會等社團　命理講座

著有：學八字，這本最好用
學姓名學，這本最好用
學數字論吉凶，這本最好用
初學手相，這本最好用
大師教您論八字
八字論命軟體一套
姓名學軟體一套
數字論吉凶軟體一套
奇門遁甲軟體一套
行爲傾向分析軟體一套
擇日合婚軟體一套

諮詢電話：04-24521393 0936286531

洪銘綻理事長　推薦序

為什麼要學八字，因為要知命，知命後才能造運，人生一輩子的過程分為、天時、地利、人和，我們常聽人家說命不能改（天時），但運是可以創造的（地利、人和）。所以學了八字以後，咱們就可以依命盤的先天氣數與五行相對應關係，來安排規劃我們的未來，所以學八字可說是對日後命運的一種妥善安排，希望大夥都來學八字。

一本好的八字專業書籍並不是內容寫得很深入才能顯得有學問，而是編寫得讓讀者能看得懂，學得會，最好能淺顯易懂才是好書，當黃老師交給我這本書的草稿時，我很快就閱讀完畢。本書適合初學者，當然也適合學過八字的中高學程者，因為書中採用命盤卦例的方式導引讀者按圖索引，好讓讀者知道命盤中相關五行之刑、沖、合、害相互間會產生什麼樣結果，探原因、講道理由淺而深交代很清楚，這可是我看過最深入淺出的一本八字規劃工具書。

黃老師在這本書中談到如何從不會八字到怎麼論八字都一一舉例說明：從排盤到天干地

支的各種剋應，以及在命盤中各個天干地支所代表的涵義，再延伸到一個人如何從命盤中看出一生中的個性、機遇、神煞、健康、婚姻桃花、事業、工作運，還有一生中最有幫助的顏色、幸運數字，以及流年、流月、流日的財運如何，在這本書都用最簡單的方式切入重點，好讓讀者一次學會，好讓讀者看完本書後也能自我診斷自己的八字命格及日後的行運，所以這是一本資料收集相當完整的一本八字工具書，很值得讓想學八字的人收藏保有，隨時要查就可以找到答案。

黃老師在近幾年中也陸續寫過多本命理書籍，而且每一本都淺顯易懂，更受到眾多讀者的好評，相信這本八字教學工具書也同樣會受到讀者肯定的，先在此恭喜，最後祝各位有緣的讀者均能心想事成，事事如意！

洪銘綻老師　台灣省星相卜卦堪輿職業工會聯合會 理事長
台中縣星相卜卦與堪輿職業工會 理事長
中友電台FM102.5頻道【妙算人生】節目主持人

洪富連老師 推薦序

「三分天註定，七分靠打拼」這句流行歌詞，言之有理，對鼓舞人生向上有正面的效果。

唯古人又云：「一命、二運、三風水、四積德、五讀書」，似乎透露命運對人生的影響力是不容忽略的。

人一生的發展，有許多不確定的因素及難以捉摸的變數在操控著，有智慧的人會去掌握命運來破除這些障礙以挑戰未來，開創自我生命的新契機，八字命理就是掌握命運的最佳媒介之一。

在資訊科技發達的時代，本會副理事長黃君恆堉兄與東海易經研究中心張新彩老師合力，以其聰穎絕頂的研發高手，將他多年傳授的八字命理，開發一套「八字論命軟體」，對芸芸眾生在紛紛擾擾的人生旅途中，欲順利前進時本鉅作無疑是一盞指引的明燈。

恆堉老師應廣大民眾之邀，著作本書發行前夕，樂予書序以推介之。

中國五術教育協會
創會理事長　洪富連　乙酉年桐月謹序於清水龍門

（按「中國五術教育協會」係內政部立案的全國性五術學術研究及教育的團體。除發行五術刊物《星元》雜誌外，也為台灣新生報及中央日報編訂年度民曆；更積極推廣民衆山、醫、命、卜、相等五術教育。**歡迎有志之士加入該協會的行列**，參加本協會有許多好處，每年舉辦會員大會贈送價值非凡贈品及《星元》雜誌以及辦理多次免費命理講座及五術學習課程，更能認識台灣各界五術大師、增廣見聞，每年舉辦五術義相義診增進人際互動，參加者絶對值回票價，歡迎索取年度活動簡章。）

總會會址：433台中縣沙鹿鎮星河路766號
服務電話：04-26224934、0920-598659　洪富連老師
台中會址：407台中市西屯區西屯路2段297-8巷78號
服務電話：04-24521393、0936-286531　黃恆堉老師

陳明荷理事　推薦序

因爲10幾年前的因緣，接觸五術的命與相，因而隨處與人結緣，當作與人互動的話題。無心插柳在18年後，又一個因緣再起，參與台中五術教育協會，更加廣泛的研究五術，也因各大名師的聚集，有更多學習的機會。看了很多的五術著作，才知過去所學的八字不夠深入，而起了再學之心，在近兩年看了黃老師的多本著作後，突然覺得命理書籍並不難嘛，跟以往所看過的命理書籍，顯然有很大的差別。

黃老師因有過去參與行銷大學教育研究的講師訓練，在專業講師的訓練下，對表達及敘述部份能很詳細而有系統的解説，由淺而入深。而且配合文字及電腦活潑以及圖文並貌方式來引導學生學習，因此在書本的編排上眞是易懂易學，尤其在八字論斷表達上，得體又容易被接受，有如與人面對面對話般，讓人有親切感，因而獲得不同階層人士對八字學習的興趣。

以往黃老師所出版的幾本書也都受到好評，主要是因讓學生感覺不難學，所以有句話説得很貼切：沒有教不會的學生，只有不會教的老師。在這本八字初、中、高階的書問市前夕，我用很短的時間就看完手稿覺得很有系統且很好學，黃老師特邀我幫他寫推薦序，像這麼有親和力，整理資料功夫又這麼符合人性的老師要再度出書，當然很高興為他推薦。

黃老師在五術界的心願，是想開發更多的軟體，以輔助專業命理師，讓他們更得心應手來服務客戶，這種前瞻性的想法完全符合，未來趨勢也滿足六年級、七年級生的需求，因此黃老師的著作保證值得一看或收藏，黃老師可說是業界的奇葩。

陳明荷　台中市五術教育協會　常務理事
中國五術教育協會　顧問

八字軟體作者張新彩 老師序

八字命理學，是我國固有的傳統文化，在五術中最爲簡便，卻又是最爲精深的論命哲學。因此，許多研究八字者，常常排好命盤後，又難以啓齒論斷，找不出喜用神，定不出命格高低。有鑑於此，筆者特將平日爲人論命所獲得之心得，及蒐集多位命學先進精闢之見解加以分類解說。只需將個人出生時間輸入電腦軟體，即可將個人命造格局高低、用神取法、性情、健康、婚姻、六親、行業、財運及行運等之吉凶，加以系統的分析解說，即可知一生的窮通禍福、吉凶得失，以預做防範。

在工作領域或企業界，乃至於公私機關，應如何善用命理之特性來輔助管理與經營。需知八字命運乃天命因果之所在，宿世習氣之所染，對於我們所遭遇的一切好壞、吉凶、得失、順逆等都應坦然面對，不可怨天尤人，並積極改造自己不良的習性和觀念。當處在好的命運時，可盡情發揮所長；如遇到命運不佳時，應針對自己先天命格上的缺失，設法突破改造。比如命書有云「傷官見官，禍害百端」，此爲早期士大夫之社會價值觀，唯有當官才是人生的最終目標，若命上傷官星過重時會剋制正官，則仕途無望、災禍多端。但今日多元化的社會，為官並非人生唯一的選擇，所以如果命上傷官星重的人，反而可利用傷官「多才多藝」與「才華巧思」的特性，從事自由業、影歌星、運動員、律師、文學家或命理師等行業，則同樣可功成名就。如此，也改造了我們的命運，即所謂的「知命造運」說。

余從事命理工作二十餘載，至各單位講授五術之學亦已十數寒暑，有感於命學浩瀚無涯，命理千變萬化，誠非筆者一己之力所能完全貫通與領悟。本軟體之製作，承蒙黃恆堉先生、管嘉駿先生、張碧種先生等同好及軟體工程師許秋香小姐之協助，歷經四年多時間之研發、測試與修正，得以順利推出，在此一併致謝。唯自己才學有限，恐多謬誤，祈先進賢者不吝指正。

張新彩老師
東海社區發展協會　理事長
行政院中區職訓中心易經講師
中興大學易經、八字命理講師

作者黃恆堉　老師序

命運是指人一生所遭遇的吉凶禍福。

同年、同月、同日、同時生的人，因爲有相同時間、環境、個性等類似情形，從演繹歸納統計結果，世間約有二十五萬種不同的命；這二十五萬種命只可言大同小異，但不可能完全相同，因爲影響命運的因素，尚有後天的出生地點、姓名、外貌、道德修養……都是左右成敗因素的關鍵，人的一切行爲與遭遇，並非先天註定後一成不變，約有二成的人，仍受先天出生時間地點所導引。

本書作者意在求「趨吉避凶」知命用命，以達人生規畫之目的，從理財的角度而言，爲何有人在股市得利，而有人卻賠錢收場，二人同時進場，各買相同的股票，結果獲利不一樣，如能在人生的投資理財中能達到避凶趨吉、指點迷津效果，爲本書最大願望。

孫子兵法說：「知己知彼，百戰百勝。」科技時代資訊發達，生存競爭非勝即敗，人生旅途戰場，只有認清自己、瞭解別人，才能創造美好人生。

速食文化是現代產物，想學一門新學問，可藉由電腦資訊的輔助，不必花很多時間、精力便可事半功倍，何樂而不為呢？

小書將呈獻給想認識自己、認識家人，或朋友，如果你認為命理是一門深奧學問，不知從何著手，又沒時間學習的人，只要你相信命運，其他複雜的命運演變過程都交給電腦處理，至於想進一步高深研究的朋友，可參考其他命理書籍。

生存在競爭激烈的社會裡，一生奮鬥過程中，有先富後貧，亦有先貧後富；有健康長壽，亦有因病早逝；有暴發富突然猝死，亦有貧困而遐想有意外成功，卻有更多的人終生勞碌而一事無成；有學識淺薄卻能名利雙收，而滿腹經文卻不得志等……，此即不了解自己天賦才能，不知自己運勢如何運用，無法掌握自己，人的一生機會不多，所以必須從了解自己開始研究才對。怎樣研究自己天賦及運勢的運用就是本書主要內容，不要羨慕別人榮華富貴，只要你知道把握時機，運用自己，知運造命，將來成功就是你的。

應廣大讀者要求，特別將筆者銷售很好的《學八字，這本最好用》與《大師教你論八字》兩書合而為一而成本書，以精裝本方式呈現，增加讀者典藏的價值。

目錄

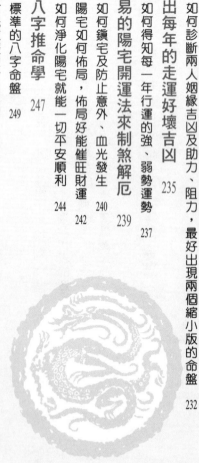

八字論命軟體（專業版）共有60多項論斷功能

本書所附贈之（試用版）軟體以下反白之項目均可使用

A、八字基本資料與修改

1、人生八大目標調查分析
2、八字基本命盤(A)
3、八字基本命盤(B)
4、八字命盤轉word檔
5、喜用忌神可由購買者修改
6、可由購買者自行修改命盤格局

B、基本命理分析

7、性情優缺點及血型星座分析
8、個人特質神煞分析
9、個人一生之機遇分析
10、先天命運分析
11、一生關鍵之喜忌神論斷
12、一生喜忌顏色分析
13、一生中之幸運數字分析健
14、康狀況及先天宿疾
15、八字中帶有的疾病婚
16、姻對待及桃花私情
17、六親間的緣份與助力
18、一生較有緣之人士
19、論朋友緣份及合夥吉凶
20、論行住坐臥及貴人方位
21、先天之讀書運及考試運
22、出生嬰兒所犯之小兒關煞

C、個人理財機遇分析

23、十年大運各大運財運旺衰分析
24、每年（流年）財運運氣旺衰分析

D、投資理財分析

25、每年（流年）整體運氣細部分析
26、每月（流月）財運運氣旺衰分析
27、每日（流日）財運運氣旺衰分析
28、適合一生本命發揮之行業及建議上班較佳或做生意較好
29、在事業及工作上有何助力及阻力
30、依命盤分析何時進行投資計劃
31、流年吉凶剖析
32、流年有無官司是非檢查表
33、流年有無意外、血光檢查表
34、流年有無破財、損失防患表
35、流年姻緣、結婚時機掌握表
36、個人先天八字輕重一覽表
37、易經陽宅命卦流年吉凶建議表

E、開運制煞篇

38、如何調氣使人神清氣爽好運連連
39、如何鎮宅及防止意外、血光發生陽宅
40、如何佈局，佈局好，能催旺財運
41、如何淨化陽宅，就能平安順利
42、本命八字五行欠缺或過多、如何補運
43、如何得知每一年的運勢強弱
44、如何才能催旺桃花、姻緣，讓感情順利
45、如何從命盤得知本命或行運空亡
46、如何診斷兩人姻緣吉凶及助力，阻力

F、特殊功能簡介

47、有農民曆之擇日功能隨時查閱以備不時之需
48、軟體已設計好封面（分直式、橫式）

49、只要套名字即可印出漂亮命書
50、本軟體所有解說均可修改或刪除也可
51、增加個人論斷且可存檔列印
52、剖腹生產擇日挑選功能（只需輸入預產期及男女別，免除人工挑選之麻煩）
53、可選擇要不要區分早晚子時之排盤方式
54、客戶資料及內部資料可做備份防當機
55、可自行修改館號及內容，眞正成爲老師您自行開發的專業軟體

G、**知命造運改變一生**

56、以命盤的刑沖合害來論斷會有的現象
57、用命宮來論斷一個人的特性
58、論四柱及十二運星空亡之各種現象
59、以命盤五行之旺度來分析性情
60、用什麼方式表達自己以尋找對象
61、未來自己子女現象解析
62、以喜用神的十神來選行業別
63、一生適合什麼樣的工作及位階
64、每個大運會有什麼現象發生
65、每年會有什麼現象發生
66、每月會有什麼現象發生
67、流年十二神煞分析及解法
68、出生後上大運該做什麼
69、一生中的財富演變預估

經過數百位老師親身印證都說讚一個人的流年命書約可印出60~80張保證論斷內容最精實，保證論斷內容最淺顯，保證內或外行都看得懂

如果需要專業版軟体請洽 04-24521393　吉祥坊易經開運中心　黃老師

第一章

八字的基本認識

第一節　什麼是八字流年

我們常在坊間聽到「走，我們去批個八字流年。」什麼是八字呢？八字就是一個人出生時的年、月、日、時，當一個人出生時的那一剎那就決定了先天命運，這就是所謂的落土時八字命，俗稱（天時）要算出八字流年就將生辰套用八字公式排盤即可排出年（干、支）、月（干、支）、日（干、支）、時（干、支）總共八個字。在這八個字中就可推論出一個人現在、未來的運勢，八字的好壞不是由我們決定，而是由父母決定，但長大後的命運則是由我們自己決定，所以說：命不能改，但運確可以轉變，如果能知命就能造運了，俗語說：命好不如運好，運好不如個性好。

建議各位看倌都能學會老祖宗的八字學，然後運用八字統計學來規畫未來美好的人生。

第二節 八字有那些變化組合

八字雖然只有少少的八個字，但其中的奧妙確是無窮。

它包含了：

五行：木、火、土、金、水

天干：甲、乙、丙、丁、戊、己、庚、辛、壬、癸

地支：子、丑、寅、卯、辰、巳、午、未、申、酉、戌、亥

就以上的「天干、地支」共二十二個字所演變出有刑、沖、會、合、害多種的組合，套入論命公式就產生出一個人一生中的吉凶禍福。

坊間的論命技巧大多以天干，地支這二十二個字相互間的合、剋、沖、刑、害來論述，主要變化有天干合、天干相剋、地支三合、六合、地支六沖、地支六害、地支三刑、地支相刑、地支三會等等變化爲論命重點，雖然只有幾種組合，但要融會貫通可沒那麼簡單，但還好拜電腦科技之賜，八字複雜的演變經過電腦軟體的規納分析，就變得簡單許多。

假如你會輸入電腦保證十分鐘你就會算命了。

第三節　用最簡單的方式找到論命的重點

坊間八字書籍琳瑯滿目，本書就不再重複其他大師的書寫技巧及論點。本書編寫方式採其按圖施工的方式呈現，保證讓讀者一目了然，因爲我當初學習八字花了太多的時間在找資料及排命盤，至於要如何看命盤就能論命又花了許多時間，所以經過很長時間的學習及收集總算歸納出一種公式，既簡單、易懂，又很準確的論命流程，希望讓想學八字或已學一段時間卻一直掌握不到論命重點的朋友作爲初階索引。

如果你能用心將本書閱讀一遍，不用刻意背起來，只要腦中留有一點印象，保證日後在批命盤時就能在短時間找到你想要的資料。

爲什麼我敢這麼說呢？因爲一些困難的排盤動作有八字軟體來取代，可排除排錯盤的困擾，流年命運解說部分也都歸納得很清楚一目了然。在現今社會潮流下，論八字是一定要排盤，初學者單要學會排盤就需要一段時間，如今有軟體就可省下許多時間。論八字的困難度就在論斷時的資料掌握以及資料的套用跟論斷者的經驗，本書摸索了坊間最簡單的論斷模式，以及最能讓大眾所接受的論調，用命盤對照方式來指示讀者在短期間就能學會八字學理，以便達成趨吉避凶的目的。

第四節　爲什麼要用電腦軟體來輔助論命

有的人爲什麼會被稱讚爲聰明絕頂，因爲他總是博學多聞，頭腦裏裝滿很多學問。如果你要成爲八字專家，那鐵定要背很多資料任考不倒，但一般大衆並不一定想要成爲八字專家，只想從八字中知道自己的命運罷了，所以並不想投入太多的時間來研究八字，如果能藉由八字軟體來做輔助工具，那就會省下很多時間，同時也會減少許多錯誤發生。

現今爲二十一世紀，電腦化是趨勢，奉勸所有想學八字或是八字老師們一定要懂得如何運用電腦來幫助我們日常生活的便利，因爲二十一世紀是靠管理、便利而致勝的，如果我們再排斥電腦化，幾年後將很難與他人競爭了。

現今流行網際網路，網路算命何其多，有些網站生意很好，論命一次收費一百元至三千元不等，據調查台灣人大約有75％的人曾經算過命，而且一生中算過五次以上者又超過50％，如果你是其中一個，一生中大約要花多少錢在算命中呢？親愛的讀者，只要把本書帶回家將電腦軟體安裝好，就可以幫自己跟全家人或親朋好友論命了，同時也可省下許許多多的論命費用了。

第二章

如何開始論八字

第一節　按圖指示論八字以日干爲重點

如果你想學人工排八字盤，我建議你到書局買一本有教排盤的書。本書沒有教如何排盤，因爲我覺得可以用電腦完成的工做就交給電腦，如果你買了這本書，以後要排任何人的命盤只要輸入他出生的國曆或農曆年、月、日、時就ＯＫ，請先將軟體安裝到電腦後進入八字軟體，排出個人的命盤，然後印出就開始指引如何運用八字命盤來論命，其中的價值只有用了才知道，再度恭喜你擁有了本書。

現在開始來論八字了，首先以八字之日元（也就是日干）是哪一個字，直接由以下十天干的各個特性來論其一個人的個性，命盤1所顯示出的日干爲（甲），所以此人的個性就會如甲（陽木）所述，身體毛病部分也可參考注意。

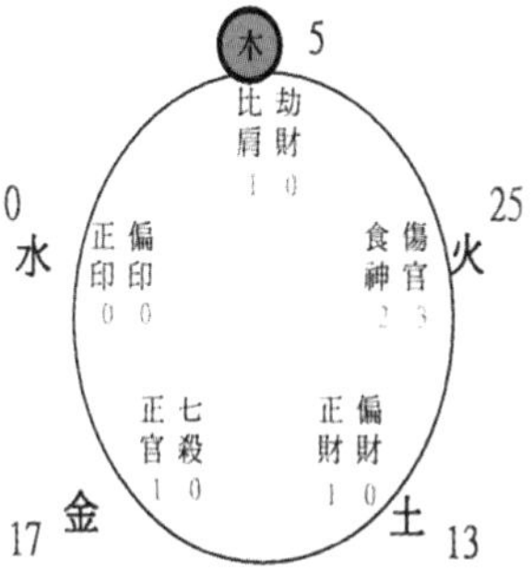

格局：從勢格

血型：A

空亡：寅卯辰巳

喜用神：火土金

忌神：水木

星座：天秤座

姓名			性別	女
西元	1966 年			

10	2	10	55	國曆
10	18	8	55	農曆
時	日	月	年	日期
正財	日元	傷官	食神	主星
己 土 ←合→	甲 木	丁 火	丙 火	天干
巳 火 ←半三合→	午 火 ←刑→	酉 金	午 火	地支
庚戊丙 金土火	己丁 土火	辛 金	己丁 土火	藏干
七偏食 殺財神	正傷 財官	正 官	正傷 財官	副星
病 49-64	死 33-48	胎 17-32	死 1-16	十二運星
亡文 神昌	將紅 星豔	飛流 刃霞	將紅 星豔	特星神煞

78-87	68-77	58-67	48-57	38-47	28-37	18-27	8-17	歲
己丑	庚寅	辛卯	壬辰	癸巳	甲午	乙未	丙申	大運

103 (49歲)	100 (46歲)	97 (43歲)	94 (40歲)	91 (37歲)	年
甲 比肩 午 傷官	辛 正官 卯 劫財	戊 偏財 子 正印	乙 劫財 酉 正官	壬 偏印 午 傷官	干支
太歲	福德	歲破	太陰	太歲	神煞
104 (50歲)	101 (47歲)	98 (44歲)	95 (41歲)	92 (38歲)	年
乙 劫財 未 正財	壬 偏印 辰 偏財	己 正財 丑 正財	丙 食神 戌 偏財	癸 正印 未 正財	干支
太陽	天狗	龍德	五鬼	太陽	神煞
105 (51歲)	102 (48歲)	99 (45歲)	96 (42歲)	93 (39歲)	年
丙 食神 申 七殺	癸 正印 巳 食神	庚 七殺 寅 比肩	丁 傷官 亥 偏印	甲 比肩 申 七殺	干支
喪門	病符	白虎	小耗	喪門	神煞

命盤 1

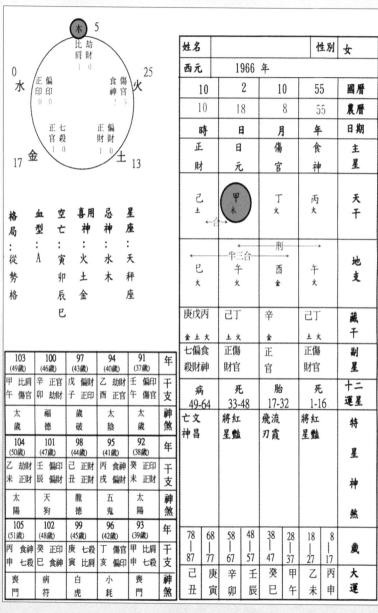

一、天干：天干共分十種，也就是有十種命格

天干：甲、乙、丙、丁、戊、己、庚、辛、壬、癸

就以十天干來論斷一個人的個性共分十種人，你是屬於哪種個性的人，趕快用電腦排出命盤來對照看看準不準，診斷標的以八字日元爲主，依八字日主可診斷出你可能會有以下的特性，好的請保持，不好的請儘快改進。

日主

甲（陽木）：

爲領導格，心仁慈，爲十天干之首，領袖慾強，喜歡領導不喜歡被領導，不甘心屈於下，所以給人永不低頭之感，喜當老闆，喜從事刺激的業務工作，個性不服輸，外表平靜、內心不屈，腳踏實地且心地善良、刻苦耐勞，心腸軟容易被利用，喜明爭不喜暗鬥，但偶有爭到了理卻傷了感情狀況，甲木之人多半較高大，容易疲勞，須注意肝膽。

甲木的人爲什麼仁慈？因爲他是大樹，一直往上延伸長出樹葉給人遮蔭，具備善良的心，看起來很複雜，因爲葉片多，其實單純淳樸、屹立不搖，所以不甘屈於人下才永不低頭，唯被砍之時才會低頭，唯有懂得謙卑、懂得低下認輸才得成功之道，一生中易犯傲慢，

要學會服人，成功即不遠。

特性：

一、不喜歡受人約束、心地軟 、爲人仁慈，濫好人一個，怕眼淚，因過分仁慈而害死自己。

二、喜歡當老闆，但不一定可以當老闆，受僱上班如不受重用會很鬱悶。

三、東西須放置固定位置，如被移位即找不到。東西喜平放、橫放、不喜放太高，住屋喜寬大。

四、想做的事情會事先講，可承擔責任，懂得照顧別人，吃軟不吃硬。

五、喜歡腳踏實地，不喜隨意變動，常變動無法固定的事業則難成長。

甲木：請注意可能會有「膽、頭」方面的疾病，假如眞的有，建議你每年要定期做健康檢查。

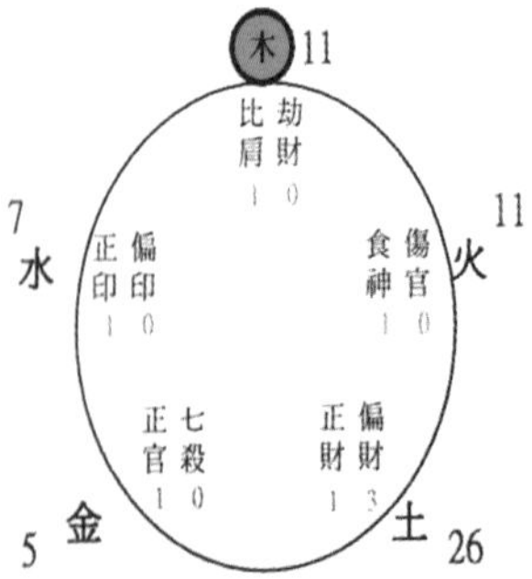

格局：偏財格

血型：AB

空亡：寅卯辰巳

喜用神：木水

忌神：土

星座：獅子座

姓名		性別	女	
西元	1968 年			

22	24	7	57	國曆
22	29	6	57	農曆
時	日	月	年	日期
食神	日元	偏財	正財	主星
丁 火	乙 木	己 土	戊 土	天干
亥 水	未 土	未 土	申 金	地支
甲壬 木水	乙丁己 木火土	乙丁己 木火土	戊壬庚 土水金	藏干
劫正財印	比食偏肩神財	比食偏肩神財	正正正財印官	副星
死 49-64	養 33-48	養 17-32	胎 1-16	十二運星
孤辰	寡宿 華蓋	寡宿 華蓋	劫煞 紅豔 天乙貴人	特星神煞

天干：乙←剋→己

地支：亥←半三合→未（月）；亥←半三合→未（日）；未←害→申

76 | 85	66 | 75	56 | 65	46 | 55	36 | 45	26 | 35	16 | 25	6 | 15	歲
辛亥	壬子	癸丑	甲寅	乙卯	丙辰	丁巳	戊午	大運

103 (47歲)	100 (44歲)	97 (41歲)	94 (38歲)	91 (35歲)	年
甲 劫財 午 食神	辛 七殺 卯 比肩	戊 正財 子 偏印	乙 比肩 酉 七殺	壬 正印 午 食神	干支
天狗	龍德	五鬼	太陽	天狗	神煞
104 (48歲)	101 (45歲)	98 (42歲)	95 (39歲)	92 (36歲)	年
乙 比肩 未 偏財	壬 正印 辰 正財	己 偏財 丑 偏財	丙 傷官 戌 正財	癸 偏印 未 偏財	干支
病符	白虎	小耗	喪門	病符	神煞
105 (49歲)	102 (46歲)	99 (43歲)	96 (40歲)	93 (37歲)	年
丙 傷官 申 正官	癸 偏印 巳 傷官	庚 正官 寅 劫財	丁 食神 亥 正印	甲 劫財 申 正官	干支
太歲	福德	歲破	太陰	太歲	神煞

命盤 2

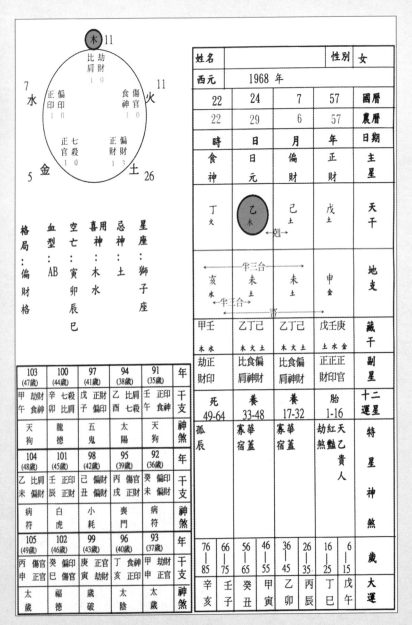

以上命盤2之日干爲乙，所以此人的個性就會如乙（陰木）所述，身體毛病部分也可參考注意。

乙（陰木）：

爲柔弱之木，喜當幕後老闆，善參謀、謀略高，較爲沉著並懂得順勢而上，有彈性，行事喜歡默默進行不欲人知，不愛出名，喜暗鬥，不喜明取，適合做導演、策畫。

喜歡思考，好交友，朋友多，溫和謙柔並懂蓄勢待發，爲攀藤類。最好依附在甲木邊或土邊，容易疲勞及脖子酸痛，須注意頭、肝、膽、胃。乙木表面柔弱，臉皮薄不會刻意表達，怕熱（源自木生火），所以有哪邊涼快哪邊站的特性，但內在韌性極強，通常乙木適應力較佳，故身處苦境亦可以生存，喜附合他人並甘願做配角，不愛出頭，寧選擇默默策畫做出成績，一步一腳印的做法，不須刻意教育，只須放根竹竿（目標）在其旁任其攀延，自然會朝目標順利前進，但須先取得其認同感。

乙木要注意手指頭，卯木十指肝臟，卯爲乙木，要保養十指，否則易臨老時手指痲痺或中風傾向，另注意脾、胃，木剋土，土主脾、胃，肝及脾、胃不好就賺不到錢，屬木者要習定，以免三心二意取捨不定終難成事。

特性：

一、不喜歡受人管、心軟，因過分仁慈而害了自己。

二、喜歡當幕後老闆，如果受僱上班如不受重用會很鬱悶。

三、當老闆不適合在前面衝刺「會有氣無力」，適合幕後計畫、設計。當幕僚、軍師類的工作。

四、想做的事情還沒成功前會默默做，不會事先講，做錯了會推在一旁，當作沒一回事，如果做對了會跳出來承認是我做的、我設計的。

五、心不要想太多，單獨專一從事一項工作一定會成功，一定會賺錢。

六、遇挫折阻礙不會就此退縮，會以更多方法應對。

乙木：請注意可能會有「肝、頸」方面的疾病，假如真的有，建議你每年要定期做健康檢查。

以下就請各位讀者自行印出相關朋友之命盤做按圖施工的批命工作

命盤之日干爲丙，所以此人的個性就會如丙（陽火）所述，身體毛病部分也可參考注意。

丙（陽火）：

熱情、熱心喜歡照顧別人，有愛心、有禮貌，個性積極，好權勢並好色，另好名也好客。內心豐富而不善於表達於外，但交友廣闊滿天下，可惜知心無幾人，性格不拘小節、大而化之，爲朋友的忠實聽衆，但聽後常不當一回事，且易這耳進那耳出，易發脾氣，卻也收得快，須注意心、血壓、小腸、眼睛及肩的問題。

丙火走到哪就散發熱力到哪，易吸引他人注意，尤一上台引起所有焦距，極適合當台上之人（公衆人物），雖爲最佳聽衆，卻在聽完之後不善分析好與壞，因火爲上炎，往往因其喜熱鬧特性而不知如何妥善收場則爲不善收斂，單獨一人時亦感孤獨，卻對他人照耀無窮。火除了光度以外沒有實質的表象，故在細膩處不刻意，給人大而化之的感覺，丙火極有愛心，往往是最佳義工。

特性：

一、為人熱情有禮，有口無心，不拘小節，不堪別人諷刺。
二、發脾氣快、消氣也快，記性不好，常心不在焉。
三、記性較差、較易遺忘（沒頭神），做事最好有記錄。天生公關人才。
四、會太溺愛小孩及部屬，沒心機，人人好，喜照顧別人。
五、很認眞聽講，但頭殼易想其他事，公關能力強。
六、遇如丙辛合（威制之合）將軍格，講話會特別大聲、會更兇。
七、不會對他人說推辭的話（不會拒絕別人）。

丙火：請注意可能會有「小腸、肩膀、血壓」方面的疾病，假如眞的有，建議你每年要定期做健康檢查。

以下就請各位讀者自行印出相關朋友之命盤做按圖施工的批命工作

命盤之日干為丁，所以此人的個性就會如丁（陰火）所述，身體毛病部分也可參考注意。

丁（陰火）：

有禮貌，知禮敬長，疼惜晚輩，為人熱心，喜照顧、關懷別人，且熱心公益，外表沉穩、內心急躁，易樹敵，有第六感，直覺性強能洞察人心，重視第一印象且會靜觀其變，但有個有趣的特點，看別人很準確往往看不清楚自己。

內心感情豐富且不善表達於言詞，善忌妒，人稱悶騷型，須注意心、血壓、小腸、眼睛等問題。丁火為陰火，燃燒自己照亮別人，很容易看到外界是非，像手電筒般的無心就可以看到別人的事情，因此不想當是非人卻容易捲入是非中，也因此容易洞察人心，特性是一旦翻臉就像翻書一樣，感覺敏銳，丁火記憶力強，與丙火不同的是，丙火為重點式記憶，丁火則為細節式法。其本身就像一盞明燈，為文明的象徵，屬火好恨故容易傷心，因其恨鐵不成鋼，要以水的心態來化解，屬火者要虛心並懂得沉澱自己為上策。

特性：

一、沉著、重直覺，會選擇性記憶。
二、遇事情會先觀察、靜靜聽講，清楚後再表達意見。
三、遇事情外表不急內心急，有禮貌、熱情。
四、看人較準確，對不喜歡的人會不理睬，對喜歡的人非常好。
五、當討厭平常喜歡的人時，很難恢復昔日感情，用「起毛子」在做事情。
六、最會帶別人的小孩，太溺愛自己的孩子。
七、敏感性佳，具第六感，不喜被太親近。
八、常被最親近的人害了。

丁火：請注意可能會有「心臟、血壓」方面的疾病，假如真的有，建議你每年要定期做健康檢查。

以下就請各位讀者自行印出相關朋友之命盤做按圖施工的批命工作

命盤之日干爲戊，所以此人的個性就會如戊（陽土）所述，身體毛病部分也可參考注意。

戊（陽土）：

固執不自覺，易堅持己見，但富同化力，會將他人思想同化之，外柔內剛、易親易離，沉著具雅量，易沉於情慾之中，善於照顧別人，心腸慈悲，適應力強且逆來順受，總默默耕耘可惜經常不受賞識，故常有懷才不遇之感，爲人重誠信，憎恨不守信用之人，行事墨守成規且較收斂，性格成熟，適做文書，須注意胃、脾及腹部的毛病。戊土爲陽土，其特性爲高山之土，因近太陽故爲燥土，外表沉靜時則內心急躁，因其爲高山土不易被挖掘，但實則內在豐富，土主信，信能四端（木火金水）包天下，戊土固執因其喜歡舊事物，也不喜歡搬遷，但承諾別人則會守信到底，絕不拖拉。

特性：

一、做到流汗被嫌到流涎，個性率直，直話直說，有包容心。

二、工作表現好不易被發覺，如果摸魚偷懶馬上被逮到。

三、喜歡受稱讚，固執重承諾，滿腦想賺四方的錢。
四、自己常有懷才不遇的感覺，最後乾脆自己當老闆。
五、爲人講信用，不喜歡被騙或被爽約。
六、執著、固執，事情慢慢做最後會成功，比較不會攀親帶故。
七、嫉妒心強，認爲他人總沒有自己做得好。
八、喜歡他人讚美，不喜被批評。
九、天生總務人才。
十、嫉妒心起，且會明白表達對對方的不滿。
十一、對他人要求要準時，卻不一定要求自己準時。

戊土：請注意可能會有「胃、肋骨（身體驅幹兩側、自腋下至肋骨盡處）」方面的疾病，假如眞的有，建議你每年要定期做健康檢查。

以下就請各位讀者自行印出相關朋友之命盤做按圖施工的批命工作

命盤之日干爲己，所以此人的個性就會如己（陰土）所述，身體毛病部分也可參考注意。

己（陰土）：

固執亦不自覺，易堅持己見，爲人重義氣並善理事，好溝通，會黏人，外表溫和、內帶猜忌且叛逆，包容性強但也常感懷才不遇，講信用，須注意脾、胃、腹部。

己土爲濕土，其可塑性強，就像黏土一樣易塑造，其雖固執但給予方向後即可堪造成器，此爲其特性。己土交友廣闊，三教九流皆有，因其黏人特性故交友層面不受限且寬廣，若己土八字命盤中有帶乙木，此己土則具有一個山頭又打過一個山頭，爲善打天下之人，土不畏木盛不畏水狂，但切記要叮嚀以免拖拉特性顯現。其好怨，因覺四端因其而生卻不受重視，與其願不若轉換心態方法，只須以信及愛心去幫助需要之人，與人謀而忠之與人交而久之。屬土者缺乏安全感，所以要學會安心。

特性：

一、做到流汗被嫌到流涎，有叛逆的個性，較會抱怨、善猜忌。

二、工作表現好不易被發覺，如果摸魚偷懶馬上被逮到。
三、非普通的固執，無法形容的固執與堅持（寧願將錯就錯），有包容心。
四、喜歡受稱讚，主觀意識強，四方的錢都想賺。
五、自己常有懷才不遇的感覺，最後乾脆自己當老闆。
六、平常易怯場，有事才會找朋友，但喝酒後就不一樣。
七、嫉妒心強，但不易透露。
八、不喜他人比自己好。
九、天生總務人材。
十、最講信用也是最不講信用。

己土：請注意可能會有「脾、腹」方面的疾病，假如眞的有，建議你每年要定期做健康檢查。

以下就請各位讀者自行印出相關朋友之命盤做按圖施工的批命工作

命盤之日干爲庚，所以此人的個性就會如庚（陽金）所述，身體毛病部分也可參考注意。

庚（陽金）：

講義氣，是非分明、果斷勇決，強行不屈、不畏困難，不畏強勢，言行喜歡直來直往、有話直說，不喜歡拐彎抹角，作爲非常強勢，對事件的批評喜歡單刀直入，故易得罪人，個性不拘小節，卻眼光犀利、感覺敏銳，氣魄佳、好權勢、好鬥爭，尤以申酉月生者更甚。目美音佳皮膚白皙，外表貴氣，性格內斂且無心機。通常爲白手起家，應注意筋骨及肺、支氣管、大腸、牙齒等問題。庚金說話直接，直指重點，其像大斧的特性，往往說出重點卻不知已得罪他人，屬金者多白手起家，因喜歡親力親爲，若八字命盤土多則較難出頭，但若火來旺金，則加添柔軟度轉能伸能屈。

特性：

一、講義氣，不喜歡欠別人人情，說話直接，不拘小節，刀子嘴豆腐心。常因過分講義氣害死自己。

二、容易輕易答應別人，決定事情太草率、太快、考慮不周，容易吃虧。

三、不欠人情，吃軟不吃硬，吃飯都先去付帳，煩惱多、喜歡乾淨。

四、沒有錢不太敢出門，個性果斷，感覺敏銳，不畏強權。

五、外表看似粗枝大葉，但是心思確是很細膩。

庚金：請注意可能會有「大腸、臍輪」方面的疾病，假如眞的有，建議你每年要定期做健康檢查。（釜頭金、大塊金）

以下就請各位讀者自行印出相關朋友之命盤做按圖施工的批命工作

命盤之日干爲辛，所以此人的個性就會如辛（陰金）所述，身體毛病部分也可參考注意。

辛（陰金）：

剛義勇邁，上進不虛榮，耐力佳，行事循序漸進，追求理想不遺餘力，重意氣，拘小節，眼光犀利、感覺敏銳，溫文儒雅較柔性婉約，有氣質、有貴氣，口才佳。

白手起家，一生爲金錢煩惱（有錢無錢均煩），應注意筋骨、肺、支氣管、大腸、牙齒等毛病。

辛金非常神經質，睡眠品質欠佳，晚上難入眠，要保暖，辛屬氣節變化，萬物凋零，辛者言萬物之辛苦（新生），相別於庚金大斧的特性，辛金像扁鑽一樣，威力有其，一旦發揮其特質會冷嘲熱諷令人難受，其命有兩極化，不是大好就是大壞，辛金喜歡論斷對錯，適走法律，須以中庸之道化解，屬金者實際，但會受熱度不同有不同表現，處理事情宜三思而後行。

特性：

一、講義氣，不喜歡欠別人人情。

二、容易輕易答應別人，決定事情太草率、太快、考慮不周，容易吃虧。

三、講話銳利但較有氣質，對事情想太多、假設太多，煩惱過度，較無力承擔。

四、眞的對人家太好了，講話不會直接切入重點。

五、口才一流，常會因爲拐彎抹角而傷人，有神經質傾向，勞碌命，喜乾淨。天生愛錢如命，善嘮叨。

辛金：請注意可能會有「肺、屁股」方面的疾病，假如眞的有，建議你每年要定期做健康檢查。

以下就請各位讀者自行印出相關朋友之命盤做按圖施工的批命工作

命盤之日干為壬，所以此人的個性就會如壬（陽水）所述，身體毛病部分也可參考注意。

壬（陽水）：

才智高，理性佳，重責任，交際廣，人緣佳，能見風轉舵，反應靈敏善算計，外表平靜膽大心細，事業容易有成就，好求變，易激動定性差，個性不服輸，做事大而化之，其為最佳業務員（適應力及韌性皆強），走運時企圖心強似淹沒村莊，如海洋般大水滔滔不絕，但易聰明反被聰明誤。應注意膀胱和腎（泌尿系統）。壬水如大海般，行事前工具要準備充足，壬水喜歡賺大錢（山管人丁水管財），其有高度的才華及崇尚自然。

特性：

一、非常聰明會讀書，但只相信自己，不易相信別人（尤其是帶食傷）。
二、見風轉舵、見危險即閃開，錯誤機會則較少，較不會接受別人的意見。
三、賺錢快、虧錢也快（因不易相信別人），做事野心大，成功機會也高。
四、不喜歡被約束，人緣好，果斷力強，脾氣過了就算。

五、小時候除非貪玩，不然都很會讀書。

六、人緣好，做人圓滑不易得罪人。

七、做事直接快速，欠缺愼思、多慮，故易壞事。

壬水：請注意可能會有「膀恍、脛」方面的疾病，假如眞的有，建議你每年要定期做健康檢查。

以下就請各位讀者自行印出相關朋友之命盤做按圖施工的批命工作

命盤之日干為癸，所以此人的個性就會如癸（陰水）所述，身體毛病部分也可參考注意。

癸（陰水）：

聰明，看似平靜其實內心澎湃洶湧，巧於臨機應變，有遠見細水長流，個性內向保守，節儉，有潔癖，正直而踏實，相對而言，也顯得感情脆弱，有點神經質，喜歡幻想，擁有浪漫情懷。交際廣人緣佳，善於經營事業也很容易成功。

如小溪流般彎彎曲曲故容易想太多，某些時候會很直，但也會聰明反被聰明誤，應注意膀胱、腎、足的毛病。癸水似溪水一般，頭腦清楚，但因其溪流彎曲特性，故流遍四處於是滄桑於心，其忍功一流，如滴水穿石。

其本身平衡感較差，水的出竅孔在耳朵，容易失去平衡感。癸水超愛乾淨，反而容易生病（因不能融入別的菌）。其行事及企畫，因其多元性，亦是個時事家，喜歡瀏覽時事資訊，其好煩，大小事都要管，當腎及心臟不好就賺不到錢，最重要要懂得捨，捨得捨得捨得，捨得一切眞得眞。

特性：

一、個性內向，善忍，事業易成，人緣佳善交際，非常聰明，但只相信自己，不易相信別人（尤其是帶食傷）。

二、見風轉舵、見危險即閃開，錯誤機會則較少。

三、有生意頭腦，賺錢快、虧錢也快（因不易相信別人），走路易翻腳刀。

四、外冷內熱，要做就要做到最好，主觀意識濃，善計謀。

癸水：請注意可能會有（腎臟、足、掌）方面的疾病，假如真的有，建議你每年要定期做健康檢查。

第二節　用天干日元來論身體狀況

運用八字中的天干來論斷先天病因，以下標示的部位比較會出問題，身體上如經檢查出有相似的狀況，請先到醫院檢查。

以八字的日元（天干）為基準

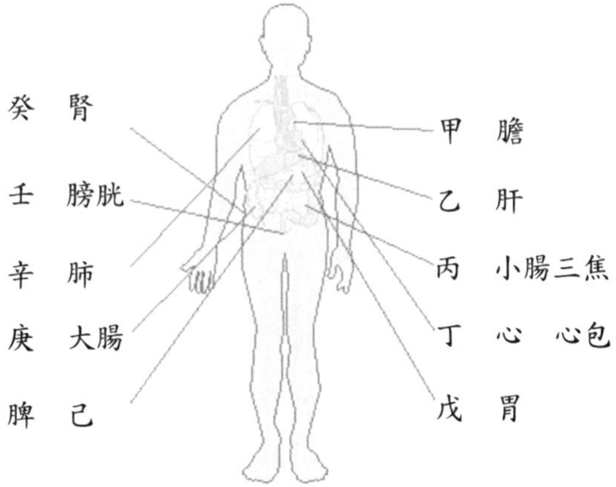

三焦：中醫特有名稱，爲六腑之一，是水液運行的道路，總司全身體液氣化功能。

一、上焦：橫膈以上的胸部（包括心臟、肺臟），和頭、面部及上肢等。

二、中焦：橫膈以下、肚臍以上的腹部，即從胃的上口（賁門）至胃的下口（幽門），包括脾、胃、肝、膽。

三、下焦：肚臍以下的小腹部，包括小腸、大腸、腎臟、膀胱等。

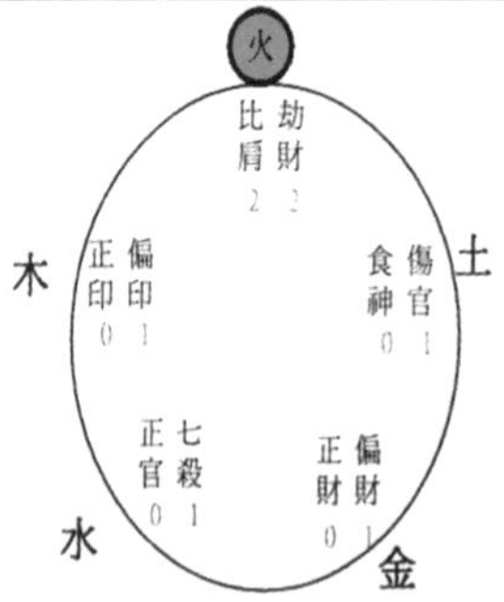

日干強弱：身弱
体檢天干：丙
体檢地支：亥
体檢宅命：兑命
用神：土金水
忌神：火木
血型：A
空亡：辰巳寅卯

姓名			性別	女
西元	1956 年			

	時	日	月	年
國曆	11	5	12	45
農曆	11	4	11	45
日期	時	日	月	年
主星	偏印	日元	傷官	比肩
天干	甲 木	丙 火	己 土	丙 火
	←合→（甲、己）			
地支	午 火	午 火	亥 水	申 金
	←刑→（午、午）		←害→（亥、申）	
藏干	己丁 土火	己丁 土火	甲壬 木水	戊壬庚 土水金
副星	傷官 劫財	傷官 劫財	偏印 七殺	食神 七殺 偏財
歲運	49-64	33-48	17-32	1-16
由天干看	事業家庭 人際關係 子孫學生 部屬員工	本人 外在個性	兄弟 姊妹 父親 朋友同輩	祖先 父親 上司長輩 上流人士
由地支看	事業家庭 人際關係 子孫學生 部屬員工	配偶 創業機運	本人 內在特性	母親 祖先 上司 長輩

年	103 (59歲)	100 (56歲)	97 (53歲)	94 (50歲)	91 (47歲)
干支	甲 偏印 午 劫財	辛 正財 卯 正印	戊 食神 子 正官	乙 正印 酉 正財	壬 七殺 午 劫財
神煞	天狗	龍德	五鬼	太陽	天狗
年	104 (60歲)	101 (57歲)	98 (54歲)	95 (51歲)	92 (48歲)
干支	乙 正印 未 傷官	壬 七殺 辰 食神	己 傷官 丑 傷官	丙 比肩 戌 食神	癸 正官 未 傷官
神煞	病符	白虎	小耗	喪門	病符
年	105 (61歲)	102 (58歲)	99 (55歲)	96 (52歲)	93 (49歲)
干支	丙 比肩 申 偏財	癸 正官 巳 比肩	庚 偏財 寅 偏印	丁 劫財 亥 七殺	甲 偏印 申 偏財
神煞	太歲	福德	歲破	太陰	太歲

命盤3

以命盤3的命盤顯示此人日干屬（丙火），且火太旺就會有屬火的現象如2項及7項所述

【五行與健康運勢】

每一個人與生俱來的五行氣：木、火、土、金、水，若有所欠缺，或太多（一種五行氣三個或三個以上）時，就無法與存於天地間的五行氣相互感應，也就是無法圓形運轉，災禍危難必然趁虛而入，不但影響運勢更與健康息息相關。

1. 日干屬木或缺木或木太多者	易疲勞，膽、肝等免疫系統。
2. 日干屬火或缺火或火太多者	心臟、血管、血壓等循環系統以及眼睛、小腸。
3. 日干屬土或缺土或土太多者	腸、胃等消化系統以及腹、脅。
4. 日干屬金或缺金或金太多者	肺、氣管、喉嚨等呼吸系統以及牙齒、筋骨、大腸。
5. 日干屬水或缺水或水太多者	膀胱、腎臟等泌尿系統以及子宮、卵巢等生殖系統。

6. 木	甲木	膽	表企圖心	好怒	戒怒	傷肝	宜戒怒取定
	乙木	肝					
7. 火	丙火	小腸	表熱忱心	好恨	戒恨	傷心	宜戒恨取靜
	丁火	心					
8. 土	戊土	胃	表自信心	好怨	戒怨	傷胃	宜戒怨取安
	己土	脾					
9. 金	庚金	大腸	表收斂心	好惱	戒惱	傷肺	宜戒惱取慮
	辛金	肺					
10. 水	壬水	膀胱	表多元心	好煩	戒煩	傷腎	宜戒煩取得
	癸水	腎					

十天干與身體部位關係：以八字的日元爲基準，八字日元（天干）中是哪一個字，就表示以下所標示的部位較會有問題。如果眞的有問題請盡速至到醫院檢查

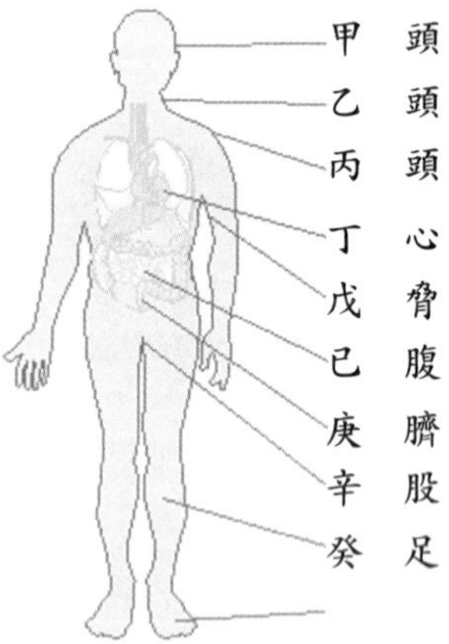

脛神經：坐骨神經從骨盆腔由大坐骨切跡處穿出骨盆，走在大腿後側，到了膝後附近，又分枝爲腓總神經和脛神經。脛神經走在小腿後側深層。

第三節　以十天干看個性優缺點

經整理後得知一個人單由日干即可來論斷一個人的優缺點，參考參考

※日主天干五行特性及人格分析簡表

天干	五行			優　點	缺　點
甲	木			富有向上學習心，有毅力，正直不馬虎，不輕薄能助人，能體諒人，有責任感。	不知妥協變通，欠缺敏捷性，會過於主觀，會過度干涉別人，在超過臨界點後會崩潰。
乙	木			柔順溫和，有豐富表現力，敏捷反應快，具有協調性，不會堅持己見，善於理財，有最佳情緒管理能力，韌性超強。	易見風轉舵非常現實，內心佔有慾強，較有心機。易失去信心，怯懦、依賴，經不起誘惑而受騙。容易三心二意，心軟，沒主見。
丙	火			開朗，直爽，慷慨不計較，待人親切，理解力強，精力充沛，做事積極，易得人好感。	性急易衝動，性情飄忽不定，喜怒無常，有時慈悲有時自大，較善變而三心二意。
丁	火			溫和有禮而熱情，思慮遠，行事謹慎，能奉獻犧牲自己，不易表達內心情感。	不善拒絕別人，凡事猶豫不決，易猜忌懷疑，易聰明反被聰明誤。
戊	土			豁達穩重耿直，樂天不善修飾，對事合情入理而有計畫條理，重感情肯助人。	任性頑固，以自我爲中心，欠缺通融性，無趣不浪漫，喜好奉承，好面子，不主動。

命盤4

己	土			理解吸收快，具有多種才能之人，能深入了解問題，有彈性不固執，喜歡充實學習。	內心較複雜矛盾，心思較不易集中而茫然失措，有消極妥協之傾向，容易被人利用。
庚	金			剛毅不服輸，積極果斷，富有正義感，不虛僞，能表現，口才善辯。	率直易得罪人，衝動易與人衝突，自我表現慾強，對事粗率不細心。
辛	金			對事敏感細膩，爲人親切有同情心，喜歡創新，人際關係好，且善惡分明，時有獨特想法。	好慕虛榮爭面子，任性，在乎外表，易貪求而失理性，意志薄弱經不起要求和打擊。
壬	水			率性自由，悠閒而樂觀，有勇氣，智慧聰明，能面對困難不退縮，文武雙全有領導能力。	雖圓融但稍有任性，易有怠惰而生依賴，對事不易堅持而虎頭蛇尾，對異性感情心思過多。
癸	水			重視規則及道德，有潔癖，內向，具有勤奮努力和耐力，思想純眞，溫和、細膩、冷靜。	較拘泥，易幻想不切實際，易生悲觀，感情脆弱，有點神經質，重生活情趣。

【天干與五行】

十天干	甲乙	丙丁	戊己	庚辛	壬癸
五行	木	火	土	金	水
五方位	東	南	中央	西	北
五顏色	青	紅	黃	白	黑
季節	春	夏	四季	秋	冬

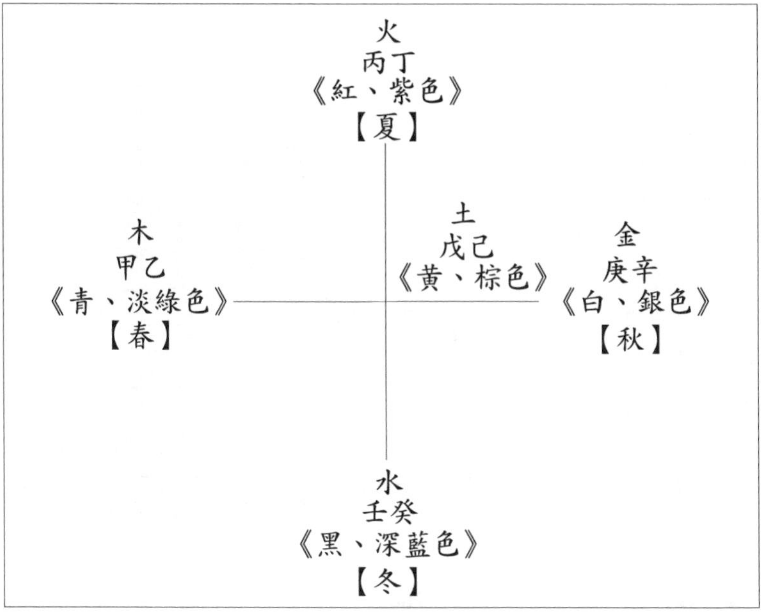

天干五行、方位、顏色、季節方位表

第四節　以八字天干合化所產生的結果，如下所述

以天干五合來判斷一個人一生中該有的特性

一、天干五合：又稱爲鴛鴦之合，有異性緣，較容易相處，較能接納他人，但往往缺乏主見，容易隨波逐流。天干中剋而有情，且見數爲五者組合。

【甲己合化土】：中正之合，正義之合。甲爲己之官，己爲甲之財。

1、講信用，重信用，較固執。

2、好好先生，不會亂來，不會說好聽的話。

3、一板一眼，不懂生活情趣，不解風情。

4、人緣很好。

【乙庚合化金】：仁義之合，正義之合。庚爲乙之官，乙爲庚之財。

1、重義氣，有仁德，剛強個性，果斷力強。

2、個性剛強果斷，積極進取。

3、不懂生活情趣，重視規律。

4、人人好，不會去得罪別人，看到不高興的會忍下來。

【丙辛合化水】：威制之合。丙為辛之官，辛為丙之財。

為人人緣好（易偷情）重情趣，氣質好，愛名牌，愛別人聽他的。

1、個性強，儀表威嚴。

2、重情趣，重視心靈的感受。

3、氣質好，很聰明。

4、喜歡年輕的異性。

5、如果地支逢沖，容易縱情縱慾。

【丁壬合化木】：淫暱之合。壬為丁之官，丁為壬之財。

心軟、注重穿著、較無心機、人緣好

1、重品味，風情萬種，婀娜多姿，心地善良。

2、講究穿著，非常有異性緣。

3、重情調，懂生活情趣。

4、心慈性善，長命多壽。

【戊癸合化火】：無情之合。戊爲癸之官，癸爲戊之財。

爲人重情調，翻臉像翻書，做人阿莎力（比較會有一夜情）。

夫妻選擇易有女大男小，或年齡差距較大。

1、容易翻臉，易生氣，氣過就算。

2、喜歡成熟的異性，本身外型也不錯。

3、重情趣，但無情，給人有點冷漠　的感覺。

4、不要激怒他，激怒他什麼都不用說。

5、冷靜理智，禮節周到，也較現實。

日干強弱：身弱
体檢天干：己
体檢地支：辰
体檢宅命：巽命
用神：土火
忌神：金
血型：0
空亡：子丑寅卯

姓名			性別	女
西元	1980 年			
11	6	4	69	國曆
11	21	2	69	農曆
時	日	月	年	日期
傷官	日元	傷官	傷官	主星
庚 金	己 土	庚 金	庚 金	天干
午 火	酉 金 ←合→	辰 土 ←半三合→	申 金	地支
己丁 土火	辛 金	癸乙戊 水木土	戊壬庚 土水金	藏干
比偏 肩印	食 神	偏七劫 財殺財	劫正傷 財財官	副星
49-64	33-48	17-32	1-16	歲運
事業家庭 人際關係 子孫學生 部屬員工	本人 外在個性	兄弟 姊妹 父親 朋友同輩	祖先 父親 上司長輩 上流人士	由天干看
事業家庭 人際關係 子孫學生 部屬員工	配偶 創業機運	本人 內在特性	母親 祖先 上司 長輩	由地支看

103 (35歲)	100 (32歲)	97 (29歲)	94 (26歲)	91 (23歲)	年
甲 正官 午 偏印	辛 食神 卯 七殺	戊 劫財 子 偏財	乙 七殺 酉 食神	壬 正財 午 偏印	干支
天狗	龍德	五鬼	太陽	天狗	神煞
104 (36歲)	101 (33歲)	98 (30歲)	95 (27歲)	92 (24歲)	年
乙 七殺 未 比肩	壬 正財 辰 劫財	己 比肩 丑 比肩	丙 正印 戌 劫財	癸 偏財 未 比肩	干支
病符	白虎	小耗	喪門	病符	神煞
105 (37歲)	102 (34歲)	99 (31歲)	96 (28歲)	93 (25歲)	年
丙 正印 申 傷官	癸 偏財 巳 正印	庚 傷官 寅 正官	丁 偏印 亥 正財	甲 正官 申 傷官	干支
太歲	福德	歲破	太陰	太歲	神煞

命盤 4

在命盤4命盤中有看到天干中有三個庚

查下表中得知一生中較多財多祿

在本命四柱中天干如有以下的情形，一生中就有可能有以下現象

天干字連三同

甲：較易獨守空房　己：多才多藝

乙：災禍較難抵擋　庚：多財多祿

丙：人老以後孤獨　辛：較難昌榮

丁：婚姻較難成局　壬：家業興盛

戊：意外事件特多　癸：它鄉意外

天干連四同

甲：少妻少子　己：為人忠厚

乙：多災多難　庚：遠走他鄉

丙：子媳空缺　辛：人可長壽

丁：壽命長久　壬：人可富貴

戊：人緣孤立　癸：易遭火災

第三章 運用八字的月支來論斷性情與身體狀況

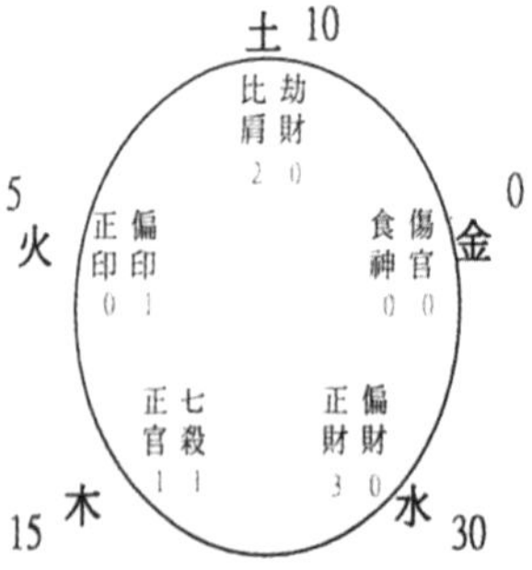

星座：射手座

忌神：水木

喜用神：土火

空亡：辰巳午未

血型：0

格局：正財格

姓名		性別	男
西元	1963 年		

時	日	月	年	
8	11	12	52	國曆
8	26	10	52	農曆
時	日	月	年	日期
偏印	日元	七殺	正財	主星
丙 火	戊 土	甲 木	癸 水	天干
辰 土	子 水	子 水	卯 木	地支
癸乙戊 水木土	癸 水	癸 水	乙 木	藏干
正財 正官 比肩	正財	正財	正官	副星
冠帶 49-64	胎 33-48	胎 17-32	沐浴 1-16	十二運星
華蓋 紅豔	六秀日 將星 飛刃	將星 飛刃		特星神煞

天干：戊—癸 合；戊—甲 剋
地支：子—卯 刑；辰—子 半三合；辰—子 半三合；子—卯 刑；子—卯 害

72-81	62-71	52-61	42-51	32-41	22-31	12-21	2-11	歲
丙辰	丁巳	戊午	己未	庚申	辛酉	壬戌	癸亥	大運

103 (52歲)	100 (49歲)	97 (46歲)	94 (43歲)	91 (40歲)	年
甲 七殺 午 正印	辛 傷官 卯 正官	戊 比肩 子 正財	乙 正官 酉 傷官	壬 偏財 午 正印	干支
太陰	太歲	福德	歲破	太陰	神煞
104 (53歲)	101 (50歲)	98 (47歲)	95 (44歲)	92 (41歲)	年
乙 正官 未 劫財	壬 偏財 辰 比肩	己 劫財 丑 劫財	丙 偏印 戌 比肩	癸 正財 未 劫財	干支
五鬼	太陽	天狗	龍德	五鬼	神煞
105 (54歲)	102 (51歲)	99 (48歲)	96 (45歲)	93 (42歲)	年
丙 偏印 申 食神	癸 正財 巳 偏印	庚 食神 寅 七殺	丁 正印 亥 偏財	甲 七殺 申 食神	干支
小耗	喪門	病符	白虎	小耗	神煞

命盤 5

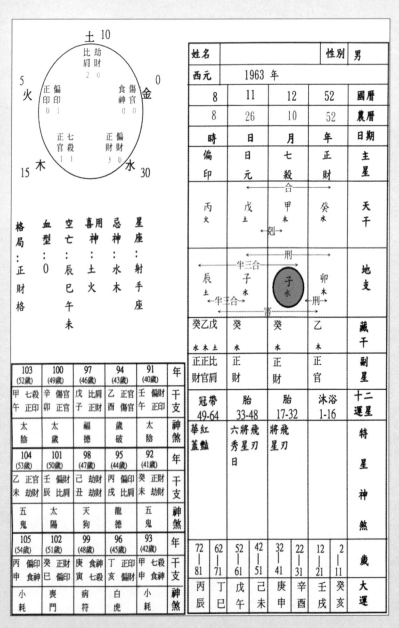

第一節　以月支看個性優缺點

地支共有十二個字：子、丑、寅、卯、辰、巳、午、未、申、酉、戌、亥。

首先以八字之月令（也就是月支）是哪一個字，直接由以下十二地支的各個特性來論其一個人的個性及特性，以命盤5之命盤月支爲「子」所以此人的個性，就如子（水）所述，身體毛病部分也可參考注意，診斷標的以八字月支爲主，依八字月支可診斷出你可能會有以下的特性，好的請保持，不好的請儘快改進。

命盤之月支爲子，所以此人的個性就會如子月所述，身體毛病部分也可參考注意。

子月（鼠爲代表）：屬水，機靈精算

善於保護自己，個性極端，反覆不定、捉摸不定。太會盤算，常因小利而忽略大格局，易聰明反被聰明誤。機警狡猾，聰明絕頂，善變，有始無終。做決定容易比人慢，損失很多機會，猶豫不決。晚上生的鼠可保衣食無憂，白天出生的容易陷入困頓，若陷入往往很難脫困。

特性：

一、對事情的決定常左右爲難、猶豫不決、翻來覆去決定後常變卦。

二、非常聰明、反應很快，事情做了後悔、不做也後悔。

三、訓練自己事情決定了就不要後悔，會比較好過，膽小警覺性高。

四、心思一日多變，故事業難以定根。

子：陽水，請注意可能會有「膽、泌尿系統」方面的疾病，假如眞的有，建議你每年要定期做健康檢查。

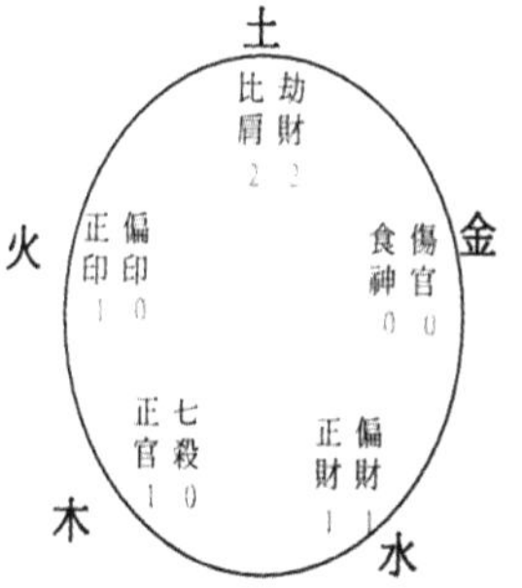

日干強弱：身弱
体檢天干：己
体檢地支：丑
体檢宅命：坤命
用神：金木
忌神：土火
血型：A
空亡：辰巳戌亥

姓名			性別	男
西元	1963 年			
7	26	1	52	國曆
7	2	1	52	農曆
時	日	月	年	日期
劫財	日元	偏財	正財	主星
戊 土	己 土	癸 水	壬 水	天干
辰 土	巳 火	丑 土	寅 木	地支
癸乙戊 水木土	戊庚丙 土金火	辛癸己 金水土	戊丙甲 土火木	藏干
偏財 七殺 劫財	劫財 傷官 正印	食神 偏財 比肩	劫財 正印 正官	副星
49-64	33-48	17-32	1-16	歲運
事業家庭 人際關係 子孫學生 部屬員工	本人 外在個性	兄弟 姊妹 父親 朋友同輩	祖先 父親 上司長輩 上流人士	由天干看
事業家庭 人際關係 子孫學生 部屬員工	配偶 創業機運	本人 內在特性	母親 祖先 上司 長輩	由地支看

（天干：己與癸 合、剋；戊與壬 剋。地支：巳與寅 刑害；巳與丑 半三合）

103 (52歲)	100 (49歲)	97 (46歲)	94 (43歲)	91 (40歲)	年
甲 正官 午 偏印	辛 食神 卯 七殺	戊 劫財 子 偏財	乙 七殺 酉 食神	壬 正財 午 偏印	干支
太陰	太歲	福德	歲破	太陰	神煞
104 (53歲)	101 (50歲)	98 (47歲)	95 (44歲)	92 (41歲)	年
乙 七殺 未 比肩	壬 正財 辰 劫財	己 比肩 丑 比肩	丙 正印 戌 劫財	癸 偏財 未 比肩	干支
五鬼	太陽	天狗	龍德	五鬼	神煞
105 (54歲)	102 (51歲)	99 (48歲)	96 (45歲)	93 (42歲)	年
丙 正印 申 傷官	癸 偏財 巳 正印	庚 傷官 寅 正官	丁 偏印 亥 正財	甲 正官 申 傷官	干支
小耗	喪門	病符	白虎	小耗	神煞

命盤6

以命盤6之命盤月支（丑），所以此人的個性就如丑（土）所述，身體毛病部分也可參考注意。

命盤之月支為丑，所以此人的個性就會如丑月所述，身體毛病部分也可參考注意。

丑月（牛為代表）：屬土，本性善良，耐力十足

本性善良，耐力好，喜歡安定，可望有安身立命之處。任勞任怨，勤勞且腳踏實地。脾氣很大，堅持，固執。忍辱負重，隱藏實力，對地理、命理特別敏感，也容易學會。喜追根究底（打破沙鍋問到底），宜越挫越勇（必經挫折才能成長）。

特性：

一、打破砂鍋問到底、追根究底。主觀意識重，做事認眞、好問。
二、容易重提往事（好、壞）都會提。很會查行蹤、翻舊帳。
三、個性比較會碎碎唸。脾氣大，愛鑽牛角尖，任勞任怨。
四、學習速度慢且廣，非學到懂，不易輕易被帶動。
五、自我意識過強，一切以自我為中心，而做出不自量力之事。

丑：陰土，請注意可能會有「肝、腳」方面的疾病，假如真的有，建議你每年要定期做健康檢查。

以下就請各位讀者自行印出相關朋友之命盤做按圖施工的批命工作

命盤之月支為寅，所以此人的個性就會如寅月所述，身體毛病部分也可參考注意。

寅月（虎為代表）：屬木，能幹耐勞

為衝動派，好動愛自由，勞碌命，坐不住。不服輸，喜當老大。野心大，愛做大事業。樂觀、積極又仁慈。自我期許高，屬完美主義者。既能幹又肯做事，不怕勞苦，沉著內斂不會推卸責任，單打獨鬥本事高。愛美，不安於室。掌控能力強，為幕僚高手。若受壓力，會有「虎落平陽被犬欺」的感慨，甚至會傷到自己。缺點是爆發力強，但往往後繼無力，且生性驕傲，明顯固執，不太能接受人家批評。寅月的人適合做行銷。

特性：

一、勞碌命閒不住，太閒時會難過。喜歡當老大，脾氣不好，不喜歡囉嗦。

二、心軟、仁慈，別人只要開口就會答應。

三、愛吃美食、愛吃肉，有責任感與領導格，定下目標一定達成。

四、味口大，喜做大事業。

五、最恨被騙，一被騙恐會發狂。

六、行動快、不好問，故常有溝通不夠，難成事之嘆。

寅：陽木，請注意可能會有「肺、腿」方面的疾病，假如眞的有，建議你每年要定期做健康檢查。

以下就請各位讀者自行印出相關朋友之命盤做按圖施工的批命工作

命盤之月支為寅卯，所以此人的個性就會如卯月所述，身體毛病部分也可參考注意。

卯月（兔為代表）：屬木，保護色強

智慧高，完美主義者。有衝勁，狡猾善變。有人緣、有桃花，機警，閒不住，防衛性強。不容易顯老，文靜，喜愛乾淨，有潔癖，心地善良。只能接受成功，不能坦然面對失敗，容易有始無終。第六感很強，直覺性敏銳。屬兔的男性善於裝蒜善應對，即使犯錯也不輕易認錯，最適「狡兔三窟」。辦公室戀曲稀鬆平常，常會吃窩邊草。喜歡羅曼蒂克，異性緣佳，容易獲得職場異性的幫助。兔女郎本性善良，為保護自己，偶爾也會偽裝。

特性：

一、眼睛銳利，對看不順眼或不喜歡的人不理睬、眼光高。

二、卯如帶傷則有潔癖，喜乾淨，家裡的東西喜移動。

三、做事喜歡一口氣做完，工作時不喜歡別人打擾而會中途停頓。

四、心軟、龜毛、人緣好，較會保護自己，較嬌氣會計較。

五、氣質好、品味高，喜歡做高尚的工作或優良公司的事業，能不計較金錢多寡。

卯：陰木，請注意可能會有「大腸、脅（身體驅幹兩側、自腋下至肋骨盡處）」方面的疾病，假如真的有，建議你每年要定期做健康檢查。

以下就請各位讀者自行印出相關朋友之命盤做按圖施工的批命工作

命盤之月支為辰，所以此人的個性就會如辰月所述，身體毛病部分也可參考注意。

辰月（龍為代表）：屬土帶木，個性捉摸不定

喜當老大，非常自負，好高騖遠，喜奉承巴結勢力，亦有桃花緣。思想變化快，點子多、聰明。多半好面子，喜歡被尊重，喜歡人家「說好聽的話」，眼光高，看高不看低（做事不實際）。個性千變萬化，常給人神龍見首不見尾的神秘感。屬龍女性比男性更善變，內心世界不容易被察覺。福報不錯，常化險為夷。多才多藝，學什麼像什麼，容易有成就，通常有「精神潔癖」的傾向。是事業上好夥伴及熱心助人的好友。

特性：

一、不喜歡受人管束，喜歡當老大，比較喜歡出錢請客、付帳跑第一。

二、神龍見首不見尾，稍不注意即不見人影，想離開時較不會辭行即不見蹤影。做事有頭無尾，愛自由，有藝術天分。

三、主觀意識重，較鐵齒，有第六感，鬼點子多，說話講重點。

四、光說卻未必會去執行。

辰：陽土，請注意可能會有「胃、左右二膊（身體上肢，靠近肩膀的部分）」方面的疾病，假如眞的有，建議你每年要定期做健康檢查。

以下就請各位讀者自行印出相關朋友之命盤做按圖施工的批命工作

命盤之月支爲巳，所以此人的個性就會如巳月所述，身體毛病部分也可參考注意。

巳月（蛇爲代表）：屬火，心思細密聰明

喜歡聊天、好辯不服輸，敏捷好辯又好訴訟。很會鑽研，分析力強，外表冷漠、內心如火，對喜歡的人說話較多。個性冰冷、城府很深，好辯猜疑心重。冷靜沉著有眼光、有遠見，數字概念清楚，善於理財，爲生意上好角色。適合做業務推動。屬蛇女性有一種神秘力量。心思細密，看來聰明，主觀太強，很難約束。包容力大，若觸怒之反撲力量很強。善於自處，且能力相當強。

特性：

一、很沉著、口才非常好、愛說話且說話快，但平時很靜，公關好，性子急。

二、對熟悉、談得來的人很熱情、可促膝長談，對不對味的人一句話都嫌多。遇到挫折就會放棄，沒有持續力。

三、沒有舞台時很靜，有舞台會發揮得很好，話會講得不停、欲罷不能。

四、業務人才，愛抬槓。

五、好勝心強。

六、講話做事不直接，喜拐彎抹角。

巳：陰火，請注意可能會有「脾、肩膀」方面的疾病，假如眞的有，建議你每年要定期做健康檢查。

以下就請各位讀者自行印出相關朋友之命盤做按圖施工的批命工作

命盤之月支爲午，所以此人的個性就會如午月所述，身體毛病部分也可參考注意。

午月（馬爲代表）：屬火，憨直、性直、膽大

好勝心強，禁不起刺激，受刺激必有回應，口服心不服。急躁，容易被設計。奔波，勞碌，憨直，性直，心腸軟。脾氣很拗，敢衝敢拼，對朋友熱情，喜拍馬屁。很樂觀，喜交際，有人緣。性情不定，好惡分明，喜怒哀樂形於色，易招惹是非。性格奔放喜自由，急躁且欲速則不達，若能修正心性調整處世，越老越有成就。屬馬男性異性緣好，適合從事與女性有關行業，在同業中容易被排擠。屬馬女性多半帶有男性性格，膽子大，多勞操，閒不下來，老年時易變成嘮叨老人。

特性：

一、好勝心強、不認輸、賭性堅強、比較極端。愛聽好話，自戀、愛美。

二、喜歡受誇讚（拍馬屁），好好講，什麼都好、什麼都有。

三、受到刺激時脾氣一發不可收拾，易受人煽動，容易頭痛。

四、午是桃花，女孩子大部分都長得漂亮也愛水，人緣好。

五、好勝心、自尊心強，自卑感重，不善於被批評。

六、第六感好，喜將事情提前做好，逢臨時事時易亂方寸、手腳。

午：陽火，請注意可能會有「心臟、頭」方面的疾病，假如眞的有，建議你每年要定期做健康檢查。

以下就請各位讀者自行印出相關朋友之命盤做按圖施工的批命工作

命盤之月支爲未，所以此人的個性就會如未月所述，身體毛病部分也可參考注意。

未月（羊爲代表）：屬土又屬火，好出風頭，特立獨行

爲人親切，富人情味，一絲不苟，行事謹愼。孝順但不知如何表達，個性膽小，注重外表，喜鑽牛角尖，打破沙鍋問到底，愛生氣。內心喜歡當領導人物，但須依附他人方能成功。對感情專注忠貞。男性屬羊，多半聰明，喜歡表現自己。

特佳：

一、打破砂鍋問到底、追根究底、個性執著。主觀意識重。

二、很孝順，不喜歡別人或配偶批評父母親。重感情、沒有安全感。

三、很會查行蹤、翻舊帳，膽小、有領導能力但表現不出來。

四、遇到事情主觀意識重，喜別人認同自己想法，卻不明說己願。

五、當他人意思無法如同所想，則不斷以問題扭轉對方觀念，促其共識己意。

未：陰土，請注意可能會有「小腸、肩膀」方面的疾病，假如眞的有，建議你每年要定期做健康檢查。

以下就請各位讀者自行印出相關朋友之命盤做按圖施工的批命工作

命盤之月支為申，所以此人的個性就會如申月所述，身體毛病部分也可參考注意。

申月（猴為代表）：屬金，機靈過人

好動、有衝勁，重義氣，坐不住，沒一時閒著。善模仿，學習能力強，但只有三分鐘熱度，沒耐心。猴急，狡猾善變，喜走捷徑。觀察力敏銳，心思細膩，富機智，能力強，但欠缺穩重。喜歡招搖帶點風騷，異性緣好，希望自己是群體中最受注目的焦點。屬猴女性頗有女人味。

特性：

一、急性子。沒耐心等待，想到就做，較沒心機。

二、講話銳利、嘴快兩三句話就解決，易傷人自己卻不知道，喜歡講重點。

三、學習能力強，靜不下來，重朋友，模仿能力強。

四、注意小細節，做事卻乾脆俐落。

申：陽金，請注意可能會有「膀胱、左右二膊（身體上肢，靠近肩膀的部分）」方面的疾病，假如真的有，建議你每年要定期做健康檢查。

以下就請各位讀者自行印出相關朋友之命盤做按圖施工的批命工作

命盤之月支為酉，所以此人的個性就會如酉月所述，身體毛病部分也可參考注意。

酉月（雞為代表）：屬金，大小通吃，好管閒事

沒有衝勁，較悲觀。雞婆個性，急躁，雙重個性。熱心、喜服務人群，積極主動，會較從自己利益著眼。很有審美觀，自信心、自尊心、虛榮心都很強，而且喜歡被讚美。第六感強。屬雞男性給人一種愛拈花惹草的感覺，異性緣特別好。屬雞女性多半帶點「雞婆」個性，喜歡替人出主意，喜歡湊熱鬧，人緣很好，也很重視感覺。

特性：

一、雞婆性格，過度熱心，只要有人拜託可以把自己的工作丟在一旁跑去幫忙別人，忙完了別人也不會說聲謝謝，自己很鬱悶。有時說話傷人而不自知。

二、不會拒絕別人的拜託。有愛心，做事投入，講話欠思考。

三、神經質，話放不住，在乎別人的看法，八卦消息傳得快。

四、喜幫的事幫到底。

五、喝酒有時會喝到滿意，不然就滴酒不沾。

酉：陰金，請注意可能會有「腎、膂」方面的疾病，假如眞的有，建議你每年要定期做健康檢查。

以下就請各位讀者自行印出相關朋友之命盤做按圖施工的批命工作

命盤之月支爲戌，所以此人的個性就會如戌月所述，身體毛病部分也可參考注意。

戌月（狗爲代表）：屬土，個性善良，喜歡照顧別人

想當老大，易突發奇想，率性而爲，而有驚人之舉，不爲環境而改變，從一而終，認定人與事。講忠心，信用佳，善良，固執，重感情，是好朋友及好部屬。好惡分明，十分謹愼，戒心很強，不隨便相信人。常出現五行高手，對研究玄學很投入。人間福報好，無形福報多，常遇貴人逢凶化吉。賺錢不難，不容易缺錢，但欠缺金錢觀，難有鉅額財富。想法樂觀積極不太會隱藏自己個性及秘密，特別喜歡照顧別人。有時會有狗改不了吃屎的習慣。死心眼，易單戀，或被戀愛沖昏頭。

特性：

一、對於有恩的人、會加倍償還恩情，十分忠心。
二、自尊心非常強，連自己的偶像都不可被別人批評。
三、較不信天命（鐵齒），鬼點子多，不好溝通，臭屁、顧家。
四、較古板不易變通，老走舊的模式難改變，自我內在意識過強。
五、忠心，但卻也善於背後扯後腿。

戌：陽土，請注意可能會有「心包、腿」方面的疾病，假如真的有，建議你每年要定期做健康檢查。

以下就請各位讀者自行印出相關朋友之命盤做按圖施工的批命工作

命盤之月支爲亥，所以此人的個性就會如亥月所述，身體毛病部分也可參考注意。

亥月（豬爲代表）：屬水，癡情想不開

很有智慧，非常注重原則，不易溝通，常把事情放心裡。外表剛毅、內心脆弱，性格矛盾，不易了解。善利用別人，借力使力，爲生意高手。很明理，但常追根究底，有時會很「番」不講道理。口才好，好辯。眼光獨特，極有開創力。很注重口腹之慾，重享受卻不挑食。會扮豬吃老虎。

特性：

一、自刑最嚴重（特別是沒有食、傷），尤其小孩須特別注意（不可言語刺激，否則易走極端）。愛鑽牛角尖，完美主義。

二、個性很靜，乙亥及丁亥都希望自己的配偶（結婚對象）也很靜。

三、沒有舞台時很靜，有舞台會發揮得很好，話會講得不停、欲罷不能

四、不是很挑食，就是什麼都吃，明理有智慧。

五、一個亥明理，兩個亥歇斯底里。

六、嘮叨、囉嗦、叮嚀不停。

亥：陰水，請注意可能會有「三焦、腳」方面的疾病，假如眞的有，建議你每年要定期做健康檢查。

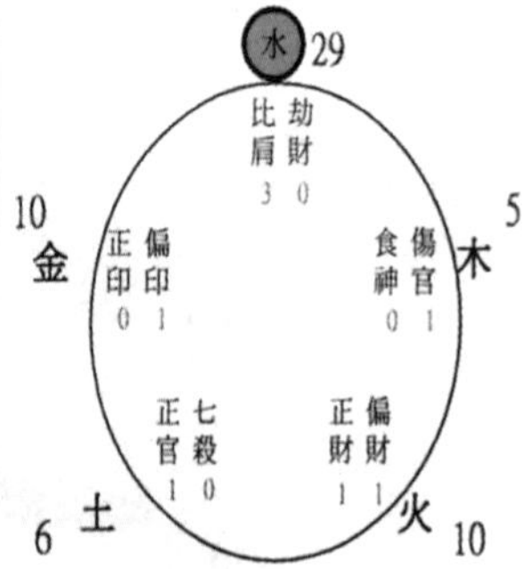

格局：建祿格

血型：0

空亡：午未戌亥

喜用神：木火土

忌神：水金

星座：射手座

姓名		性別	女
西元	1948 年		

10	14	12	37	國曆
10	14	11	37	農曆
時	日	月	年	日期
偏財	日元	傷官	正官	主星
丁 火 ←剋→	癸 水 (合)	甲 木 ←剋→	戊 土 (合)	天干
巳 火 ←半三合→	酉 金	子 水	子 水	地支
戊庚丙 土金火	辛 金	癸 水	癸 水	藏干
正官正印正財	偏印	比肩	比肩	副星
胎 49-64	病 33-48	臨官 17-32	臨官 1-16	十二運星
天德貴人 天乙貴人	將星	祿神	祿神	特星神煞

73-82	63-72	53-62	43-52	33-42	23-32	13-22	3-12	歲
丙辰	丁巳	戊午	己未	庚申	辛酉	壬戌	癸亥	大運

103 (67歲)	100 (64歲)	97 (61歲)	94 (58歲)	91 (55歲)	年
甲 傷官 午 偏財	辛 偏印 卯 食神	戊 正官 子 比肩	乙 食神 酉 偏印	壬 劫財 午 偏財	干支
歲破	太陰	太歲	福德	歲破	神煞
104 (68歲)	101 (65歲)	98 (62歲)	95 (59歲)	92 (56歲)	年
乙 食神 未 七殺	壬 劫財 辰 正官	己 七殺 丑 七殺	丙 正財 戌 正官	癸 比肩 未 七殺	干支
龍德	五鬼	太陽	天狗	龍德	神煞
105 (69歲)	102 (66歲)	99 (63歲)	96 (60歲)	93 (57歲)	年
丙 正財 申 正印	癸 比肩 巳 正財	庚 正印 寅 傷官	丁 偏財 亥 劫財	甲 傷官 申 正印	干支
白虎	小耗	喪門	病符	白虎	神煞

命盤 7

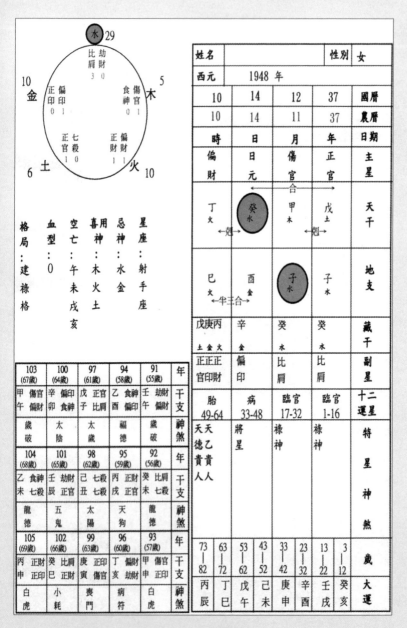

第二節　用月支來看身體狀況

十二地支與臟腑關係：以八字的月支爲基準

運用八字中的月支來論斷先天病因，以下標示的部位比較會出問題，身體上如經檢查出有相似的狀況，請先到醫院檢查。由命盤7可看出此人可能會有膽方面的毛病，其他命盤請自行列出參考，如果有以下毛病請到醫院做檢查。

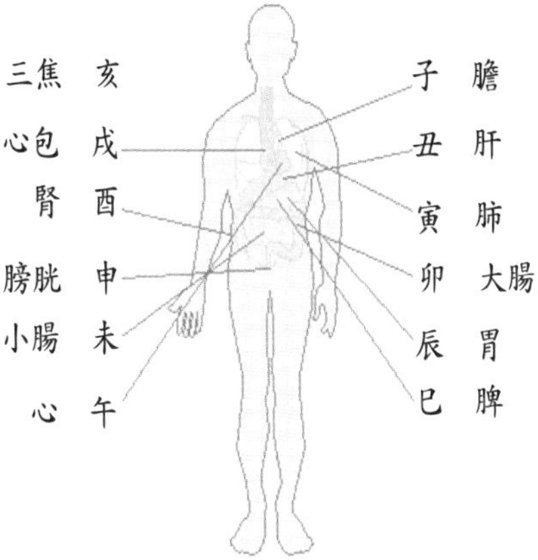

三焦：中醫特有名稱，爲六腑之一，是水液運行的道路，總司全身體液氣化功能。

一、上焦：橫膈以上的胸部（包括心臟、肺臟），和頭、面部及上肢等。

二、中焦：橫膈以下、肚臍以上的腹部，即從胃的上口（賁門）至胃的下口（幽門），包括脾、胃、肝、膽。

三、下焦：肚臍以下的小腹部，包括小腸、大腸、腎臟、膀胱等。

十二地支與身體部位關係：以八字的月支爲基準

八字（月支）中是哪一個字，就表示以下所標示的部位較會有問題。如果眞的有問題請盡速至到醫院檢查

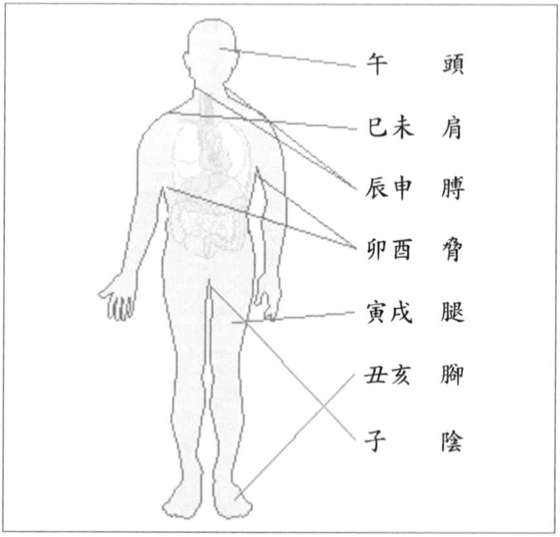

【地支與五行】

地支	五行	腑臟	生肖	月份
寅	木	肺	虎	正
卯	木	大腸	兔	二
辰	土	胃	龍	三
巳	火	脾	蛇	四
午	火	心	馬	五
未	土	小腸	羊	六
申	金	膀胱	猴	七
酉	金	腎	雞	八
戌	土	心包	狗	九
亥	水	三焦	豬	十
子	水	膽	鼠	十一
丑	土	肝	牛	十二

第四章

由十二地支的刑、沖、合、害、會中可論斷出一個人的吉凶禍福

第一節　地支、三合、三會、六合、六害、三刑各代表的意義

以下用圖型來解釋十二地支的刑、沖、會、合、害

地支之刑、沖、會、合、害

【地支三合】

半合是指三合中任二個地支出現。

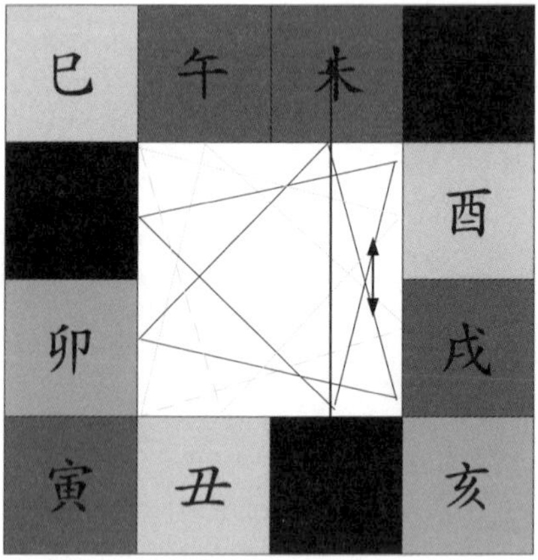

※申子辰合水局：生在申，旺在子，庫在辰。
多元化智慧，變化大，冷眼旁觀，臨時改變，冷漠自私。
※巳酉丑合金局：生在巳，旺在酉，庫在丑。
指揮性佳，講義氣，外表威嚴較酷，有血光、肅殺之氣，講話會修飾。
※寅午戌合火局：生在寅，旺在午，庫在戌。
熱情，前熱後冷，行動派，急性子。
※亥卯未合木局：生在亥，旺在卯，庫在未。
幻想，不切實際，心地軟，計畫一堆，大部分無法實現。

【地支三會】

三會的力量大於一切，例：日干屬木，地支有寅卯辰，或只有其中二個加流年來組合而成三會。寅卯辰三會東方木，對身弱者有利，對身強者不利。會特別有事情。

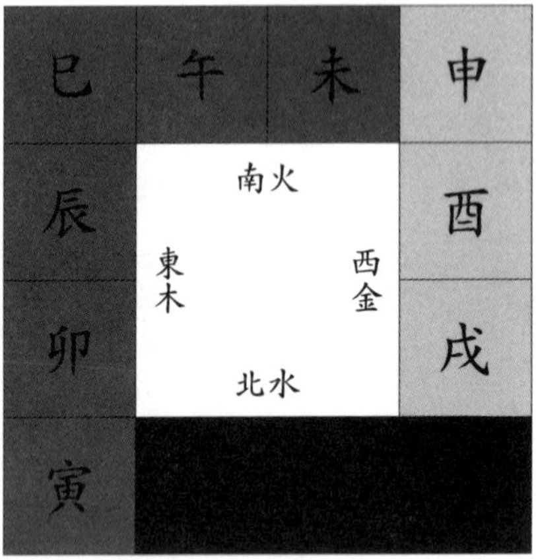

※寅卯辰三會東方木。

※巳午未三會南方火。

※申酉戌三會西方金。

※亥子丑三會北方水。

【地支六衝】

撞擊力，播種，很會做事，有執行力，有衝勁。衝動，意見不合、反目。走運逢衝則發，不走運逢衝則墜。太歲流年衝向命盤較嚴重，命盤衝向流年太歲則較輕。根忌衝，逢衝小心「財」。

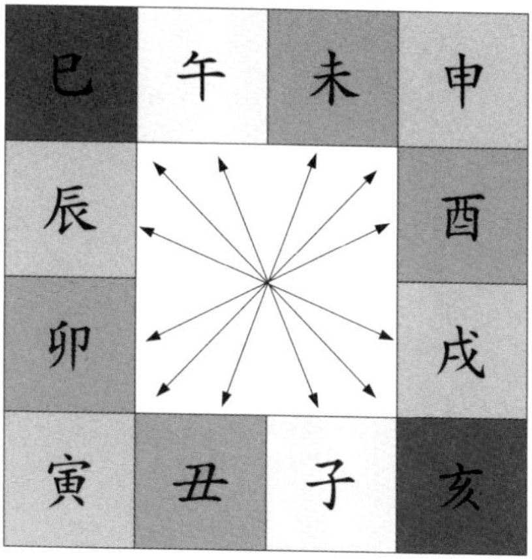

※**子午衝**：水火不容，情緒不穩定，脾氣不好，個性極端。人緣很好，異性緣佳。較有發瘋機率、腦神經衰弱的現象。子午衝的人通常都很漂亮。

※丑未衝：愛追根究底，打破砂鍋問到底，主觀意識強烈。易賠錢，財庫衝開，開銷大。愛問，鑽牛角尖。較會跟鄰居吵架，女命易流產。

※寅申衝：忙碌，閒不住，勞碌命。開車很快，較會走大馬路。有車關，易生車禍。六親較無緣，一輩子靠自己。（同傷官見官，一生大起大落）

※卯酉衝：做事俐落，很敏銳，有第六感，眼睛銳利，人緣好，異性緣佳，心性不定（桃花衝），陰易近身。

※辰戌衝：辰與戌屬現金，庫衝庫，撞到事業宮的話，投資會失敗。不服輸，自圓其說，自找台階。喜做老大，脾氣不好，理由多，會將錯就錯歸錯於別人，做事野心大，開銷大。須注意婚姻問題。

※巳亥衝：辯才無礙，口才佳，很會辯，愛聊天，常常禍從口出。追根究底，較會鑽小巷，有車關。

【地支六合】

有計畫能力，合得來，會有收成、守成，同心協力，好溝通。

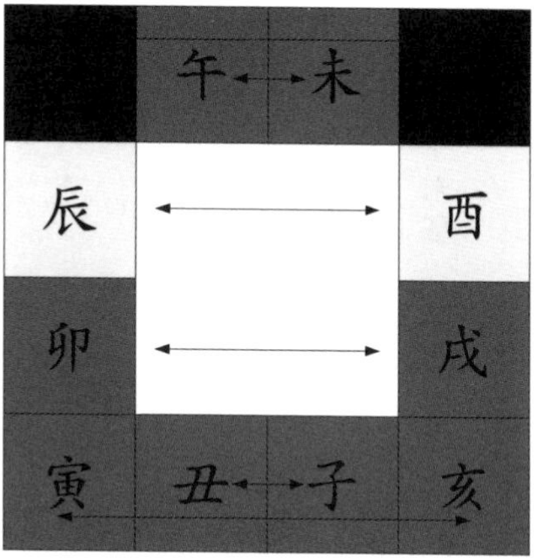

命盤8

※子丑合土　※寅亥合木　※卯戌合火

※辰酉合金　※巳申合水　※午未合火

【地支六害】

分離（指人的生離死別），變卦，聚少離多，同床異夢，要收成時，會收不到。

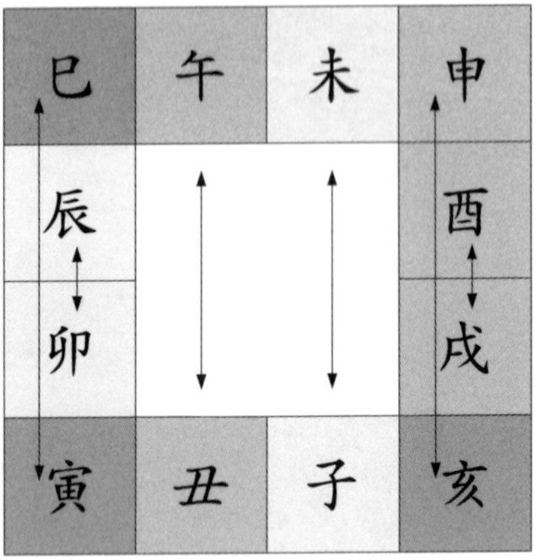

※子未害：個性極端，容易犯小人，易換工作。貌合神離，無話可說，會要求對方。

（最嚴重的害，又稱天地害，南北害）

※丑午害：耐性差，容易生氣，貌合神離。

※寅巳害：是非多，無恩情（人情）易犯小人，冷眼旁觀的態度，屬驛馬害，辯才無

礙。如果離婚，也可能同住一屋簷下。

※**申亥害**：是非多，無恩情，易犯小人。（比喻相見不如懷念，相見就吵，不見又懷念）屬驛馬害。

※**卯辰害**：本身要注意，易遭周邊親人相害，殺傷力很大，好朋友扯後腿，兄弟無緣，手足無助，要他好反而害他，愈親近的人，反駁力越大。

※**酉戌害**：與卯辰害相似，容易被近親戲弄。（雞犬不寧，哭笑不得，離婚率高）

【地支之刑】

精神方面的壓力與挫折

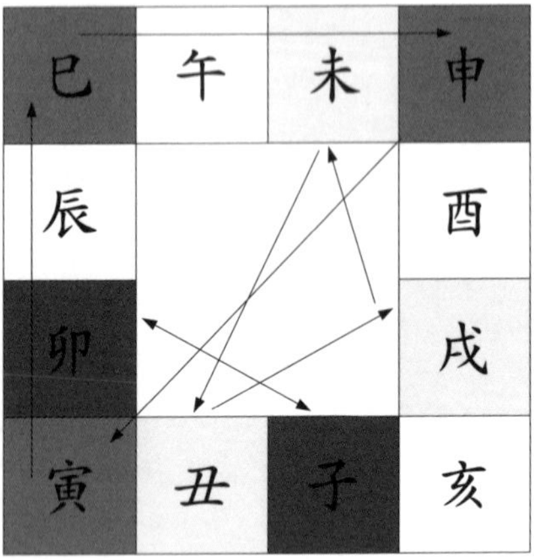

※無禮之刑：子刑卯，卯刑子

沒氣質，眼光高，講話沒禮貌，說話不客氣，不隨便與人交談，自視清高，看到不喜歡的人，他就不會去理會對方，脾氣不好，沒禮貌。刑中最凶兆，不孝不悌，相妒不睦，剋損六親，婦人有此刑，翁姑不合，且易損孕。

※恃勢之刑：寅刑巳，巳刑申，申刑寅

做到累死，別人也不會感激你，替別人打江山。做憨工，沒有恩惠。你有十分力，勸你留三分可收尾。你會嫌人，別人也會嫌你。做事可以做得成功，但只要有一小點做不好，就會被修理。性情冷酷薄義，易遭陷害及惡事發生，女子有此刑，易損孕。例：寅刑巳：巳做到流汗，被寅嫌到流口水，寅不懂得感恩。看寅、巳各在何處，各代表「誰」，即可推論出誰會對誰不支感恩。

※無恩之刑：丑刑戌，戌刑未，未刑丑

太過有自信，過於猛進，易遭挫折，無惻隱之心。剛毅且易罹災。婦人有此刑，易孤獨。

例：丑刑戌：丑對戌太有信心，自認戌可幫己一切搞定，但往往事與願違。

※自刑之刑：心理的鬱悶，不知道要向誰說，找不到對象說，有話不想跟別人說，有話

說不出口，在心裡一點一點的累積。（尤其是亥月生者）明知不可爲而爲之，常拿石頭砸自己的腳，會想不開，內心鬱悶不知找誰訴說，自卑。「亥」若在月令更嚴重，酉、午較亥來得輕微，辰的自刑最輕微。

辰刑辰：固執，有原則，不喜歡別人左右他，喜歡獨立作老大，懷才不遇，做事有頭無尾。鬱悶型。

午刑午：好勝心強，不喜歡別人用話刺激他。個性極端，沒耐性，健忘。屬「馬」者，喜歡別人拍他馬屁，所以要說好聽的話，要好好溝通。

酉刑酉：講義氣，較雞婆，遇到懶散的人或不講義氣（不講理）的人，他會生氣，所以乾脆不說。太過熱情，變成憂鬱。

亥刑亥：聰明，智慧，明理。有事不說，鬱悶型。易有自殺傾向。

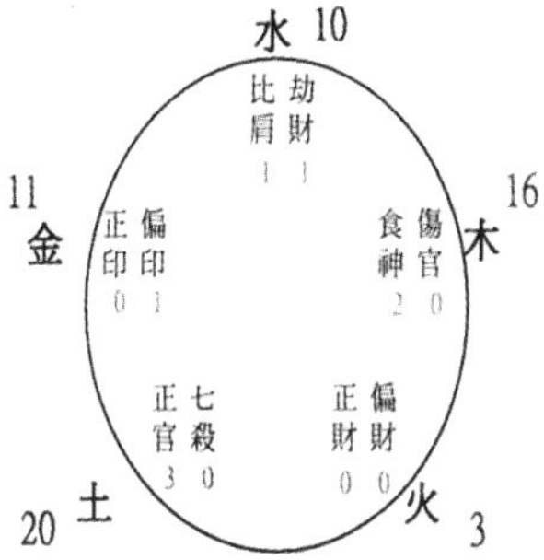

- 星座：天蠍座
- 忌神：木土
- 喜用神：水金
- 空亡：午未辰巳
- 血型：0
- 格局：正官格

姓名		性別	女	
西元	1951 年			
20	30	10	40	國曆
20	1	10	40	農曆
時	日	月	年	日期
劫財	日元	正官	偏印	主星
壬 水	癸 水	戊 土	辛 金	天干
戌 土	卯 木	戌 土	卯 木	地支
丁辛戊 火金土	乙 木	丁辛戊 火金土	乙 木	藏干
偏財 偏印 正官	食神	偏財 偏印 正官	食神	副星
衰 49-64	長生 33-48	衰 17-32	長生 1-16	十二運星
	學堂 文昌 天乙貴人 天印 將星	魁罡	學堂 文昌 天乙貴人 將星	特星神煞

天干：壬←剋→戊；癸←合→戊
地支：戌←合→卯；卯←合→戌；戌←合→卯；戌←合→卯

74-83	64-73	54-63	44-53	34-43	24-33	14-23	4-13	歲
丙午	乙巳	甲辰	癸卯	壬寅	辛丑	庚子	己亥	大運

103 (64歲)	100 (61歲)	97 (58歲)	94 (55歲)	91 (52歲)	年
甲 傷官 午 偏財	辛 偏印 卯 食神	戊 正官 子 比肩	乙 食神 酉 偏印	壬 劫財 午 偏財	干支
太陰	太歲	福德	歲破	太陰	神煞
104 (65歲)	101 (62歲)	98 (59歲)	95 (56歲)	92 (53歲)	年
乙 食神 未 七殺	壬 劫財 辰 正官	己 七殺 丑 七殺	丙 正財 戌 正官	癸 比肩 未 七殺	干支
五鬼	太陽	天狗	龍德	五鬼	神煞
105 (66歲)	102 (63歲)	99 (60歲)	96 (57歲)	93 (54歲)	年
丙 正財 申 正印	癸 比肩 巳 正財	庚 正印 寅 傷官	丁 偏財 亥 劫財	甲 傷官 申 正印	干支
小耗	喪門	病符	白虎	小耗	神煞

命盤 8

第二節　由命盤地支、看運勢及六親對待

以下是從命盤中直接對應出符合哪幾項，一生中就會有哪幾種現象，由命盤8中可診斷出符合第1項、第4項、第6項之狀況請參考，第3項也可參考論斷。

本命盤有六合或三合時

	時	日	月	年	【合】（地支）
1			*	*	較容易受到長上幫助，與長上好溝通，有長上緣，易被上司提攜器重。孝順，有老人緣。
2		*		*	配偶長上相處佳，配偶是長上選擇的，創業時以長上、上司的意見爲主。
3	*			*	長上、上司會幫助你的事業，亦會用金錢支助。 長上會無條件幫你帶小孩，人緣好，做事情很會包裝自己，不易透露內在事。
4		*	*		夫妻相處佳、容易在乎另一半，常在事業上有自己的主見，容易滿足現狀較有安全感，但逢害時則一切無所適從。
5	*		*		在意孩子、事業、員工、晚輩，人際關係好，會顧全大局者。（公務人員居多、事業會做得比較久）
6	*	*			配偶會支持或相助你的事業，只要創業則會堅守做下去。
7		*	*		
8			刑		天干合，地支刑：身體不好（其中一柱被太歲刑亦同）。

子丑合：夫妻間好溝通，有話講，較顧家。

卯戌合：比較愛面子，注重外表，顧家，外強內柔。

寅亥合：在先天的磁場上比較重視倫理道德。

辰酉合：在先天的磁場上比較重義氣，但比較沒有定性。

午未合：在先天的磁場上比較重情意，天生脾氣不好，做事重感覺。

巳申合：有很多事，會聰明反被聰明誤，事屬無恩之刑。

申子辰合水：在思想變化上很快，也很聰明，但較冷漠。

寅午戌合火：看來做事效率高，執行力好，熱情有禮。

亥卯未合木：比較會有不切實際的想法，較有夢想（白日夢）。

巳酉丑合金：爲人較會強出頭，較會有血光之災，且會包裝自己。

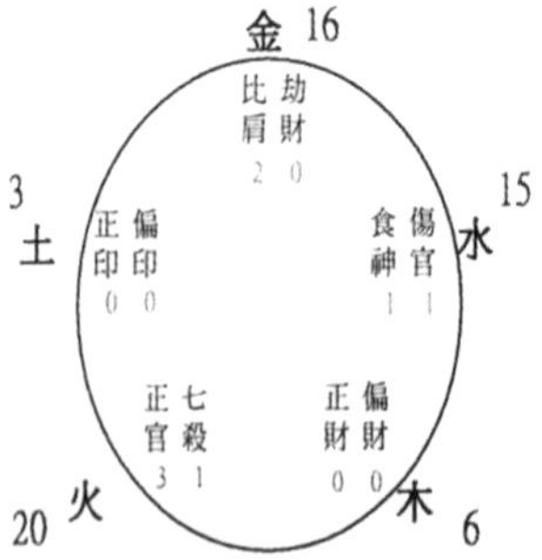

星座：天蠍座
忌神：水火
喜用神：金土
空亡：子丑申酉
血型：0
格局：傷官格

姓名		性別	女	
西元	1977 年			
10	20	11	66	國曆
10	10	10	66	農曆
時	日	月	年	日期
食神	日元	比肩	七殺	主星
癸 水	辛 金	辛 金	丁 火	天干
巳 火	巳 火	亥 水	巳 火	地支
戊庚丙 土金火	戊庚丙 土金火	甲壬 木水	戊庚丙 土金火	藏干
正劫正 印財官	正劫正 印財官	正傷 財官	正劫正 印財官	副星
死 49-64	死 33-48	沐浴 17-32	死 1-16	十二運星
血刃	天印貴人 血刃	驛馬 血刃 金輿	血刃	特星神煞

(天干：剋；地支：沖)

77-86	67-76	57-66	47-56	37-46	27-36	17-26	7-16	歲
己未	戊午	丁巳	丙辰	乙卯	甲寅	癸丑	壬子	大運

103 (38歲)	100 (35歲)	97 (32歲)	94 (29歲)	91 (26歲)	年
甲 正財 午 七殺	辛 比肩 卯 偏財	戊 正印 子 食神	乙 偏財 酉 比肩	壬 傷官 午 七殺	干支
太陽	天狗	龍德	五鬼	太陽	神煞
104 (39歲)	101 (36歲)	98 (33歲)	95 (30歲)	92 (27歲)	年
乙 偏財 未 偏印	壬 傷官 辰 正印	己 偏印 丑 偏印	丙 正官 戌 正印	癸 食神 未 偏印	干支
喪門	病符	白虎	小耗	喪門	神煞
105 (40歲)	102 (37歲)	99 (34歲)	96 (31歲)	93 (28歲)	年
丙 正官 申 劫財	癸 食神 巳 正官	庚 劫財 寅 正財	丁 七殺 亥 傷官	甲 正財 申 劫財	干支
太陰	太歲	福德	歲破	太陰	神煞

命盤9

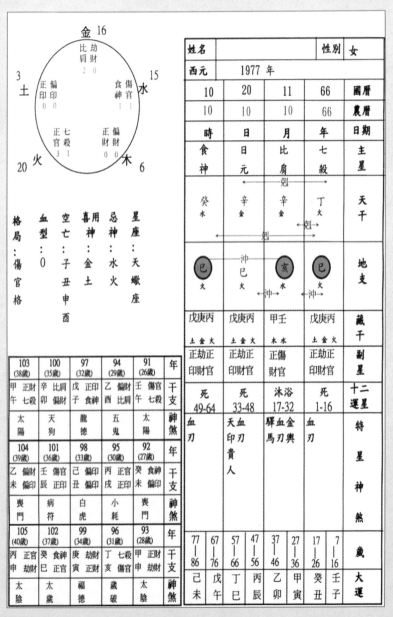

由命盤9命盤中可診斷出符合第1項、第4項、第5項之情形請參考參考。

本命盤有六沖時

	時	日	月	年	【衝】（地支）
1			*	*	和長上或上司較會有意見、衝突，個性較衝動（早離家）。
2		*		*	配偶和長上容易會意見不合。長上、上司常是敦促其創業的人，放不下且一定會干預。
3	*			*	長上對你的事業有意見，祖孫會不合；合則長上身體欠安。外表像個靜不下來的人，子女像全身裝了馬達很好動，不停息。
4		*	*		夫妻間常鬥嘴，無法溝通。（男命男起因；女命女起因）夫妻間常鬥嘴做挑情的動作，所謂床頭吵床尾和。
5	*		*		對事業較積極有衝勁、活力全來。容易對小孩或部屬容易有意見或不合。
6	*	*			配偶對事業易有意見（無助），和小孩溝通不良。家中之事都是配偶在敦促小孩或打罵小孩。

寅申（馬）：須注意車關，不要開快車，適合外務，東奔西跑，對人付出人家不太會感激。

巳亥（馬）：會有車關，口才好，辯才無礙，比較會得理不饒人，易抄近路，求速度（會鑽），適合外務。

子午（花）：個性極端、反覆不定、不堪諷刺，桃花動，人緣好，生氣時會抓狂，感情困擾。

卯酉（花）：第六感強（有時會看到第三度空間）、目色好，須先溝通好才做，東西常移動、桃花動、人緣好。長輩緣好，較會衡量人，憑直覺做事。

辰戌（庫）：個性不好、脾氣難以控制、較會自圓其說、庫衝破，財就守不住，有運賺、無運賠，辯才無礙，身體較會不好，好辯。

丑未（庫）：追根究底。打破沙鍋問到底、較會查行蹤、庫衝破、錢財守不住，小財不斷流失。

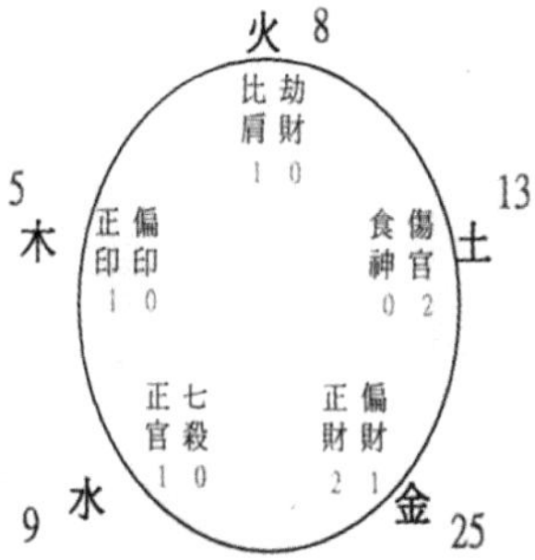

星座：處女座
忌神：土金
喜用神：火木
空亡：辰巳辰巳
血型：0
格局：正財格

姓名			性別	男
西元	1962 年			
20	27	8	51	國曆
20	28	7	51	農曆
時	日	月	年	日期
正財	日元	傷官	正官	主星
	←合→ (日—年)			
庚 金	丁 火	戊 土	壬 水	天干
		←剋→ (月—年)		
戌 土	酉 金	申 金	寅 木	地支
←害→ (時—日)		←沖→ (月—年)		
←半三合→ (時—年)				
丁辛戊 火金土	辛 金	戊壬庚 土水金	戊丙甲 土火木	藏干
比肩 偏財 傷官	偏財	傷官 正官 正財	傷官 劫財 正印	副星
養 49-64	長生 33-48	沐浴 17-32	死 1-16	十二運星
魁罡	天乙貴人 文昌 學堂 天將印星	流霞 金輿 亡神	月德貴人 劫煞	特星神煞

74-83	64-73	54-63	44-53	34-43	24-33	14-23	4-13	歲
丙辰	乙卯	甲寅	癸丑	壬子	辛亥	庚戌	己酉	大運

103 (53歲)	100 (50歲)	97 (47歲)	94 (44歲)	91 (41歲)	年
甲 正印 午 比肩	辛 偏財 卯 偏印	戊 傷官 子 七殺	乙 偏印 酉 偏財	壬 正官 午 比肩	干支
五鬼	太陽	天狗	龍德	五鬼	神煞
104 (54歲)	101 (51歲)	98 (48歲)	95 (45歲)	92 (42歲)	年
乙 偏印 未 食神	壬 正官 辰 傷官	己 食神 丑 食神	丙 劫財 戌 傷官	癸 七殺 未 食神	干支
小耗	喪門	病符	白虎	小耗	神煞
105 (55歲)	102 (52歲)	99 (49歲)	96 (46歲)	93 (43歲)	年
丙 劫財 申 正財	癸 七殺 巳 劫財	庚 正財 寅 正印	丁 比肩 亥 正官	甲 正印 申 正財	干支
歲破	太陰	太歲	福德	歲破	神煞

命盤 10

由命盤10命盤中可診斷出符合第6項結果，可見會有如下列所述之現象。

命盤有六害時

	時	日	月	年	【害】（地支）
1			*	*	自己和長上、上司不易溝通。有心結、代溝，不喜攀緣上流社會。
2		*		*	配偶（對你往上成長的路是個石頭）和長上無緣，長上對配偶有意見，想結婚就勿在婚前讓父母做意見。
3	*			*	長上不認同你的事業，子女和長上無緣，長上不會帶小孩。
4		*	*		不會在意配偶（丁壬合官亦同），無法相處太久（聚少離多、同床異夢、易婚變或離婚），夫妻心結多，對初創事業不敢嘗試，未結婚時談得投契，婚後相對兩無言。
5	*		*		與小孩不易溝通，經常換工作，工作較無法專心，常流於敷衍，較無責任感。
6	*	*			配偶不認同你人際關係，甚至不喜歡、不支持你的事業，和小孩難溝通，小孩難養或不能生育，性生活不美滿。

配偶宮申亥害：很恩愛，但其中有一方會身體不好

子未害：個性極端，容易犯小人，親子之間較早分離。

羊、鼠相逢一旦休。

丑午害：耐性差，脾氣不好，容易生氣。

從來白馬怕青牛

寅巳害：無恩之刑是非多，易犯小人，在家裡待不住。

蛇逢猛虎似箭投。

卯辰害：容易被扯後腿，兄弟姊妹無助，易遭親人相害。

玉兔見龍雲裡去。

酉戌害：容易被好朋友扯後腿，易遭親人相害，弄得雞犬不寧，離婚率高。

金雞玉犬淚雙流。

申亥害：是非多，容易會有小人，挫折感重，受不了刺激。

豬見猿猴似箭投。

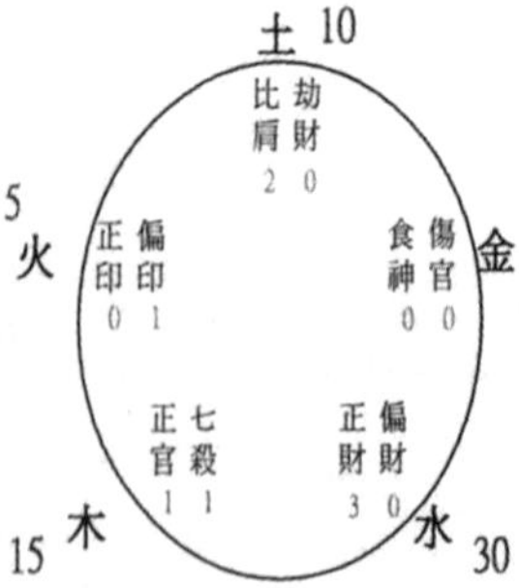

星座：射手座

忌神：水木

喜用神：土火

空亡：辰巳午未

血型：0

格局：正財格

姓名			性別	男
西元	1963 年			
8	11	12	52	國曆
8	26	10	52	農曆
時	日	月	年	日期
偏印	日元	七殺	正財	主星
丙 火	戊 土	甲 木	癸 水	天干
辰 土	子 水	子 水	卯 木	地支
癸乙戊 水木土	癸 水	癸 水	乙 木	藏干
正財 正官 比肩	正財	正財	正官	副星
冠帶 49-64	胎 33-48	胎 17-32	沐浴 1-16	十二運星
華蓋 紅豔	六秀日 將星 飛刃	將星 飛刃		特星神煞

天干：合、剋

地支：刑、半三合、半三合、刑、害

72–81	62–71	52–61	42–51	32–41	22–31	12–21	2–11	歲
丙辰	丁巳	戊午	己未	庚申	辛酉	壬戌	癸亥	大運

103 (52歲)	100 (49歲)	97 (46歲)	94 (43歲)	91 (40歲)	年
甲午 七殺 正印	辛卯 傷官 正官	戊子 比肩 正財	乙酉 正官 傷官	壬午 偏財 正印	干支
太陰	太歲	福德	歲破	太陰	神煞
104 (53歲)	101 (50歲)	98 (47歲)	95 (44歲)	92 (41歲)	年
乙未 正官 劫財	壬辰 偏財 比肩	己丑 劫財 劫財	丙戌 偏印 比肩	癸未 正財 劫財	干支
五鬼	太陽	天狗	龍德	五鬼	神煞
105 (54歲)	102 (51歲)	99 (48歲)	96 (45歲)	93 (42歲)	年
丙申 偏印 食神	癸巳 正財 偏印	庚寅 食神 七殺	丁亥 正印 偏財	甲申 七殺 食神	干支
小耗	喪門	病符	白虎	小耗	神煞

命盤11

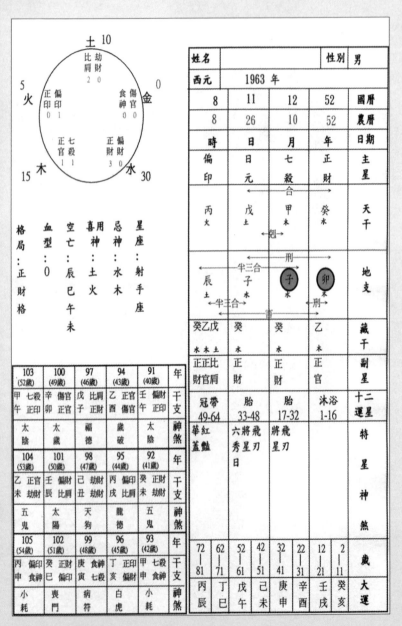

由命盤11命盤中即可診斷出符合第1項之情形，請直接論述有其現象。

本命盤有刑時

	時	日	月	年	【刑】（地支）
1			*	*	本身與長輩，長官間有一種莫名其妙的感覺，總是很煩。
2		*		*	配偶會因長輩的行爲或言語而鬱悶很久。
3	*			*	長上與子孫、上司與部屬間有一種相互虧欠、恨鐵不成鋼的感覺，眞的需要好好溝通。
4		*	*		夫妻相處佳、總是很不順心，也常常惹對方生氣。
5	*		*		本人與子女或部屬間的認同度不夠，因此會產生敵對的心態。
6	*	*			配偶與子女及事業上的看法不一至，而很鬱悶。

無禮之刑（子卯）：

自命清高（眼光高），說話直接，較沒禮貌（沒大沒小），自以爲氣質好。

恃勢之刑（寅巳、巳申、申寅）：

無人賞識，做事易被人嫌棄，替人打天下，任勞任怨，愛恨交加。

無恩之刑（丑戌、戌未、未丑）：

太自信，自負欠考慮，憑感覺投資。未丑：虧錢機率高，看不見卻不斷流失

自刑：（辰、午、酉、亥）

1、對自己不滿意，易憂愁，明知不可為而為之，自尊心強，自尋煩惱，容易鬱悶，有話不說，在月柱時較無法溝通。

2、辰：要別人聽自己，但事與願違而自鬱，請用逆向溝通（先拍馬屁）方式才能得到認同，做事直接，但有遠視。

亥：較會無理取鬧、歇斯底里、悲觀，總是想說我比別人認真，為什麼比別人歹命，如又逢流年來害月柱容易輕生，喜用頭腦，卻多愁多煩事，

午：常常事與願違，在決定一件事情前請用逆向溝通方式（先拍馬屁）成功率會較高，以禮相待，則好溝通。

酉：常常想幫助別人。但卻得不到認同，真是鬱悶，常幫倒忙，卻一樣熱心。

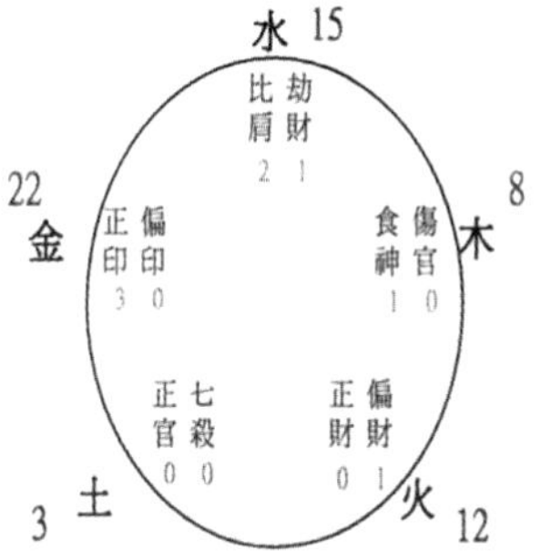

星座：雙子座
忌神：水金
喜用神：木火土
空亡：子丑辰巳
血型：O
格局：偏財格

姓名				性別	男
西元	1981 年				

時	日	月	年	
22	24	5	70	國曆
22	21	4	70	農曆
時	日	月	年	日期
正印	日元	劫財	正印	主星
辛 金	壬 水	癸 水	辛 金	天干
亥 水	寅 木	巳 火	酉 金	地支
甲壬 木水	戊丙甲 土火木	戊庚丙 土金火	辛 金	藏干
食神 比肩	七殺 偏財 食神	七殺 偏印 偏財	正印	副星
臨官 49-64	病 33-48	絕 17-32	沐浴 1-16	十二運星
劫煞 天德貴人 祿神 孤辰	人中三奇 流霞 文昌	亡神 天乙貴人	天德貴人	特星神煞

地支關係：亥←沖→巳；亥←合→寅；寅←刑害→巳；巳←半三合→酉

77-86	67-76	57-66	47-56	37-46	27-36	17-26	7-16	歲
乙酉	丙戌	丁亥	戊子	己丑	庚寅	辛卯	壬辰	大運

103 (34歲)	100 (31歲)	97 (28歲)	94 (25歲)	91 (22歲)	年
甲 食神 午 正財	辛 正印 卯 傷官	戊 七殺 子 劫財	乙 傷官 酉 正印	壬 比肩 午 正財	干支
福德	歲破	太陰	太歲	福德	神煞
104 (35歲)	101 (32歲)	98 (29歲)	95 (26歲)	92 (23歲)	年
乙 傷官 未 正官	壬 比肩 辰 七殺	己 正官 丑 正官	丙 偏財 戌 七殺	癸 劫財 未 正官	干支
天狗	龍德	五鬼	太陽	天狗	神煞
105 (36歲)	102 (33歲)	99 (30歲)	96 (27歲)	93 (24歲)	年
丙 偏財 申 偏印	癸 劫財 巳 偏財	庚 偏印 寅 食神	丁 正財 亥 比肩	甲 食神 申 偏印	干支
病符	白虎	小耗	喪門	病符	神煞

命盤 12

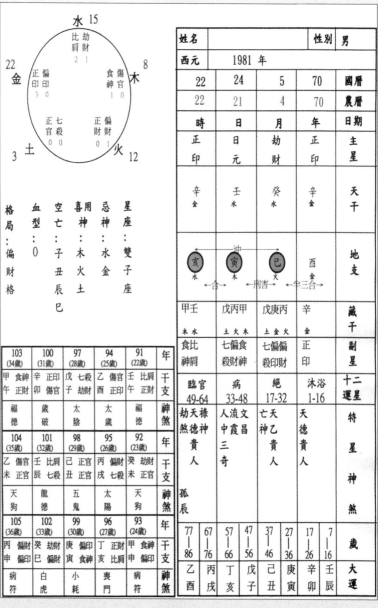

第三節　由命盤看一生中的桃花運、財庫運及驛馬貴人運

由命盤12命盤中可發現地支四個字中有三馬、一花，此種命格會有什麼樣的特性請往下看。

由命盤地支看個人特質與運勢

地支之涵義：庫、馬、花

巳 馬　四月	午 花　五月	未 庫　六月	申 馬　七月
辰 庫　三月			酉 花　八月
卯 花　二月			戌 庫　九月
寅 馬　一月	丑 庫　十二	子 花　十一	亥 馬　十月

本命盤地支有「驛馬」時（寅、申、巳、亥）如果有一個或二、三、四就會如下所述

四馬：寅、申、巳、亥（驛馬星）

1. **無馬**：沒有衝勁，不適合當業務，適合內勤工作（家庭煮婦），衝勁弱。
2. **一馬**：好動，適合做業務，願意跑，愛跑。但跑不遠，靈機應變，不受拘束。
3. **二馬**：喜橫衝直撞。旅遊，搬遷，變動，有行動力、執行力，好動。好動閒不住，不受拘束，業務高手，不常留屋內，注意車關。
4. **三馬**：藝高膽大，勞碌奔波。沒有合，只會亂衝，不懂收成，爲錢忙來忙去，什麼都要闖，多車關，居無定所四處跑。
5. **四馬**：家裡待不住，常往外跑，一出去不知回家。設定目標馬不停蹄，藝高人膽大，什麼都要闖，多車關，居無定所四處跑。
6. **寅、申衝**：閒不住，開車很快，較會走大路。有車關，易生車禍，手腳較會有問題，要用開運小羅盤。多情，愛管閒事。
7. **巳、亥衝**：辯才無礙，很會辯，口才很好，追根究底，較會鑽小巷。注意車關，易生車禍，必須使用「開運小羅盤」以避車煞。

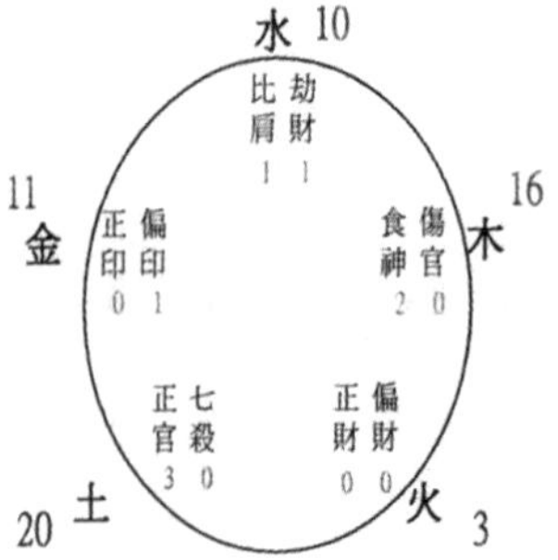

星座：天蠍座

忌神：木土

喜用神：水金

空亡：午未辰巳

血型：O

格局：正官格

姓名		性別	女	
西元	1951 年			
20	30	10	40	國曆
20	1	10	40	農曆
時	日	月	年	日期
劫財	日元	正官	偏印	主星
壬 水	癸 水	戊 土	辛 金	天干
戌 土	卯 木	戌 土	卯 木	地支
丁辛戊 火金土	乙 木	丁辛戊 火金土	乙 木	藏干
偏財 偏印 正官	食神	偏財 偏印 正官	食神	副星
衰 49-64	長生 33-48	衰 17-32	長生 1-16	十二運星
	天乙貴人 文昌 學堂 天印 將星	魁罡	天乙貴人 文昌 學堂 將星	特星神煞

天干：壬—癸—戊 剋；癸—戊 合

地支：戌—卯 合；卯—戌 合；戌—卯 合；卯—戌 合

74-83	64-73	54-63	44-53	34-43	24-33	14-23	4-13	歲
丙午	乙巳	甲辰	癸卯	壬寅	辛丑	庚子	己亥	大運

103 (64歲)	100 (61歲)	97 (58歲)	94 (55歲)	91 (52歲)	年
甲 傷官 午 偏財	辛 偏印 卯 食神	戊 正官 子 比肩	乙 食神 酉 偏印	壬 劫財 午 偏財	干支
太陰	太歲	福德	歲破	太陰	神煞
104 (65歲)	101 (62歲)	98 (59歲)	95 (56歲)	92 (53歲)	年
乙 食神 未 七殺	壬 劫財 辰 正官	己 七殺 丑 七殺	丙 正財 戌 正官	癸 比肩 未 七殺	干支
五鬼	太陽	天狗	龍德	五鬼	神煞
105 (66歲)	102 (63歲)	99 (60歲)	96 (57歲)	93 (54歲)	年
丙 正財 申 正印	癸 比肩 巳 正財	庚 正印 寅 傷官	丁 偏財 亥 劫財	甲 傷官 申 正印	干支
小耗	喪門	病符	白虎	小耗	神煞

命盤 13

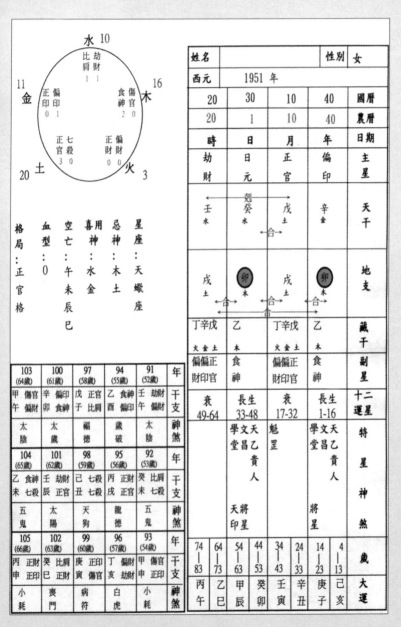

由命盤13命盤可斷出此人有二花，其特性如下所述

四花：子、午、卯、酉（桃花異性緣人際關係）

1. **無花**：很嚴肅，臉很臭，異性緣差，人際關係不良。
2. **一花**：有人緣、人緣佳，早熟、貌美，異性緣還可以。
3. **二花**：眞有人緣，早熟，漂亮、貌美，異性緣還不錯。
4. **三花**：異性緣重，早熟，適公關，人緣佳、異性緣特別好，貌美、早熟，文才風流，善應對（好爭辯）。
5. **四花**：超有人緣，但注意道德觀。或超沒人緣，因過度自戀，孤芳自賞。濫桃花、異性緣特別好、處處留情，爲求圓融而不惜說謊，早熟不太愛理人，雙重人格。
6. **子、午衝**：情緒不穩定，人緣很好，很有異性緣，脾氣不好。個性極端，容易腦神經衰弱。
7. **卯、酉衝**：很敏銳，頗具第六感，眼睛銳利，人緣好，異性緣佳。較龜毛，有潔癖，做事有計畫。易受「陰」干擾。不近陰喪事物，不進陰廟。碰上古物及較陰之物，背脊總感覺陰涼。

時日月年

□□□花：有長上緣或母親有人緣。

□□花□：自己漂亮或有人緣。

□花□□：配偶漂亮或有人緣。驕傲、無禮（尤其子卯）。

花□□□：對事業有好的緣，子女有人緣。

□花花□：性慾高。

花花花花：如果變格，反而不得人緣，耽誤婚姻。

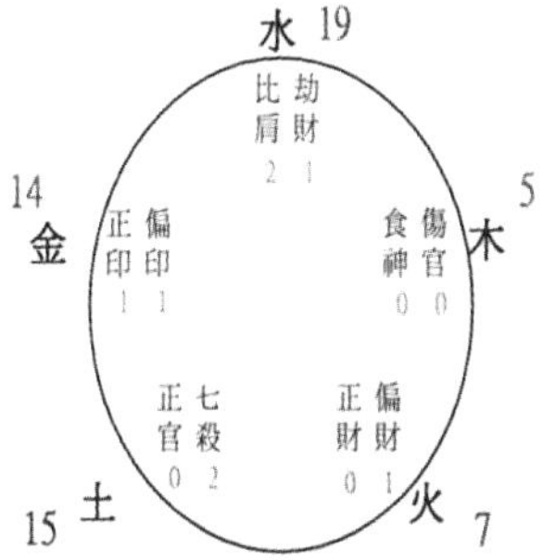

星座：天蠍座
忌神：水金
喜用神：木火
空亡：辰巳午未
血型：0
格局：七殺格

姓名			性別	男
西元	1960 年			
國曆	21	31	10	49
農曆	21	12	9	49
日期	時	日	月	年
主星	正印	日元	偏財	偏印
天干	辛 金	壬 水	丙 火	庚 金
地支	亥 水	辰 土	戌 土	子 水
藏干	甲壬 木水	癸乙戊 水木土	丁辛戊 火金土	癸 水
副星	食神 比肩	劫財 傷官 七殺	正財 正印 七殺	劫財
十二運星	臨官 49-64	墓 33-48	冠帶 17-32	帝旺 1-16
特星神煞	亡神 祿神	天印貴人 魁罡 華蓋	寡宿 月德貴人 天德貴人	將星 紅豔 羊刃

（天干：辛、丙 合；壬、丙 剋；丙、庚 剋。地支：辰、子 半三合；辰、戌 沖）

歲	73-82	63-72	53-62	43-52	33-42	23-32	13-22	3-12
大運	甲午	癸巳	壬辰	辛卯	庚寅	己丑	戊子	丁亥

年	干支	神煞
103 (55歲)	甲午 食神 正財	歲破
100 (52歲)	辛卯 正印 傷官	太陰
97 (49歲)	戊子 七殺 劫財	太歲
94 (46歲)	乙酉 傷官 正印	福德
91 (43歲)	壬午 比肩 正財	歲破
104 (56歲)	乙未 傷官 正官	龍德
101 (53歲)	壬辰 比肩 七殺	五鬼
98 (50歲)	己丑 正官 正官	太陽
95 (47歲)	丙戌 偏財 七殺	天狗
92 (44歲)	癸未 劫財 正官	龍德
105 (57歲)	丙申 偏財 偏印	白虎
102 (54歲)	癸巳 劫財 偏財	小耗
99 (51歲)	庚寅 偏印 食神	喪門
96 (48歲)	丁亥 正財 比肩	病符
93 (45歲)	甲申 食神 偏印	白虎

命盤 14

由命盤14命盤中可看出此人有二庫，其特性如下所述

本命盤有「庫」時：辰、戌、丑、未

四庫：辰、戌、丑、未（財庫，聚寶盆）

1. **無庫：**錢財守不住，散財童子，很節儉、財來財去。錢不是自己的。
2. **一庫：**很節儉，疼別人，節儉自己，慷慨別人。
3. **二庫：**很能調度金錢，善理財。逢衝，開銷大，難聚財。
4. **三庫：**借錢不用還，借錢給別人不敢要回來，很會賺錢，財容易分散、出手大方、四處投資。
5. **四庫：**身強，走運時賺進天下財。（皇帝命格）身弱，不走運時散盡天下財。（乞丐命格）。不是皇帝就是乞丐財，賺盡天下財、散盡天下財。
6. **辰、戌衝：**自圓其說，自找台階，喜做老大，脾氣不好，理由多。財庫衝開，開銷大。好鬥，好訴訟。
7. **丑、未衝：**打破砂鍋問到底，好問，鑽牛角尖，過度自信，易口角，是非多，易賠錢。財庫衝開，開銷大。凡事多阻逆。

時日月年

□□□庫：身強較能得到父母的不動產，賺錢較會放在父母處。

□□庫□：節儉自己，慷慨別人。天干如為財，則表財入庫。

□庫□□：配偶帶庫，聚財有力。要求繳錢回去給配偶，易堅持己見，管東管西。亦代表結婚後才較會存錢。

庫□□□：會留不動產給子女，較疼子女。亦代表生孩子後較會存錢。

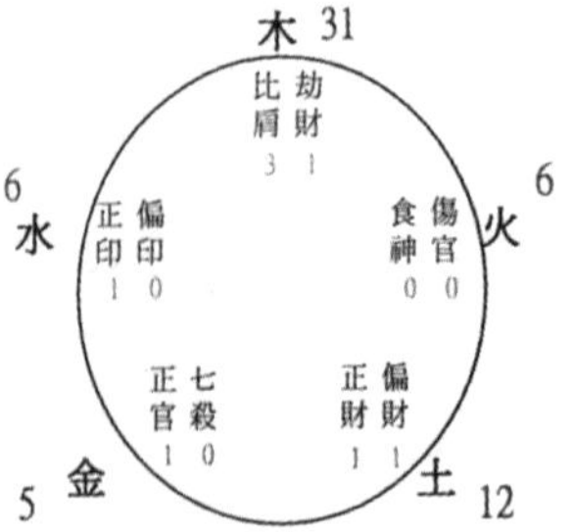

格局：建祿格

血型：A

空亡：辰巳寅卯

喜用神：火土金

忌神：木水

星座：雙魚座

姓名			性別	男
西元	1963 年			
13	2	3	52	國曆
13	7	2	52	農曆
時	日	月	年	日期
正官	日元	比肩	正印	主星
辛 金	甲 木	甲 木	癸 水	天干
	←害→（日—年）			
未 土	辰 土	寅 木	卯 木	地支
←半三合→（時—年）				
乙丁己 木火土	癸乙戊 水木土	戊丙甲 土火木	乙 木	藏干

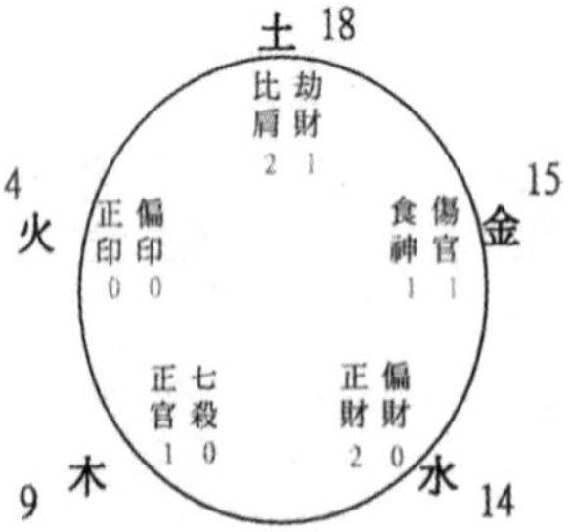

格局：傷官格

血型：A

空亡：辰巳辰巳

喜用神：土火

忌神：金水

星座：處女座

姓名			性別	女
西元	1962 年			
14	29	8	51	國曆
14	30	7	51	農曆
時	日	月	年	日期
食神	日元	劫財	正財	主星
辛 金	己 土	戊 土	壬 水	天干
		←剋→（月—年）		
	←合→（日—年）			
未 土	亥 水	甲 金	寅 木	地支
←半三合→（時—日）	←害→（日—月）	←沖→（月—年）		
乙丁己 木火土	甲壬 木水	戊壬庚 土水金	戊丙甲 土火木	藏干

命盤 15

第四節　如何查表得知身強或身弱格局

由命盤15之兩造命盤，利用以下簡表即可診斷出身強或身弱格局

【身強、身弱之診斷】

月支＼日干	甲乙	丙丁	戊己	庚辛	壬癸
寅	強	強	弱	弱	弱
卯	強	強	弱	弱	弱
辰	強	強	弱	弱	弱
巳	弱	強	強	弱	弱
午	弱	強	強	弱	弱
未	弱	強	強	弱	弱
申	弱	弱	弱	強	強
酉	弱	弱	弱	強	強
戌	弱	弱	弱	強	強
亥	強	弱	弱	弱	強
子	強	弱	弱	弱	強
丑	強	弱	弱	弱	強

1. 以日干／月支相互對應，交叉點爲「強」即爲身強，交叉點爲「弱」即爲身弱。
2. 身強者：「弱」之年走運。身弱者：「強」之年走運。

身強者一生「官/妻，財，子，祿」運勢機運較佳。身弱者一生「官/妻，財，子，祿」運勢機運較差，身弱者不得任「財官」。

第五章

由八字中的十神即可看出一個人一輩子的命運

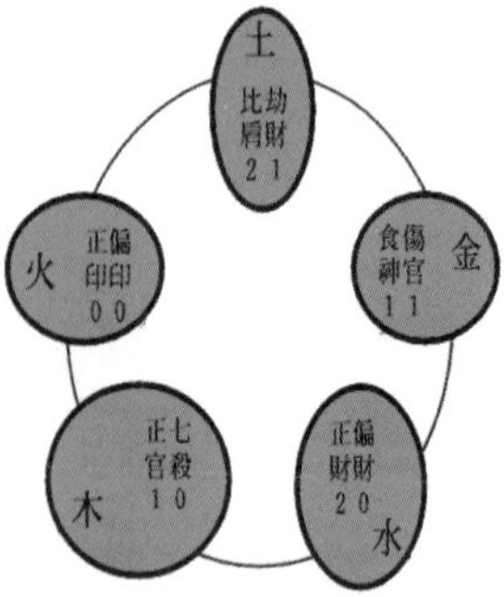

日干強弱：身弱
体檢天干：己
体檢地支：申
体檢宅命：巽命
用神：土火
忌神：金水
血型：A
空亡：辰巳辰巳

姓名			性別	女
西元	1962 年			

	時	日	月	年
國曆	14	29	8	51
農曆	14	30	7	51
日期	時	日	月	年
主星	食神	日元	劫財	正財
天干	辛 金	己 土	戊 土	←剋→ 壬 水
地支	未 土 ←半三合→	亥 水 ←合→ ←害→	申 金 ←沖→	寅 木
藏干	乙丁己 木火土	甲壬 木水	戊壬庚 土水金	戊丙甲 土火木
副星	七殺 偏印 比肩	正官 正財	劫財 正財 傷官	劫財 正印 正官
歲運	49-64	33-48	17-32	1-16
由天干看	事業家庭 人際關係 子孫學生 部屬員工	本人 外在個性	兄弟 姊妹 父親 朋友同輩	祖先 父親 上司長輩 上流人士
由地支看	事業家庭 人際關係 子孫學生 部屬員工	配偶 創業機運	本人 內在特性	母親 祖先 上司 長輩

103 (53歲)	100 (50歲)	97 (47歲)	94 (44歲)	91 (41歲)	年
甲 正官 午 偏印	辛 食神 卯 七殺	戊 劫財 子 偏財	乙 七殺 酉 食神	壬 正財 午 偏印	干支
五鬼	太陽	天狗	龍德	五鬼	神煞
104 (54歲)	101 (51歲)	98 (48歲)	95 (45歲)	92 (42歲)	年
乙 七殺 未 比肩	壬 正財 辰 劫財	己 比肩 丑 比肩	丙 正印 戌 劫財	癸 偏財 未 比肩	干支
小耗	喪門	病符	白虎	小耗	神煞
105 (55歲)	102 (52歲)	99 (49歲)	96 (46歲)	93 (43歲)	年
丙 正印 申 傷官	癸 偏財 巳 正印	庚 傷官 寅 正官	丁 偏印 亥 正財	甲 正官 申 傷官	干支
歲破	太陰	太歲	福德	歲破	神煞

命盤 16

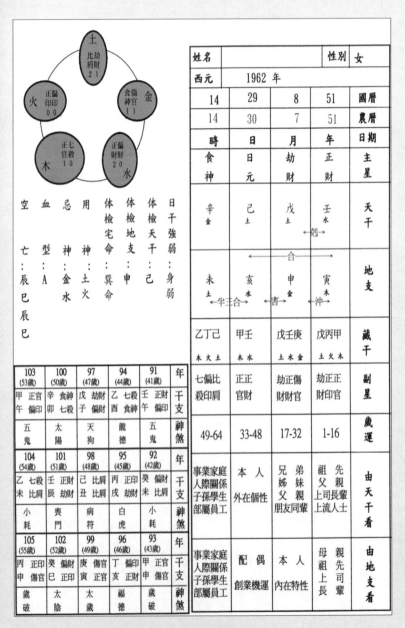

第一節　八字十神各代表的意義

由命盤16命盤中即可簡單看出十神得分，所謂十神即是比肩、劫財、食神、傷官、正財、偏財、正官、七殺、正印、偏印。

以下爲十神專論

十神乃日主與其他柱天干生、剋、制洩所訂定之專有名詞。根據諸神之性情及其在四柱各干所佔之多寡和位置，即可概括的表現出一個人的性情與六親的關係、執業的興趣取向、貧富貴賤等之吉凶特徵。

【十神之相生相剋】

天干就是「我」。「我」之五行與四柱之天干五行相比較，求得「十神」。

其中包含「生我」、「我生」、「我剋」、「剋我」、「同我」五種現象。

※「生我」之生具有庇蔭、保護、扶持、包容、學習、吸收等意義。

※「我生」之生具有表現、發揮、流暢、智慧、創新、洩秀等意義。

※「我剋」之剋具有控制、佔有、操控、擁有、迷戀、執著等意義。

※「剋我」之剋具有管理、領導、約束、提拔、處罰、決策等意義。
※「同我」之同具有競爭、動力、意識、協助、操作、組織等意義。

【十神口訣】

生我為印P（正印、偏印）　我生為食傷（食神、傷官）
剋我為官殺（正官、七殺）　我剋為財才（正財、偏財）
同我為比劫（比肩、劫財）
※陽見陰，陰見陽：正印、傷官、正官、正財、劫財。
※陽見陽，陰見陰：偏印、食神、七殺、偏財、比肩。
※官怕傷，傷官見官，禍害百端。
※財怕劫，被劫則分。
※印怕財，貪財則壞。
※食怕梟，梟印奪食，逢梟則奪。

【十神相剋】

七殺制比肩，正官剋劫財。（官殺　剋　比劫）

比肩奪偏財，劫財奪正財。（比財　剋　財）
偏財破偏印，正財破正印。（財　壞　印）
偏印制食神，正印制傷官。（印　剋　食傷）
食神制七殺，傷官制正官。（食傷　制　官殺）

【十神相生】

偏印生比肩，正印生劫財。（印　生　比劫）
比肩生食神，劫財生傷官。（比劫　生　食傷）
食神生偏財，傷官生正財。（食傷　生　財）
偏財生偏官，正財生正官。（財　生（養）　官殺）
七殺生偏印，正官生正印。（官殺　生（護）　印）

【十神與六親之關係】

日干	年月時干	十神(太歲宿命星)	男命	女命
乙陰	乙陰	比肩(簡稱：比)	兄弟，朋友，同事，同行，股東，同輩	姊妹，朋友，同事，同行，股東，同輩
甲陽	甲陽	比肩(簡稱：比)		
陰	甲陽	劫財(簡稱：劫)	姊妹，異性朋友，同行，股東，競爭者	兄弟，異姓朋友，同行，股東，競爭者
陽	乙陰	劫財(簡稱：劫)		
陰	丁陰	食神(簡稱：食)	岳父母，晚輩，學生，部屬，下游廠商	女兒，晚輩，學生，部屬，下游廠商
陽	丙陽	食神(簡稱：食)		
陰	丙陽	傷官(簡稱：傷)	祖母，晚輩，學生，部屬，下游廠商	兒子，晚輩，學生，部屬，下游廠商
陽	丁陰	傷官(簡稱：傷)		
陰	戊陽	正財(簡稱：財)	妻子	父親
陽	己陰	正財(簡稱：財)		
陰	己陰	偏財(簡稱：才)	父親，小妾	未婚前：父親 結婚後：婆婆
陽	戊陽	偏財(簡稱：才)		
陰	庚陽	正官(簡稱：官)	女兒	丈夫
陽	辛陰	正官(簡稱：官)		
陰	辛陰	偏官(簡稱：殺)	兒子	情夫：小姑
陽	庚陽	偏官(簡稱：殺)		
陰	壬陽	正印(簡稱：印)	母親	母親
陽	癸陰	正印(簡稱：印)		
陰	癸陰	偏印(簡稱：P)	繼母：祖父	繼母，祖父，祖母
陽	壬陽	偏印(簡稱：P)		

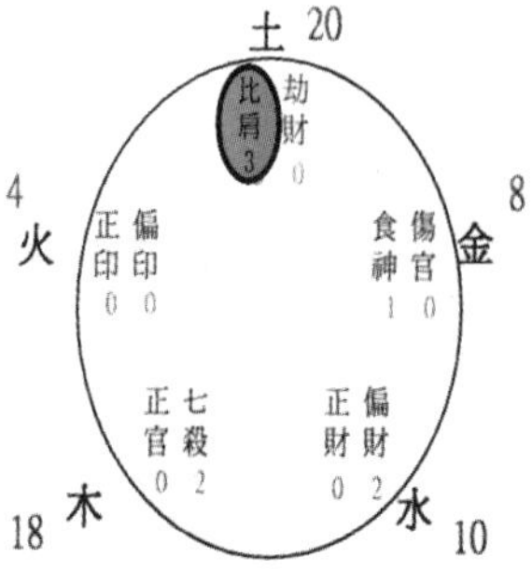

格局：偏印格

血型：A

空亡：辰巳申酉

喜用神：土火

忌神：木

星座：獅子座

103 (52歲)	100 (49歲)	97 (46歲)	94 (43歲)	91 (40歲)	年
甲 正官 午 偏印	辛 食神 卯 七殺	戊 劫財 子 偏財	乙 七殺 酉 食神	壬 正財 午 偏印	干支
太陰	太歲	福德	歲破	太陰	神煞
104 (53歲)	101 (50歲)	98 (47歲)	95 (44歲)	92 (41歲)	年
乙 七殺 未 比肩	壬 正財 辰 劫財	己 比肩 丑 比肩	丙 正印 戌 劫財	癸 偏財 未 比肩	干支
五鬼	太陽	天狗	龍德	五鬼	神煞
105 (54歲)	102 (51歲)	99 (48歲)	96 (45歲)	93 (42歲)	年
丙 正印 申 傷官	癸 偏財 巳 正印	庚 傷官 寅 正官	丁 偏印 亥 正財	甲 正官 申 傷官	干支
小耗	喪門	病符	白虎	小耗	神煞

姓名		性別	女	
西元	1963 年			
17	4	8	52	國曆
17	15	6	52	農曆
時	日	月	年	日期
偏財	日元	比肩	偏財	主星
癸 水	己 土	己 土	癸 水	天干
酉 金	卯 木	未 土	卯 木	地支
辛 金	乙 木	乙丁己 木火土	乙 木	藏干
食神	七殺	七殺 偏印 比肩	七殺	副星
長生 49-64	病 33-48	冠帶 17-32	病 1-16	十二運星
血刃 學堂 文昌	將星	血刃 華蓋	將星	特星神煞

天干：時干癸與日干己相剋，日干己與年干癸相剋，月干己與時干癸相剋，月干己與年干癸相剋（剋）

地支：酉卯沖，卯未半三合，未卯半三合，酉卯沖

72-81	62-71	52-61	42-51	32-41	22-31	12-21	2-11	歲
丁卯	丙寅	乙丑	甲子	癸亥	壬戌	辛酉	庚申	大運

命盤 17

第二節　由十神論斷個性及六親對待

由上一章節得知十神的相對應人位及相互生剋狀況

由命盤17命盤中得知此人有三個比肩，所以很顯然會有以下所述狀況。

診斷標的以八字中有哪一個十神在哪一柱為主。

依八字十神特性可診斷出你可能會有以下的特性，好的請保持，不好的請儘快改進。

比肩：本命中帶有「獨立自主、重朋友」的特性

優點	缺點
具有強烈之自尊心與自信心，有自知之明，凡事量力而為，不貪非分之想，樂觀進取，堅毅不屈，不懼不畏，獨立自主，言而有信，意志堅定，凡經決定之事情，必定堅持到底，絕不輕易改變，與朋友之情眞摯，不輕易向他人低頭，一心渴望與他人並駕齊驅，對自己充滿信心，堅守崗位，努力工作，達成目標。	比肩若太旺為忌則頑固不通，剛愎自用，凡事堅持己見，不易與人溝通，以致易與人發生爭執。凡事先為自己，不考慮他人立場，也缺乏容人之雅量，因此不容易與他人打成一片，交友雖廣，卻難得知己，表面縱使柔順，內心也十分剛強，不能付出關懷，以致自己遇到困難時，也不易獲得外援，表面雖然口口聲聲讚美別人，心裡卻極為不服。具有抗上之心，較得不到上司之提拔與器重。

1. 身強者

本性不太相信別人，較獨立孤獨，生活中不管人、事、物常會與人相互爭取或計較，同時一定會出現競爭者，感情易出現困擾（比較會失戀），好勝不服輸，善交際，又好客。個性獨立，不喜交友，因有過分悲傷的經驗。

【身強、身弱之診斷】

月支／日干	甲乙	丙丁	戊己	庚辛	壬癸
寅	強	強	弱	弱	弱
卯	強	強	弱	弱	弱
辰	強	強	弱	弱	弱
巳	弱	強	強	弱	弱
午	弱	強	強	弱	弱
未	弱	強	強	弱	弱
申	弱	弱	弱	強	強
酉	弱	弱	弱	強	強
戌	弱	弱	弱	強	強
亥	強	弱	弱	弱	強
子	強	弱	弱	弱	強
丑	強	弱	弱	弱	強

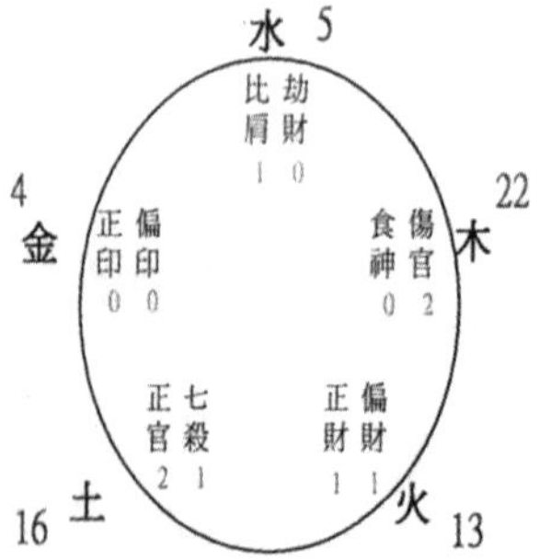

格局：從勢格

血型：A

空亡：寅卯子丑

喜用神：木火土

忌神：金水

星座：雙魚座

姓名			性別	男	
西元	1965 年				
13	9	3	54	國曆	
13	7	2	54	農曆	
時	日	月	年	日期	
正財	日元	正官	傷官	主星	
丁 火	壬 水	己 土	乙 木	天干	
未 土	戌 土	卯 木	巳 火	地支	
乙丁己 木火土	丁辛戊 火金土	乙 木	戊庚丙 土金火	藏干	
傷正正 官財官	正正七 財印殺	傷 官	七偏偏 殺印財	副星	
養 49-64	冠帶 33-48	死 17-32	絕 1-16	十二運星	
血刃	華蓋	桃花 天乙貴人	亡神 天乙貴人	特星神煞	

天干：丁←合→壬；己←剋→乙

地支：未←半三合→卯；戌←合→卯

72-81	62-71	52-61	42-51	32-41	22-31	12-21	2-11	歲
辛未	壬申	癸酉	甲戌	乙亥	丙子	丁丑	戊寅	大運

103 (50歲)	100 (47歲)	97 (44歲)	94 (41歲)	91 (38歲)	年
甲 食神 午 正財	辛 正印 卯 傷官	戊 七殺 子 劫財	乙 傷官 酉 正印	壬 比肩 午 正財	干支
太陽	天狗	龍德	五鬼	太陽	神煞
104 (51歲)	101 (48歲)	98 (45歲)	95 (42歲)	92 (39歲)	年
乙 傷官 未 正官	壬 比肩 辰 七殺	己 正官 丑 正官	丙 偏財 戌 七殺	癸 劫財 未 正官	干支
喪門	病符	白虎	小耗	喪門	神煞
105 (52歲)	102 (49歲)	99 (46歲)	96 (43歲)	93 (40歲)	年
丙 偏財 申 偏印	癸 劫財 巳 偏財	庚 偏印 寅 食神	丁 正財 亥 比肩	甲 食神 申 偏印	干支
太陰	太歲	福德	歲破	太陰	神煞

命盤 18

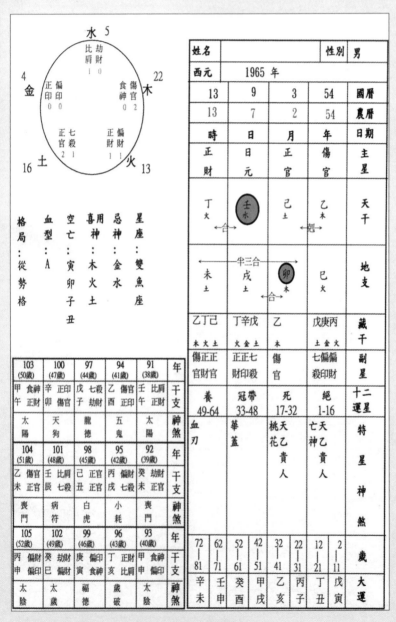

由命盤18命盤可看出此人爲身弱格，所以會有身弱時的那種現象

2.身弱時

爲人喜歡我行我素，不喜歡束縛，決定一件事後，任何人都無法改變他，在理財行爲上也儘量不要跟會（民間會），儘量不要合夥，易被掠奪。

3.比肩+劫財同時出現（比劫過重）

個性陰沈，不喜表達心中意願，但一被恨到，則難翻身之時，永不與對方講話。善於詢問但對自己沒信心，故常改變決定。

錢不要借人，不要跟會，不要合夥，易被劫走，常掉東西，外表樂觀，內心想不開，有輕生念頭，較憑直覺做事，一生感情困擾，剪不斷理還亂，人情包袱很重。（太重人情）要提防落入紅塵之環境，耳根軟，心神較不專一易分神，常往壞處想。

常聚一群趕不走卻對其沒幫助的朋友，易與朋友間產生紛爭或爭財事，好事難成，易走入不好的環境中。

比肩在

年柱：小時侯跟父母親花很多錢。或一輩子錢財被父母或長上劫走。

穩健平和，小時候好玩、不喜歡讀書、好交朋友，有錢與人平分共用，小時候家庭經濟陷入危機、為錢煩惱、父母缺錢或自己身上花錢（看病），家境不好，一出生家境就不富裕，從小就優柔寡斷，乖巧懂事，身兼數職（分擔起家擔）。

月柱：兄弟姊妹排第一，重視自己和朋友，先生或太太排最後，因此常遭先生、太太埋怨，親兄弟姊妹不會幫忙，須靠自己打拼，有錢兄弟朋友多、沒錢時無人過問，常為了錢財與人反目，但有錢會借人家。

十六歲至三十三歲家中會比較困頓或結婚後會經濟較差，看到喜歡的對象說不出話來，不善表達，感情易被劫奪，喜歡的人不會是現在的夫或妻。

日柱：1. 藏干比肩，配偶重視朋友、兄弟、姊妹遠超過於你。

2. 配偶性格剛毅敏捷，思想與己相似。

3. 追求比己年長、成熟之異性為伴侶較依賴配偶。

時柱：年老時生病吃藥效果不好，與子女互不喜歡同住在一起。累積一生的錢財到了晚年容易流失，疼兒女，事業上和同事間競爭大，不想依靠子女，做事容易改變決定，故事業難成就。

兒女過分疼惜捨不得讓他們學習或做事，故較無求生本能且沒自信心。

命盤中有劫財：本命中帶有「獨立自主、重朋友」的特性

優點	缺點
往往具有獨特突出，獨樹一格之性格，有優異之外交能力與口才，特別是善於在社交場合製造氣氛，控制局勢，以博取他人之好感，心思敏捷迅速，善於見風轉舵，迎合時尚及他人之需以及環境之因應，可說是具有優異之應變能力，同時又具有行動力，操作慾，謀事積極，勇往直前，冒險犯難，鬥志昂揚，不顧生死之特性，也具有薄己利他之心。但因具有雙重性格，外表與內心經常自我衝突，自相矛盾，表裡不一，因此朋友來得快也去得快。	內心經常自相矛盾、自我衝突，以致性情陰晴不定、忽冷忽熱，難以捉摸，有時薄己利他，有時又嫉妒他人之成就，野心過大，求功心切，往往不經思考就貿然行動，以致一敗塗地。有時又不顧一切孤注一擲，而弄得無法收拾。做事橫衝直撞，有勇無謀，動不動就想用武力解決，不計後果，招致不可收拾之後果。不善於處理金錢，對朋友十分慷慨，因此易因兄弟或朋友之事與配偶發生之爭執，對外面之女性十分體貼多情，但對妻子卻顯得冷漠。

1.男命帶劫財

容易失戀，婚前交女友易有人爭，要做什麼前最好不要先說。否則易破功，對老婆較沒安全感。

2.女命帶劫財過重

易當老二，劫財於任一柱時，戀愛的另一半會出現追求者，所以失戀的機會很大，且是刻骨銘心的失戀。（劫一個就會失戀2～3次）

年柱：小時候跟父母親花很多錢，或一輩子錢財被父母或長上劫走。小時候家裡會發生事故，會分攤家庭經濟，容易欣賞成熟的異性（早熟），容易跟人吵架，好玩，好交朋友。父母是他一生最大的牽掛（時常記憶小時候），出生時正逢家中最困窘的時候。從小就體恤又很懂事。

月柱：兄弟姊妹排第一，重視自己的朋友，先生或太太反而排最後，因此常遭先生或太太埋怨。易被朋友分割感情（如男、女朋友），早年生活非常辛苦。會爲朋友，平輩，兄弟姐妹而失財，付出多，會替人擔憂，別人不一定會幫忙，有錢兄弟多，沒錢無人過問，錢是有借無還。容易被欠錢，且不好意思去要回來，結婚後就開始走拮据的人生。

日柱： 1.劫財，配偶易破財。

2.夫妻常有感情困擾之事。

時柱： 年老時生病吃藥效果不好，與子女互不喜歡同時住在一起。事業被夥伴及子女劫財，很疼兒女，有求必應，凡事不能堅持晚年財務不好，借人家錢不敢要回來，越老越自卑，自尊心強之故，大都不跟子女同住，答應了，卻常常反悔改變，子女對外求生能力弱。

命中有食神：本命中帶有「斯文、歡喜心」的特性（按條理走，較有口福且口感特好，總能找到好吃的食物，有氣質，纖細柔美。

優點	缺點
氣質清高，溫文儒雅，性格開朗，精神和暢，聰明細膩，通情達理，寬容厚道，和平善良，不與人爭，驕而不傲，感情豐富，優游自足，思想清新脫俗，喜愛美好事物，表達流暢，重視情調，調和精神與物質之均衡發展，對於文學、藝術、歌舞等具有偏好與關心，且有敏銳之感受力，精於飲食之道，一生衣食豐厚。與人相處含蓄保守、溫厚有禮，表達生動但不誇張，雖出風頭但含蓄而不露鋒芒。喜於付出但不強求回報，活潑乖巧而不任性叛逆，謀事專一，習一技而至精純，故能深入而成專家。	由於思想清高，容易養成自命不凡之心性，有時因理想過高以致與現實脫節，喜歡優游自足、無拘無束之生活，也意沉迷於遊樂，忽視現實生活，失去奮發進取之精神，做事雖有耐心，卻常感體力不支，容易疲勞，或由於思考旺盛，喜歡動腦筋而引起腦神經衰弱或頭疼。幻想過度而至空虛寂寞之感。或因理想太高、太多不能實現，每有懷才不遇，有志難伸之感。

1. 身弱

才華不顯（無法用來賺錢），體力較不好。身弱較不穩定，樣樣都想學，卻樣樣都不精。雕樑小技。（若成爲從兒格或從勢格則反之）

2. 身強

眞的有才華（較能賺錢），身強較會將讀書所學之才華應用於生財之道，較能發揮實才。

3. 食神和傷官多

常因自負而斷送財根，對自己過分自信，而難聽他人意見。（若成爲從兒格或從勢格則反之）

年柱：小時候很快樂，較會思考，頭腦好、讀書學習靜得下來。聰明、學習力強、小時候很會讀書，一出生就有得吃，家境不錯，小時候體衰力弱，是父母親最操心的小孩，父母是靠胼手胝足奮鬥的人，不靠祖業的人。從小就聰明伶俐，善體人意，工作上不論文或武都可勝任。

月柱：會研究及發明東西，交的朋友都不錯也很有才華，能運用頭腦賺錢、較有食祿，適合文學及翻譯人員，所交的朋友中也易引來官司訴訟（逢官時），不喜用祖德，而想靠自己的雙手獨立賺錢。

日柱：1. 藏干食神，配偶有才華，較喜樂，易發福。

2. 配偶性格敦厚寬宏，夫妻間追逐互不拘束，配偶身材較豐厚。

3.自身行事緩慢，企畫力強，但實踐力弱。
4.女命如逢偏印剋制易剋損子息或生產時較不順。
5.口才佳，感情重實質生活。
6.配偶較風流，注重性生活之協調。

時柱：長壽，老年快樂（食神）肚量大，晚年較會吃素、女命注意流產。（逢P時）早出社會容易付出，喜歡兒孫滿堂，煩惱約只停留五分鐘，男命為祿壽，女命為子息。

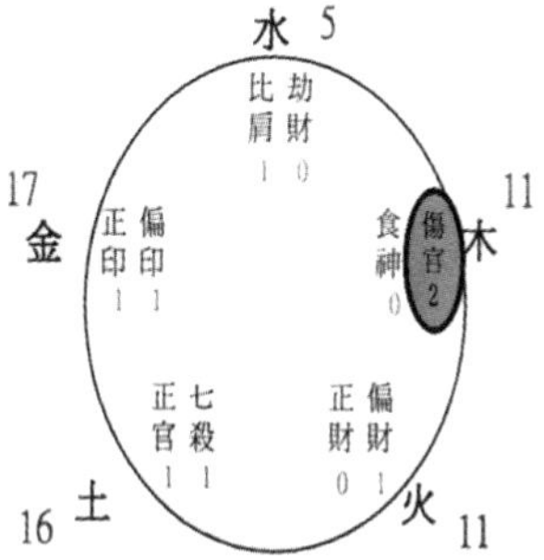

格局：正官格
血型：AB
空亡：寅卯戌亥
喜用神：水金
忌神：土
星座：天蠍座

姓名		性別	女	
西元	1967 年			
3	5	11	56	國曆
3	4	10	56	農曆
時	日	月	年	日期
傷官	日元	正印	偏財	主星
甲 木	癸 水	庚 金	丁 火	天干
寅 木	酉 金	戌 土	未 土	地支
戊丙甲 土火木	辛 金	丁辛戊 火金土	乙丁己 木火土	藏干
正官 正財 傷官	偏印	偏財 偏印 正官	食神 偏財 七殺	副星
沐浴 49-64	病 33-48	衰 17-32	墓 1-16	十二運星
劫煞 金輿	天將 醫星	魁罡	飛刃	特星神煞

(天干：癸—甲 剋；庚—丁 剋。地支：寅—酉—戌 半三合；酉—戌 害)

72-81	62-71	52-61	42-51	32-41	22-31	12-21	2-11	歲
戊午	丁巳	丙辰	乙卯	甲寅	癸丑	壬子	辛亥	大運

103 (48歲)	100 (45歲)	97 (42歲)	94 (39歲)	91 (36歲)	年
甲午 傷官 偏財	辛卯 偏印 食神	戊子 正官 比肩	乙酉 食神 偏印	壬午 劫財 偏財	干支
病符	白虎	小耗	喪門	病符	神煞
104 (49歲)	101 (46歲)	98 (43歲)	95 (40歲)	92 (37歲)	年
乙未 食神 七殺	壬辰 劫財 正官	己丑 七殺 七殺	丙戌 正財 正官	癸未 比肩 七殺	干支
太歲	福德	歲破	太陰	太歲	神煞
105 (50歲)	102 (47歲)	99 (44歲)	96 (41歲)	93 (38歲)	年
丙申 正財 正印	癸巳 比肩 正財	庚寅 正印 傷官	丁亥 偏財 劫財	甲申 傷官 正印	干支
太陽	天狗	龍德	五鬼	太陽	神煞

命盤 19

由命盤19命盤中可看出此人有兩個傷官，顯然就會有以下所述的現象

傷官：本命中帶有「易被感動、男英俊、女俏麗」的特性（凡事惜情，重感情，過分感情用事）

優點	缺點
博學多能，多才多藝，活潑善辯，表達流暢，聰明足智，機靈敏銳，深謀遠慮，領悟優異，創意豐富，理想高遠，滿腔抱負，活力充沛，鬥志高昂，重視他人對自己之肯定，有不斷超越他人之慾望，學習能力強。易成英雄人物，大都相貌清秀或博學多能。由於口才流利，表情豐富，故很適合往演藝、歌唱、舞蹈方面發展，也可以從事廣播、新聞報導、節目主持人等利用口才之工作事業，並且對於藝術美學之感受敏銳，頗具靈性，因此也適合從事畫家工作或自由業、古董或精密技術方面發揮。	由於領悟學習能力優異，因此興趣廣泛，博而不精，不能量力而爲，往往做出超越本身能力之事，而招致失敗，由於領悟力強，博學多能，故往往養成恃才傲物，任性乖張，驕傲自大，一意孤行，無法接納忠言，厭惡禮俗拘束，易傾向狂妄乖張，蔑視法令，爲達目的，不擇手段，或以私害公，傷人自尊，招來禍患，財多則貪得無饜，好管閒事。傷官好勝逞強，乖戾不馴，愛出風頭，感情用事，主觀強烈，做事容易情緒化，招來許多誤會。男性宜盡量克制私慾，女性宜注意修心養性，以免違反倫常、觸犯法律。

1. 偏印+傷官同現（獨斷又缺乏自信，常做了後悔，又不願承認）

會常恍惚不知想什麼，才華亦不穩定，重邏輯，表現慾強，理解力強，多學不專，急性

喜自由，易感動，易受外在事物影響。

2. 傷官多者（有二個以上）

血光、破財、官司、車關、一生災難不斷，驕傲自負，常因自負而斷送財路。做事反反覆覆而不自知，破壞自己格局，看不得他人比自己好。易有精神病發現象或導致配偶看精神科。

3. 比肩、傷官過重之「女子」

比較容易從事八大行業也較容易多愁善感。

環境較差，處處須自己眼明手快打點。

把自己的環境看得較悲哀，個性上比較不願落人於後，所以比較敢衝。

4. 傷官多（二個以上）

剛愎自用、學東西很快、學了就走，凡事學習力強，相對看不起學不會者。

男性一生難有成就，女性一生愛做、愛唸、愛挑剔，又是直腸子的人。

5. 帶食神十傷官者

做事默默的做、不要強出頭、等人發現，一體兩面拿捏得很好。

年柱：與長上不易溝通，十六歲如遇傷官須特別注意災難，父母感情有問題。有較悲傷的童年（身強），幼時體弱多病（身弱），家道逐漸走下坡、小時候愛出鋒頭，自卑感較重。

月柱：與兄弟姊妹較不親近、思想奇異，氣躁情烈反應靈敏，反應好，點子多，易走極端（男命）。兄弟姊妹無助，不管家財多否，凡事喜歡「靠自己」。女命：夫妻相處感情較易發生問題。

日柱：1.藏干帶「傷」者，男命：夫妻間該多溝通。女命：丈夫龜毛，比丈夫兇。

2.配偶間易互相猜忌，男命事業心重，不易納妻言。女命有凌駕丈夫之心態，易有婚變之兆，夫妻行事較難達成共識。

時柱：女孩子易流產，男孩子較不易得子，身強晚年不易與自己子女溝通。子孫較頑強難以教養，一有名聲地位就會被傷害。

易傷到子女，小孩愈大愈難教養或「教導」，有時候會沒有下一代（易流產）老年壓力大、身體較不好，小時候是家中父母的麻煩，也是父母操心的對象。

本命有正財：（身強用）本命中帶有「愛玩、有歡喜心、喜愛熱鬧、有異性緣、疼老婆、節儉、做事固定、賺錢機會多、有家庭責任、滿足慾低、好溝通、閒不住、缺恆心」的特性。（固定資產、定期存款、房子、穩定股票、穩定工作。「男命」喜成熟的女人，菩薩心腸，自己有時也希望旁邊的人擁有）。

優點	缺點
爲人節儉，重視信用，安分守己，量力而爲，不貪非分，正直不阿，嫉惡如仇，不喜投機，不喜鑽營，刻苦耐勞，任勞任怨，辛勤努力，按部就班，珍惜金錢，點滴致富，家庭觀念濃厚，對妻兒盡責，知足常樂，腳踏實地，保守中庸，不標新立異，不惹事生非，不出風頭，不鉤心鬥角，目睹爲信，不信邪魔歪道，重視物質生活，缺乏精神調劑。	由於重視物質追求，缺乏精神調節，以致精神空虛，所謂「家富心窮」。又貪圖安逸，享受現成，好逸惡勞，苟且偷安之心態，常因過於計較金錢得失，被認爲守財奴、吝嗇鬼，除了對女性不吝其財之外，對家族、親友均斤斤計較，讓人認爲薄情寡義。做事過於守本分，謹慎過度，缺乏勇氣與魄力去追求變化與突破，故其生平事業較平淡無奇，缺乏轟轟烈烈之表現與成就。做事保守，進取不足，缺乏耐心，往往虎頭蛇尾，半途而廢，斤斤計較，因小失大，單調刻板，憨厚有餘，權通不足，不願吃苦，欠缺責任心與榮譽感，容易流於怠惰之習慣。

1.男命：有兩個正財者有結兩次婚的機會（會因離婚或喪偶）。八字無財不疼老婆，就是疼也表達不出來。

2.天干有正財、偏財，而地支無庫，一生財來財去。表面看似有，但內在未必有。

3.正財多好溝通、會講好話，且很有異性緣，有歡喜面。

年柱：小時愛玩、不喜歡讀書，家境好，有祖產，賺錢機會點多，且賺錢容易，得祖產機率高，家裡是媽媽掌管經濟，考試很棒。

身強：小時候伸手就有錢、家境不錯。

身弱：小時候家裡缺錢，缺錢時長上可提供資源，或不斷供應財源，甚至結婚後亦同。

月柱：出社會愛賺錢、賺錢容易，也很容易滿足，不喜歡唸書，會半工半讀。很早賺錢，但發揮力不足，反無法發揮其力道，與現今社會快速躍動有接續不上之嘆。）

日柱：1.藏干正財，男命妻賢美多助，更易獲妻財。

2.女命丈夫具正財優缺點特性。

時柱：老年喜愛遊山玩水、不缺錢、較有錢，子女賺錢容易也很快，自己有積蓄，煩惱容易排除。

身強：年紀大時有錢喜歡遊玩，孩子收入生活都不錯。

身弱：須時時追錢，但保守者不會，且會擁有固定資產。

命盤中有偏財：（身強用）本命中帶有「不看重錢財、正常上班者易多角投資、錢來得快去得也快、善理財、賺錢比人快、流失也快、感情不專有困擾」的特性，喜歡把一生當成賭注，看女人喜看妹妹，交際手腕好。

優點	缺點
慷慨豪邁，圓滑機智，精明幹練，精力充沛，坦白誠實，淡泊名利，豪爽俠義，樂於助人，風流多情，做事乾淨俐落、速戰速決，頭腦靈活，樂觀進取，不爲艱難，舉止軒昂，交際手腕靈巧，善於把握機會去賺取錢財。安排事物有條有理。凡事拿得起放得下，而且不過於執著於錢財。生涯中多機緣巧遇，因此常有意外收穫。在金錢與女緣方面常有戲劇性的得失。	由於性格慷慨豪邁，不太珍惜金錢，以致奢侈浪費、一擲千金，毫不知惜，極易破敗家業。又因喜歡逗留在外、鑽營錢財。加上其圓滑機智之交際手腕且又出手大方，故容易贏得女人歡心或沉迷於酒色之中，以致揮霍家業而不知節制。感情不專，態度輕挑，玩世不恭，往往容易引起家庭革命，而影響家庭之安定性。由於對金錢不執著，以致開銷也大，如果經營企業則應注意企業業績之大起伏，尤其在凶運時更應注意，否則容易危及企業之生存安危。偏財爲忌時，則會有詐欺之行爲。

1. 八字無正財、偏財，會不懂賺錢又吝嗇，不會疼老婆。
2. 男命偏財旺，易離婚，婚姻易不美。

3. 女命正財旺或偏財旺，喜歡賺錢，較喜歡不動產，
4. 偏財多表不愛正妻只愛妾（需視環境）。
5. 偏財不宜任大官，會玩股票或再從事其它投資。

年柱：祖產有，一生有好玩的、好吃的、好用的，與父親溝通不良，家境好，不喜歡唸書。

小時候就會作生意，想賺錢較不喜歡讀書，早期有賺錢，但守不住（曾經擁有過），有祖產，較貪玩，父親會是你一生的目標榜樣。

對父親有難以言喻的情懷，小時候是你很快樂的回憶。會將父親當成你一生為人處事的標桿。

月柱：出社會很愛賺錢，做人易「親近」，也易從事大票的金錢遊戲，賺錢容易不重視金錢。讀書時邊讀邊玩，出社會就很會賺錢，社交應酬一流故錢易「留不住」，不重視錢財，天性好賭成性。

日柱：1. 藏干偏財，配偶具偏財之優缺點。
2. 配偶精明能幹銳利，行事爽快，不拘小節，男命有寵妾傷妻之傾向。女命之能

力較夫賢能，不論男女命宜晚婚可免家庭風波。

時柱：老來富，賺錢能力比一般人強、越老越想賺錢。

身強者爲所有命盤賺錢最厲害的，可以有「大事業」，但須置不動產，否則因不重財，來得快去得也快，自己不要理財，交給專家。

本命有正官：（身強用）本命中帶有「光明正大的心態，但不積極、爲人愛面子，是人人心中的好朋友」的特性。

優點	爲人品行端正，光明磊落，正直保守，心地善良，秉公尚義，知理守法，負責重信，熱心服務，安分守己，不貪非分，重視紀律規範，做事認眞負責，待人處事，客觀理性，有識人之眼光，具管理之能力，重視精神生活，樂於服務人群，嚴以律己，寬以待人，深得信任與尊敬。
缺點	做事按部就班，一板一眼，循序漸進，事多牽掛，瞻前顧後，刻板謹慎，缺乏積極，墨守成規，缺乏變巧，魄力不足，優柔寡斷，往往臨事猶豫以致坐失良機。

1. 女命正官出現在年或月柱

早婚機率高且早熟，疼老公，礙於好面子，故縱使不好也絕口不提，甚至不喜人說她任何不好。

2. 命帶正官十比肩

不可爲朋友做擔保人，一生注意官非訴訟。

3. 女命「身弱」帶正官十七殺

一生感情糾纏不斷、爲情所困；「身強」懂得運用，有幫夫運，懂得運用人際桃花。

年柱：家教嚴「好」，小時候愛哭，考運好，小時候很認眞讀書、家境好。

小時候家教很好，常是班上的幹部。蔭父母「賺錢、發財」，女孩子男朋友早出現（易有戀父情結）。

月柱：別人心目中的好朋友，出社會名聲、地位往上揚，「身強」讀書運好，考運好，會交到好朋友，講話會被肯定。讀書時常拿獎狀，名聲、地位好。身弱：出社會爲了有好名聲，找工作只想找好看的工作，女人常爲男人而身累俱疲。

日柱：1. 藏干正官，反應力極佳，太太端莊高貴，中年大發。

2. 配偶易爲公教人員或主管級，性格率直，不擅掩飾，生活方式較單調。

3. 夫妻彼此較重視精神感受及生活之協調。

時柱：老來名聲好、小孩能力好，部屬很棒，男重地位。

身強年紀大時，名聲地位好，兒女都有成就，名氣響。

身弱則壓力大，常被兒女壓得透不過氣來（兒女如父母）。

本命中有七殺：本命中帶有「積極、不是懦夫」的特性。

優點	爲人威嚴有權，智略明敏，志大進取，勇敢果斷，抑強扶弱，嫉惡如仇，鬥志昂揚，見義勇爲，光明正直，不善虛僞，具優秀之直覺判斷力，勇於突破環境，開創新機。明察秋毫，綿密細緻，運籌帷幄，善於策畫，具領導權威，能得部屬及子女之敬畏。
缺點	謀事採取競爭手段，因此十分費力，個性剛倔有時過於偏激，使別人難以接納，造成怨言，甚或樹敵招恨，常因不滿現狀而欲突破創新，以致帶來人生波動，有時陷入困境，孤苦無援。多年友情也常因一時之衝動魯莽而失去友誼。偏官過旺時容易變成陰沉好殺之性，爭強好勝，猜忌多疑，不太信任他人，以致孤軍奮鬥，事倍功半，備極辛勞。

1. 女命帶正官+七殺

異性緣好（容易與男人發生性關係）。報復心強，天干做事喜直接，地支做事善耍陰謀，做事喜明來又暗做，不喜表露心事，陰沈神秘，異性緣較亂。

2. 女命身強帶七殺

玩弄男人在掌心（有操控權），敢愛敢恨。

3. 女性七殺多

看人眼睛尾易勾魂，喜側眼看人，應該多理性思考、思想較正確，才不會被人覺得很凶悍。

4.命帶七殺（身強用）

果斷力強，敢愛敢恨，阿莎力，凶狠氣躁，專制霸道，積極公關能力強。

報復心強，有仇必報，但會選時機。

5.身強帶七殺

公關第一，有幫夫運，不碰沒事，一碰家事就會有破壞的東西。

6.身弱帶七殺

易遭意外，做事較不積極，常遭血光。

7.八字無正官及七殺

說話不重不威，沒人聽得下去，女性不疼丈夫，男性難以出頭。

8.命帶七殺

敢愛敢恨，受欺侮、委屈永遠記得，記恨難忘記，出生時父母見血光刀傷。

年柱：女孩子易不小心而失身，小時候身體不好，較難教育或養育，不聽話，家教甚嚴，管教方式爲打、罵，身上臉上易帶疤痕（身強不會），小時候不好帶，易有災難，爬高爬低。

月柱：身體不好（身弱），出社會名聲地位往上爬。（身強）出門有多少就花多少，花錢阿莎力。

日柱：1.藏干有「殺」者，配偶多半個性剛毅、暴燥，但身強者較好些。逢支合就不明顯，逢支衝就相當的明顯。

2.配偶精明能幹豪放，善外交，個性急躁、剛烈、倔強。易體弱多病且責任壓力皆重

時柱：事業常常會因有突來意外，而抹煞掉先前的投入，太急不易成功。

孩子不易照顧，須操煩小孩，老年愛漂亮，女命老年仍有人追求，子女難教養，

生意人常煩惱事業，壓力沉重。

喜歡打罵孩子，兒女好動不易管教，常惹事生非，人生到老還在追逐舞台，一生難以放下名與舞台。

本命有正印：本命中帶有「權力、慈悲、心軟」的特性（像哲學家、文藝家）。

優點	正印之人氣質優雅，智慧聰穎，寬容善良，仁慈敏慧，不計仇恨，重視學問之充實、品德之修養，與精神之調劑。清高自負，自遠小人，自勵自愛，方正親切，重人情、愛面子，信仰宗教，先知先覺，易得名聲，易掌權貴，常得貴人之提拔，能享現成之福氣。
缺點	由於重視精神生活，往往會自視清高而輕視金錢，本性木訥而不善營謀，雖有先知先覺之智慧，卻會容易脫離現實、不切實際，缺乏應變能力，且不善於察言觀色，不善於鈎心鬥角，也不願同流合污，但又愛面子而打腫臉充胖子，會掩飾自己的過失，嚴重時甚至虛僞欺詐，以致觸犯法網。

1. 男命命帶正財十偏印

此生另一半較會有婆媳間的問題，最好婚後婆媳間應多多溝通。

2. 帶正印者

爲人較正派，做事較確實，所以會惹人疼愛，尤其身弱者。

小時候特別受父母寵愛，易得到財產機會較大。

祖德甚好，小時候長輩較會帶往宗教的地方參予活動，身強印多，一生壓力重重，難解煩悶。

3.命帶正印十偏印

爲人心性不定，優柔寡斷，不易相信人。

年柱：女命正印剋食傷。印太多不容易有子息。祖產、地產有但不一定値錢，大多家族由女大人主管著，爲人孝順父母。

月柱：表在社會中較常會接觸到宗教的人，喜歡到宗教場所，貴人多。

日柱：1.藏干爲印者，配偶品格氣質佳，且爲人厚道，斯文有理。

2.配偶工作易屬文職，婚姻生活上盼望得到配偶之呵護照顧，配偶性格穩重、踏實，年紀較己爲大。

時柱：表年紀大時想靜、想修，晚年想修道、易接觸宗教環境、皈依或出家或吃素，喜愛安靜，老年易得老人癡呆症。

本命有偏印：（身弱用）本命中帶有「愛插嘴、點子多、反應快、【道、密宗，較不易贊同別人的想法」的特性。

優點	思考細膩，機靈靈敏，感覺敏銳，善於臨機應變，具優秀之領悟能力，觀察入微，老練能幹，警覺性高且能保守秘密‧喜怒哀樂不形於色，能讓異性信賴，對於企畫、創造、設計方面，具有獨特之見解，思想高超怪異，擅長怪招奇術。
缺點	思想超凡怪異，性格內向多疑，喜離群獨處，不喜參與社交活動，常有厭惡世俗之心，雖有鬥志卻耐心不足，做事往往三心二意，以致東不成西不就，雖好學藝卻少有成就，思想奇特，標新立異，喜走捷徑，不能按部就班，喜求旁門左道，往往無事空忙。偏印過重則利己心強烈，過高評價自我，以致難與人和睦相處，令人有孤僻之感。

1. 偏印＋傷官同現

突然間會常恍惚不知想什麼，需座禪來調適

2. 二個偏印

食古不化，好勝心強，好辯，愛好革新，喜奪權，爲反對而反對。

3. 偏印多三個以上

身體會不好。容易成爲神明的乩童。

4. 正印＋偏印

一輩子後知後覺，非常主觀，同時出現主觀跟同化，心性不定，三心二意，反而不易成功，話多，意見都是自己的對，左說右說都是他對。

5.命帶偏印：（身弱用）

愛插嘴、點子多、反應快，較不易贊同別人的想法，冷漠、叛逆性強，是洗腦專家。愛問又聽不進別人說的，舊的問題未回答完，新的問題就已出籠，喜鑽牛角尖，說話一閃失，就容易挖瘡抓包。

6.女命二個偏印以上且在「時柱」

不易有子息，晚年子宮膀胱易切除，又晚年孤僻難相處，會選無尾巷房子住。

7.八字無正印及偏印

表示沒主見及不主觀，易受人左右，內心較沒安全感。

年柱：父親外遇機率大，母親受傷害機率高，易給神明當養子。

表小時大多較難養，吃人水米長大（給人當兒子），出生時大多父親不在身邊，祖母溺愛父親，致母親反受其害。

月柱：愛唱反調、出社會貴人多。「身弱時」、「身強」則會犯小人。

身強表假貴人，出社會朋友常會講好聽的話，爲了好聽話常會破財虧錢。常被身邊最親近的人所害。

日柱： 1.藏干爲P者，有晚婚之傾向。

2.身強者配偶多半難言佳美。感情婚姻多波折，因對配偶之要求及期望過高，如結婚將會任何權力皆由配偶掌管，對配偶較依賴。

3.女命婚後易有婆媳問題，且家中事物由婆婆掌理，以職業婦女爲佳。

時柱： 賺錢辛苦、犯小人。「身強」喜安靜，比較會心煩，愈老愈固執

第六章 由八字看流年走運

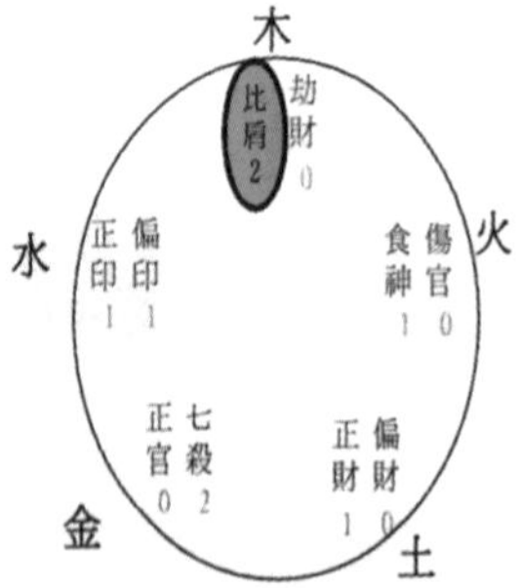

日干強弱：身強
体檢天干：乙
体檢地支：亥
体檢宅命：坤命
用神：火土
忌神：木水
血型：AB
空亡：子丑午未

103 (37歲)	100 (34歲)	97 (31歲)	94 (28歲)	91 (25歲)	年
甲 劫財 午 食神	辛 七殺 卯 比肩	戊 正財 子 偏印	乙 比肩 酉 七殺	壬 正印 午 食神	干支
太歲	福德	歲破	太陰	太歲	神煞
104 (38歲)	101 (35歲)	98 (32歲)	95 (29歲)	92 (26歲)	年
乙 比肩 未 偏財	壬 正印 辰 正財	己 偏財 丑 偏財	丙 傷官 戌 正財	癸 偏印 未 偏財	干支
太陽	天狗	龍德	五鬼	太陽	神煞
105 (39歲)	102 (36歲)	99 (33歲)	96 (30歲)	93 (27歲)	年
丙 傷官 申 正官	癸 偏印 巳 傷官	庚 正官 寅 劫財	丁 食神 亥 正印	甲 劫財 申 正官	干支
喪門	病符	白虎	小耗	喪門	神煞

姓名		性別	女
西元	1978 年		

17	19	11	67	國曆
17	19	10	67	農曆
時	日	月	年	日期
比肩	日元	偏印	正財	主星
乙 木	乙 木	癸 水 ←合→	戊 土	天干
酉 金 ←刑→	酉 金	亥 水	午 火	地支
辛 金	辛 金	甲壬 木水	己丁 土火	藏干
七殺	七殺	劫正 財印	偏食 財神	副星
49-64	33-48	17-32	1-16	歲運
事業家庭 人際關係 子孫學生 部屬員工	本人 外在個性	兄弟 姊妹 父親 朋友同輩	祖先 父親 上司長輩 上流人士	由天干看
事業家庭 人際關係 子孫學生 部屬員工	配偶 創業機運	本人 內在特性	母親 祖先 上司 長輩	由地支看

命盤 20

第一節　十神動態看流年走運

由命盤20之命盤得知民國九十四年走比肩運，在流年上可能會有以下現象，請好好規畫。

以下論斷可作為批八字流年參考

比肩：流年走比肩運時會有以下現象

◎走比肩運時

今年錢儘量不要借人，不要跟會，不要合夥，因為易被劫走，同時常會掉東西，外表看起來樂觀，但內心有一點想不開，有時會有輕生念頭，較憑直覺做事。容易有感情困擾，剪不斷理還亂，人情包袱很重，耳根軟，不喜理人對自己親信的人，生氣在心中，如遇仇人會不予理會。

◎走比肩運時

沒有朋友打屁會很難受、鬱悶，因「個性不服輸」的關係，如果朋友多，在一起會很高興快樂。

◎走比肩運時

在今年本身擁有的東西會與人分享共有，也易有跟朋友合作事業出現的機會。

◎走比肩運時

今年的感覺爽就好，有無賺錢沒關係，不會害人、有時會被害。老朋友會出現或再見面。

◎走比劫年

今年的錢財要控制得當，否則容易流失，事情不來即可，一來就會接二連三來，有招架不住之感，此時儲糧最重要。

◎走比肩

今年會顯得特別重朋友、兄弟姊妹，要單心老婆會怨嘆喔！

◎走比劫年

失戀機會特別大，且是刻骨銘心的失戀，親愛的不小心會變別人的。

◎比肩在命局中為喜用且在9分~15分者

比較擇善固執，不輕易改變立場，做事踏實，較能逐步達成目標。

◎比肩為忌神在命局中得分超過17分以上者

比較會堅持己見，與人相處會有意見，不太會體諒他人。

◎比肩爲喜用神，且比肩有10分～13分

會受到兄弟、朋友、同行之幫助

◎比肩落空亡者

兄弟少，也不易受兄弟之助力。

◎比肩多且身強者

如果要換職業，應以自由業或能自己作主之工作爲標的。相當自我，以我爲主，但常以自我爲中心未必正確。

◎身強格又走比肩有運但無財星，

今年會很難過，錢財不夠花。開運即能改變，用他人運而得財。

◎身強，行比肩

易有官訟、破財、刑妻、不順之事，同時也易遭朋友、合夥人之拖累。公親變事主之嘆。

◎今年需注意父親身體，本身會比較勞碌，易徒勞無功，應做好委曲求全、卑微低下的心，方有改變命運之可能。

流年走劫財

◎走劫財

錢不要借人，不要跟會，不要合夥，易被劫走，常掉東西，外表樂觀，內心想不開，有輕生念頭，較憑直覺做事。容易感情困擾，剪不斷理還亂，人情包袱很重，耳根軟。一個人時感情脆弱全湧現，是人群中的孤獨者。

◎走劫財年

沒有朋友打屁會很難受、鬱悶，因「個性不服輸」的關係，如果朋友多，在一起會很高興快樂。

◎走劫財年

本身擁有的東西會與人分享共有，也易有跟朋友合作事業出現的機會。

◎走劫財年

感覺爽就好，有無賺錢沒關係，不會害人、有時會被害。老朋友會出現或再見面。

◎走劫財年

比較容易有分離的感覺，如失戀、離婚等，較無安全感，怕流失機會，又怕會賠錢。

◎走劫財年

有可能苦賺三年所得，不用到幾個月虧光光。

◎**身弱**

思維清晰，能言善道，善於察顏觀色，應變力好，富社交能力，借力使力。

◎**身強（且財星弱時）**

花錢如流水，財來財去，常常追錢總是不夠花

◎**身強**

朋友間易有是非，或會受朋友拖累，財務來往必須注意，戀人易被爭奪，愛的人卻反羞澀說出口，而被追走了。

◎**身弱**

朋友間感情不錯，又能得兄弟姊妹、同輩間的幫助。

◎**身強（財星弱）**

今年不宜經商或擴大投資規模或換投機行業，千萬不可合夥，錢拿出去就拿不回來了。

◎**身弱（有財星）**

今年會有財源廣進的現象，凡事順利之象。但防身弱逢財易破財事，須注意身體健康。

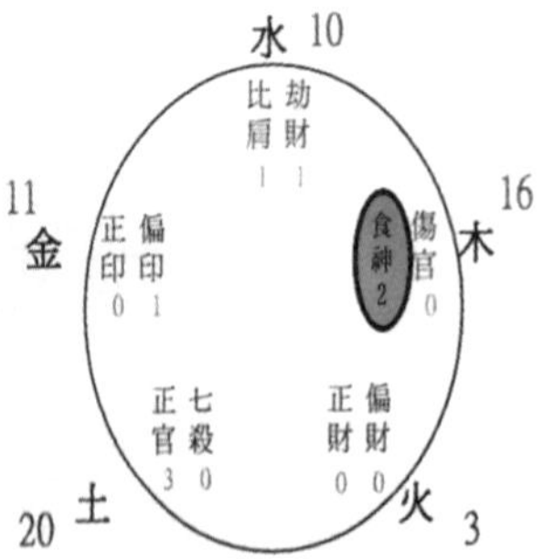

星座：天蠍座
忌神：木土
喜用神：水金
空亡：午未辰巳
血型：AB
格局：正官格

姓名		性別	女	
西元	1951 年			
20	30	10	40	國曆
20	1	10	40	農曆
時	日	月	年	日期
劫財	日元	正官	偏印	主星
壬 水	癸 水	戊 土	辛 金	天干
戌 土	卯 木	戌 土	卯 木	地支
丁辛戊 火金土	乙 木	丁辛戊 火金土	乙 木	藏干
偏財 偏印 正官	食神	偏財 偏印 正官	食神	副星
衰 49-64	長生 33-48	衰 17-32	長生 1-16	十二運星
	天乙貴人 文昌 學堂 將星 天印	魁罡	天乙貴人 文昌 學堂 將星	特星神煞

天干：壬、戊 剋；癸、戊 合
地支：戌、卯 合；卯、戌 合；戌、卯 合；戌、卯 合

74-83	64-73	54-63	44-53	34-43	24-33	14-23	4-13	歲
丙午	乙巳	甲辰	癸卯	壬寅	辛丑	庚子	己亥	大運

103 (64歲)	100 (61歲)	97 (58歲)	94 (55歲)	91 (52歲)	年
甲 傷官 午 偏財	辛 偏印 卯 食神	戊 正官 子 比肩	乙 食神 酉 偏印	壬 劫財 午 偏財	干支
太陰	太歲	福德	歲破	太陰	神煞
104 (65歲)	101 (62歲)	98 (59歲)	95 (56歲)	92 (53歲)	年
乙 食神 未 七殺	壬 劫財 辰 正官	己 七殺 丑 七殺	丙 正財 戌 正官	癸 比肩 未 七殺	干支
五鬼	太陽	天狗	龍德	五鬼	神煞
105 (66歲)	102 (63歲)	99 (60歲)	96 (57歲)	93 (54歲)	年
丙 正財 申 正印	癸 比肩 巳 正財	庚 正印 寅 傷官	丁 偏財 亥 劫財	甲 傷官 申 正印	干支
小耗	喪門	病符	白虎	小耗	神煞

命盤 21

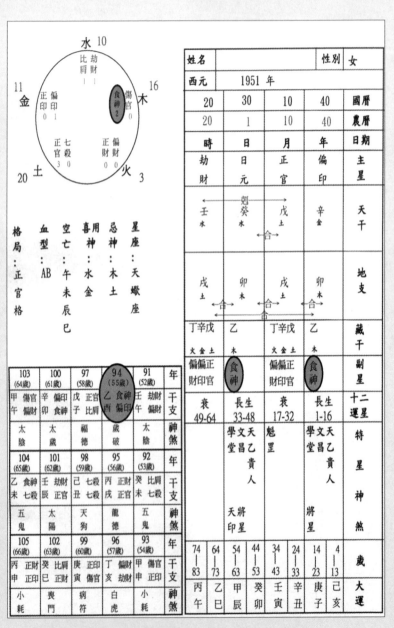

由命盤21之命盤得知民國九十四年走比食神，在流年上可能會有以下現象，請好好規畫。

食神：流年走食神運時會有以下現象

◎女命走食神運：女命以食神、傷官論子息

如果妳想生孩子（走食神年懷孕機會較多）今年好好加油。

◎食神被合

今年才華不能展現，決策易失誤，身體狀況差，嚴重時生命會有危險，亦會危及子女。

◎流年走食神、逢偏印

本身的才華施展不開，做事常會前功盡棄，也常遭陷害，易被扯後腿，亦喜歡扯人家後腿，一生多敗少成，常逢易外之災、血光，內心較鬱悶，而會誤人誤己。

◎流年走食神命帶偏印

男命易有隱疾復發而發生致命的危險。

女命易流產，不易生男生（女命易患婦女病及腫瘤）。

◎流年走食神命帶傷官者

平時的才華今年施展不開，做事重邏輯，表現慾強，理解力強，多學不專，急性子喜自由，易被感動，文武兼俱，但很難專精。

◎**流年走食神**

今年特別靜得下來，適合研究及發明工作，學習能力特別強，吃的機會也特別多。

◎**流年走食神**

今年吃的機會多但消化系統不太好。

◎**流年走食神本命有七殺**

今年的磁場想凶也凶不起來，權勢好像被制住了。

◎**流年走食神本命有偏印**

今年會遇小人出動，做事常前功盡棄，生命亦憂，做事無思考空間、直接、欠缺考慮，有前景、沒遠景也容易有小孩。

◎**身強**

今年特別靈光，跟朋友相處也特別友善，也特別會講話，反應靈敏有巧思。

◎**身弱**

注意身體毛病，缺乏活動力，性情不佳，沒有堅持力，易逞口舌之快。

◎身強

消化系統顯得特別好、口慾佳、挑食，注意體型會發胖。最喜嘗鮮，男易喜女色。

◎女命身弱

要注意身體狀況疾病，在今年特別容易上身。女命易懷孕。

◎身強

今年易成名人，有很多事情會被表揚或讚賞。

流年走傷官

◎女命走傷官

因愛丈夫而又想管丈夫，做事貪做、明念暗念、句句傷丈夫的心，屬稱氣管炎（妻管嚴）。人家說：一丈之內是丈夫，一丈之外是馬馬虎虎，如果要讓婚姻好，請嘴巴儘量少說刺激的話。

◎女命走傷官

如果是未婚時會想結婚，婚後又想離婚，容易有婚變。

◎男命走傷官

今年會特別龜毛、白目，奇招特別多。

男命日主座下帶傷官跟妻子不好溝通。

◎身強走傷官

會對社會較有不滿的情緒，標準的批評家，做事有魄力，一定要完成到底。

◎身弱走傷官

你會感到受你幫助最多的人，也是最容易陷害你的人，才華特多但流於雕蟲小技，難成大事之嘆，明年就會好轉。

◎流年走傷官命中又有食神

今年如果從事教學或組織工作可得桃李滿天下。

◎流年走傷官

今年做事會覺得特不順，要學做潛水艇哲學，盡量不要強出頭，考運差。

◎身弱流年走傷官

今年可能會傷財、傷身，如果能不要投資儘量避免。

◎傷官通根八字（天干也有傷官）

今年中會與兄弟無緣，做再多一樣無人欣賞。傷通根在那一柱，年=幼年、月=青年期、日=中年期、時=老年期，會受到重大創傷或過錯。

◎傷官見本命有正官

今年會有、血光、官司，千萬不要做擔保，做事會出爾反爾，較難成功。

◎傷官被流年合

小心今年在處理事情上或處理子女成長上，思緒比較雜亂，才華點子不現，處事不明，有點迷迷糊糊，需多問幾個人再做決定。

◎流年走傷官

今年很有才華，但博學不精，頭腦好，學習能力強，追求完美，但缺乏耐性。

◎流年走傷官

今年事事爭第一，沒爭第一很難過（但一爭第一就出事，須學做老二哲學）。愛受別人誇讚，不喜別人批評，貪做易虧錢。男孩子帶傷走傷，情緒、脾氣會特別差、特別壞，往事今年常環繞你心中。

◎**身強**

顯得特別聰明，很注意別人肯定與讚美。富感性，喜舒發情緒。

◎**身弱**

思想比較偏激，行事比較任性，說話比較誇大。

◎**身弱**

生理需求較強，性觀念較開放，要注意因情慾惹禍。注意血光、官司、破財、車關。

◎**身強**

今年在六親方面會顯得更無話可談，易有紛爭。

◎**走傷官**

如果想要轉換跑道，可選擇自由業或個人工作室之類。

◎**身強走傷官**

男命可情場得意，女命易懷胎生子。

◎**身弱走傷官**

男命注意跟兒女不合，若無生兒育女之打算，應特別注意避孕措施。

女命注意與先生或男朋友間感情易有波動。

流年走正財

◎走正財年

如果未婚今年會有結婚的機會，結婚最好「太太能助先生」，男生也較疼老婆。

◎身弱走正財

如果你是出了社會很快會賺到錢，但很會花錢，特別不重視錢財，偏財如果多則會傷到身體，所以要賺偏財請適可而止。

◎流年正財合日主或月支

今年要特別注意錢與身體方面會有損失，（女命）夫妻感情會不好。

◎流年走正財本命有正印、比肩，劫財

今年應注意破財、損身，有買不動產可能。男命：太太與母親較不合，會有婆媳問題。未婚者可娶妻。

◎正財若被流年合

今年錢財流失大（太太若亦被合，嚴防婚變），又遇本命有偏印＋食神和傷官＋正官，

會投資失敗。

◎流年走正財本命有比肩及劫財

應注意生命與身體健康，財多身弱，財多逢劫必破，有了錢身體吃藥多。

◎財多又走財年

（男）很有異性緣，有歡喜心。（女）像是錢嫂。

◎太歲合財

（男命）還沒結婚者容易失戀。

（男命）已結婚者錢財流失大，小心老婆身體及婚變，了錢、賠錢。

◎走正財年

行動派，喜歡熱鬧的地方，也比較有賺錢機會，生意上人緣較佳

◎走正財年

本身的特性，在工作喜歡固定穩定（固定財源），做人比較節儉。

◎走正財年

只想專心工作，也樂於工作，所以賺錢上感覺比較不那麼辛苦。

◎身弱

爲人不要太小心眼，要變通才會賺到錢，對錢極爲保守。

◎身強

只要意志力夠又有耐性，想賺錢並不難。

◎身強

本命無正、偏財，宜從事勞力密集性質行業，有過分保守之嘆。

◎身弱

今年要特別注意會有破財或桃色糾紛唷！須開運。

◎身弱走正財

本身條件尚可，今年可望做生意，工作上會有展獲。

流年走偏財

◎女命身強：走偏財本命有七殺

爲人是讓人感覺風情萬種、花枝招展的樣子，很開放易入上流社會，也懂得軟硬兼施，女命帶七殺走流年偏財，易養小男人（賺錢養男人）。

◎女命身弱：走偏財

視賺錢為壓力，賺得很難過，要注意仙人跳，計畫好像永遠趕不上變化。

◎男命身強：走偏財本命有七殺十偏財

會有「名聲、地位」，但好色居多，養妾機率高，總是想著外面的女人。

◎偏財被流年合

今年開支特別大，生意也會賠錢，錢財流失大，生意之人有可能一敗塗地。

◎太歲合偏財

今年要特別注意錢財損失、父親身體欠安、情人失戀、野桃花易被捉。

◎流年走偏財

今年要特別注意父親身體狀況可能會比以往差。

◎流年走偏財本命有天干帶偏財

外面帶妾不怕人知；地支帶偏財：做事會偷偷摸摸。

◎流年走偏財天干帶偏財

跟朋友出門請客看他，身強付錢後不後海，身弱付錢後會後悔。

◎流年走偏財八字無正財、偏財

爲人沒有金錢及數字觀念、財來財去，不知如何賺錢，不重錢財，沒有歡喜心。

◎走偏財

比較不重財（看錢不重），賺錢較快，虧錢也快，小錢不喜歡賺，較不喜歡穩定、固定的工作，會挑剔，也注重名牌，感情不專有困擾。

◎偏財被合那一年

年紀大者表父親身體不好或病危，年紀輕者表遇仙人跳或有妾被老婆逮到。

◎身強

特別慷慨豪爽，深諳人情世故，交際特別好

◎身弱

請你酒不要喝那麼多，戒色，不要誇大其詞，錢花少一點。

逢才反易破大筆財

◎**身強**

得正職，辛苦耕耘所累積的財富，亦主財運亨通。易有偏才運。女人運當道。今年男命會遇幼齒相戀機會。

◎**身弱**

花費大，事業機會多，但無福消受，注意專精一藝可發財。

流年走正官

◎**身強流年走正官本命又有正官十七殺**

在社會上「會有兩個頭銜」（官殺混淆，個性陰沈、神秘，一生有名望，地位）。

◎**身弱流年走正官本命沒有正官十七殺**

今年會覺得是非特別多，壓力特別大，精神也易緊張。

◎**流年走正官本命有傷官**

今年恐怕會有血光之災，要注意名聲、地位會沒有了喔！

◎**女命流年合正官**

注意老公身體可能會因某種原因而變差，日主合正官，很重視老公。

◎**雙正官**

較容易再婚，流年走到正官會想結婚。

◎**有正官被流年合**

今年會產生職業上變動或被奪，女命應小心丈夫「可能會走掉」，不要出風頭、不要當老大。

◎**身弱者，流年走正官**

今年身體不好且會變成體弱多病，因爲「身弱不得任財官也」。

◎**女命流年走正官**

今年比較重視丈夫，對先生的一舉一動也比較關心，社會地位有機會提升。

◎**正官**

很好面子、喜歡別人讚賞，要責難時不能太直接，同時旁邊不要有其他人。

◎流年走正官命帶食神

今年行事上顯得慵懶（不積極沒動靜），做什麼事都覺得不帶勁。

◎女孩子正官被流年合

今年要注意先生一舉一動，先生可能會有外遇。

◎男孩子官被流年合

今年做任何事情要特別注意，可能會有名聲、地位掃地情況發生。

◎今年正官被合

要注意明年傷官年，表示會有官司纏身的情形。

◎身弱

來自家庭、學業或工作上的壓力會感覺特別大。

◎身弱

感覺處事方面較優柔寡斷，做事欠考慮也較猶豫。

◎身弱

好像缺乏自信，魄力不足，最好找夥伴一同來解決問題，爲圓滿面子，卻違背心意說謊。

◎身強

人家說見官得官，不得官也會得貴，多做好事，會有好報。

◎身弱

要注意會有是非或降職丟官的情事發生。女命易受丈夫所累，或有婚姻戀愛的煩惱。

◎女命中有正官、七殺、又逢正官

歲運易有桃色糾紛或爬出圍牆之現象該注意。

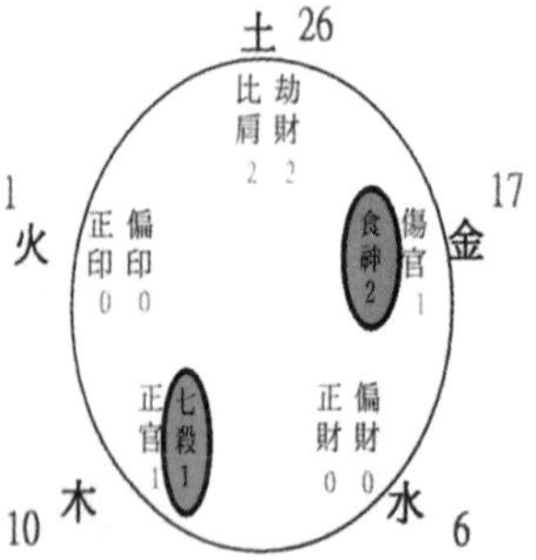

格局：偏財格

血型：A

空亡：寅卯寅卯

喜用神：火

忌神：金

星座：水瓶座

姓名			性別	女
西元	1969 年			
20	3	2	58	國曆
20	17	12	57	農曆
時	日	月	年	日期
正官	日元	七殺	劫財	主星
甲 木	己 土	乙 木	戊 土	天干
戌 土	酉 金	丑 土	申 金	地支
丁辛戊 火金土	辛 金	辛癸己 金水土	戊壬庚 土水金	藏干
偏印 食神 劫財	食神	食神 偏財 比肩	劫財 正財 傷官	副星
養 49-64	長生 33-48	墓 17-32	沐浴 1-16	十二運星
	將星 學堂 文昌	血刃 華蓋 飛刃	亡神 金輿 天乙貴人	特星神煞

天干：甲←合→己；乙←剋→己；己←剋→戊

地支：戌←刑→丑；戌←害→酉；酉←半三合→丑

81-90	71-80	61-70	51-60	41-50	31-40	21-30	11-20	歲
丁巳	戊午	己未	庚申	辛酉	壬戌	癸亥	甲子	大運

103 (47歲)	100 (44歲)	97 (41歲)	94 (38歲)	91 (35歲)	年
甲午 正官 偏印	辛卯 食神 七殺	戊子 劫財 偏財	乙酉 七殺 食神	壬午 正財 偏印	干支
天狗	龍德	五鬼	太陽	天狗	神煞
104 (48歲)	101 (45歲)	98 (42歲)	95 (39歲)	92 (36歲)	年
乙未 七殺 比肩	壬辰 正財 劫財	己丑 比肩 比肩	丙戌 正印 劫財	癸未 偏財 比肩	干支
病符	白虎	小耗	喪門	病符	神煞
105 (49歲)	102 (46歲)	99 (43歲)	96 (40歲)	93 (37歲)	年
丙申 正印 傷官	癸巳 偏財 正印	庚寅 傷官 正官	丁亥 偏印 正財	甲申 正官 傷官	干支
太歲	福德	歲破	太陰	太歲	神煞

命盤 22

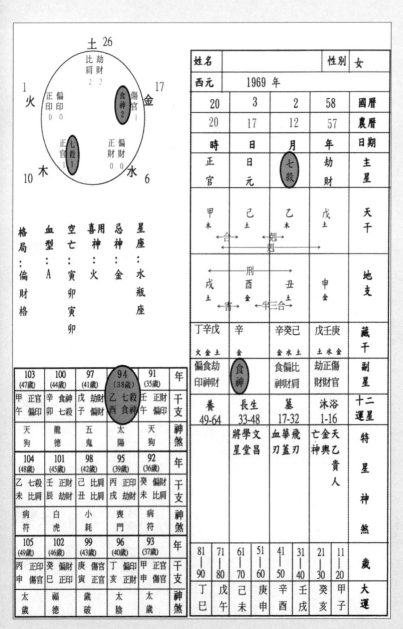

由命盤22之命盤得知民國九十四年上半年走七殺運（天干管上半年），下半年走食神運（地支走下半年），在九十四年流年上可能會有以下現象，請好好規畫。

以下論斷可作爲批八字流年參考

比肩：流年走比肩運時會有以下現象

◎女命身弱走七殺

今年如果「裝散散」會被男人欺負，而討不回來公道喔！

◎男命：走七殺本命有正官

今年喜歡去風月場所，也容易鬼混在女人堆中，要記得潔身自愛。

◎身強若流年來合七殺

今年要特別注意事業上不容易發揮，身體容易覺得累，易顯活力不足。

◎七殺多（二個以上）

精神顯得委靡不振，如果沒有花錢則會一臉嚴肅的樣子。

◎走七殺

今年有可能會有災難如：意外、官司、血光方面，應多小心。

◎女命走七殺

今年好像比較不得老公寵愛，婚姻比較辛苦，理念比較不相同。

◎走七殺

理想較難實現，容易想換工作，因不滿現狀，易決定平常不易決定的事。如離婚、換工作等等。

◎身強走七殺

今年在工作事業上表有權勢地位，很有權威。

◎女命流年走七殺

女孩子異性緣好，會對年紀相當或年輕的對象特別好，結婚後還是一樣具男人緣，須自我控制。

◎身弱，殺為忌神，在性情上顯得特別剛愎自用，有仇必報。

◎男命七殺二個以上，又逢七殺運

會為子女奔波操勞，甚至受其所累。

◎女命有正官、七殺，又逢正官或七殺年

易有外遇，容易受人欺凌，更有感情糾紛。

◎身弱

本命中有七殺，又行七殺運，可能會有失業，或降級之事發生，易遭小人陷害也可能會有破財之現象或有血光。

女命會有感情生變，惱人之事發生。甚或討小男人，或血光之災。

◎身弱

可能會產生或揮霍無度，花錢瀟灑不知節制之相，愛面子難收拾。

流年走正印

◎流年走正印

今年要特別注意母親身體狀況可能會比較差。

◎身弱走正印或偏印被合

今年比較容易出事，因「貴人不現」母親的身體、行動應多加注意。

◎流年走正印

今年所有的事好溝通，今年貴人會比較多，但容易顯得慵懶。

◎流年走正印

今年比較喜歡用頭腦、喜歡靜，很會思考，不喜歡動不是行動派，個性固執，心地軟。

◎流年走正印

分配事情會一視同仁，以大家意見爲意見，同時代表固執，但遇到財（賺錢）則不固執。（財會壞印）

◎流年走正印

今年主觀意識很強，但比較有慈悲心、有佛緣，會從事宗教活動。

◎身弱走正印

今年貴人特別多（被合則特別倒楣年，如母親身體不好）。

◎身強走正印

表假貴人，生雞蛋沒有，放雞屎一堆，煩+煩且無法跨越。

◎女孩子走正印命中又有正財

今年較易與母親頂嘴，做事模稜兩可，有做就算數。

男孩子走正印、命中又有正財，今年太太與母親會有不和現象發生（婆媳不和），先生要做公親。

◎走正印（身強）命中有正官有正印

今年顯得特別有權勢，但亦表壓力很大，願望上較難發揮有（很多顧忌）。

◎流年走印時

今年突然很想購置不動產，也同時會有得到祖產機會。

◎身弱又逢正印

本命有印，會因個性懶散，依賴心過重，任性而導致受人排擠，但處處逢貴人。

◎八字有正印偏印又逢正印或偏印

對事業缺乏專注力，易身兼數職，事業易變動。說話、做事顛三倒四。

◎身強

本命有正財爲喜用者逢正印年，比較容易丟掉職業、敗家業、流浪到他鄉或換行業。

◎身弱

八字命有華蓋，特別有機會接近宗教或學術易出名。

流年走偏印

◎身強：走偏印

今年很喜外出結緣，投資在花費較兇，對環境敏感度較無信心。

◎流年走偏印本命有食神

今年常遭陷害，也會被扯後腿，亦好扯人後腿，做事多敗少成，女命：易得腫瘤。

◎流年走偏印

今年在想法上比較消極，但很想買不動產，在能力上有所不足。

◎走偏印，身弱命帶七殺

「貴人比較不容易顯現」，同時母親的行動應多加注意。

◎走偏印本命有正印

一輩子對事情的敏銳度好像都是後知後覺，但對已認知的事會非常主觀，尤其今年特別嚴重。

◎走偏印

今年的心性不穩定，做事常三心二意，所以比較不易成功。

◎特別具有第六感，更善於察言觀色，喜怒不形於色

◎身強，命中有偏印又逢偏印

思想有點奇怪，常會與人唱反調，較會自殺，也較多疑，不要想太多吧！

易有躁鬱症、自閉症狀。

◎身弱

在學業、家庭、工作上比較得貴人，可得名利兩全，但大都喜獨來獨往，較神秘。

◎今年會顯得特別精明幹練。

第七章

斷流年太歲之刑、沖、合、害產生的吉凶

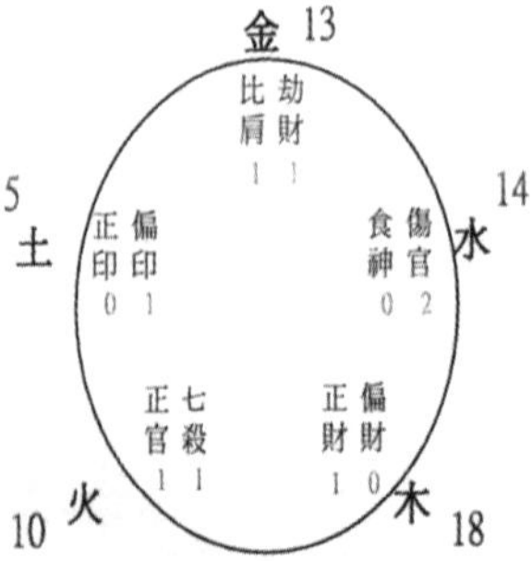

星座：雙魚座
忌神：水木
喜用神：金土
空亡：辰巳申酉
血型：A
格局：正財格

姓名			性別	男
西元	1957 年			
0	9	3	46	國曆
0	8	2	46	農曆
時	日	月	年	日期
七殺	日元	傷官	正官	主星
丙 火 ←剋→	庚 金	癸 水 ←剋→	丁 火	天干
子 水	辰 土	卯 木	酉 金	地支
←半三合→	←害→	←沖→	合（辰—酉）；刑（子—辰）	
癸 水	癸乙戊 水木土	乙 木	辛 金	藏干
傷官	傷正偏 官財印	正財	劫財	副星
死 49-64	養 33-48	胎 17-32	帝旺 1-16	十二運星
將星	魁華流 罡蓋霞	飛刃	桃羊 花刃	特星神煞

71-80	61-70	51-60	41-50	31-40	21-30	11-20	1-10	歲
乙未	丙申	丁酉	戊戌	己亥	庚子	辛丑	壬寅	大運

103 (58歲)	100 (55歲)	97 (52歲)	94 (49歲)	91 (46歲)	年
甲 偏財 午 正官	辛 劫財 卯 正財	戊 偏印 子 傷官	乙 正財 酉 劫財	壬 食神 午 正官	干支
福德	歲破	太陰	太歲	福德	神煞
104 (59歲)	101 (56歲)	98 (53歲)	95 (50歲)	92 (47歲)	年
乙 正財 未 正印	壬 食神 辰 偏印	己 正印 丑 正印	丙 七殺 戌 偏印	癸 傷官 未 正印	干支
天狗	龍德	五鬼	太陽	天狗	神煞
105 (60歲)	102 (57歲)	99 (54歲)	96 (51歲)	93 (48歲)	年
丙 七殺 申 比肩	癸 傷官 巳 七殺	庚 比肩 寅 偏財	丁 正官 亥 食神	甲 偏財 申 比肩	干支
病符	白虎	小耗	喪門	病符	神煞

命盤23

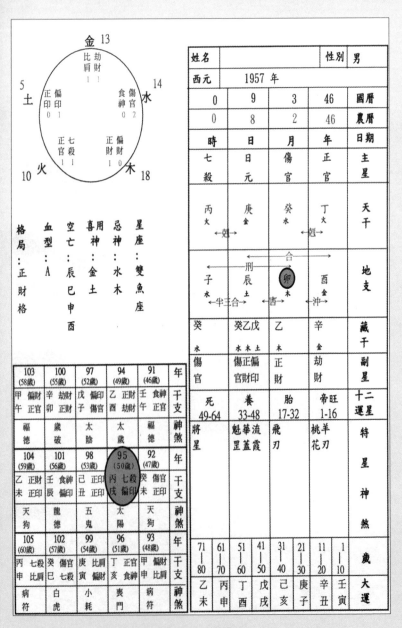

第一節　看流年太歲與本命盤產生的吉凶禍福

由命盤23之命盤得知民國九十五年流年在地支（戌）和本命盤月支（卯）是六合，所以符合第二項條件，此人就會有以下所述現象

診斷流年（太歲）有無來合四柱

合之關係：　**太歲來「合」（對應在流年論斷上）**

	時	日	月	年	太歲來「合」
1				*	今年會爲長輩、上司、廠商間之事，而自己無法施展開來。有投資當老闆的可能。
2			*		今年所有的事自己會鬱悶，較沒動力，無法突破自己踏不出去，內心想了很多計畫但沒付諸行動。
3		*			今年的計畫會爲了配偶的關係而無法拓展開來。耳根軟。未婚者想結婚。因異性宮衝動、想卻未必有行動。想創業者，今年易有人找你合夥做事業或自己想要有新事業。
4	*				今年對事業看法比較沒有衝勁，在家庭方面會爲了小孩子的事煩憂而無法去拓展事業，是個顧家的人。

命盤如果呈現

子丑合：夫妻間好溝通，有話講，較顧家。

卯戌合：比較愛面子，注重外表，顧家，外強內柔。

寅亥合：在先天的磁場上比較重視倫理道德。

辰酉合：在先天的磁場上比較重義氣，但比較沒有定性。

午未合：在先天的磁場上比較積極，天生脾氣不好，做事重感覺。

巳申合：有很多事，會聰明反被聰明誤，是屬無恩之刑。

申子辰合水：在思想變化上很快，也很聰明，但較冷漠。

寅午戌合火：看來做事效率高，執行力好，熱情有禮。

亥卯未合木：比較會有不切實際的想法，較有夢想（白日夢）。

巳酉丑合金：爲人較會強出頭，較會有血光之災，且會包裝自己。

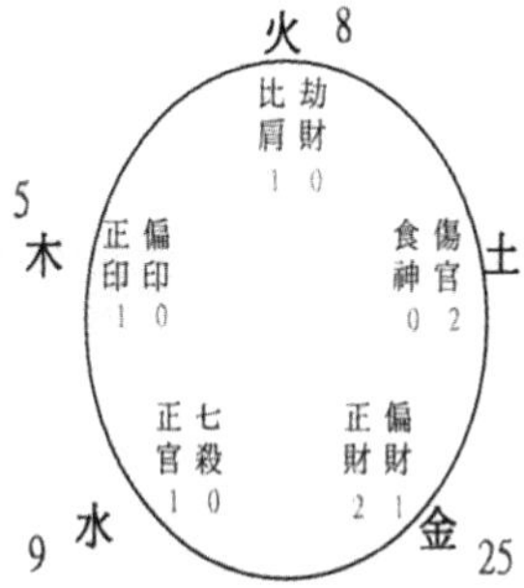

星座：處女座
忌神：土金
喜用神：火木
空亡：辰巳辰巳
血型：A
格局：正財格

姓名			性別	男
西元	1962 年			
19	27	8	51	國曆
19	28	7	51	農曆
時	日	月	年	日期
正財	日元	傷官	正官	主星
庚 金	丁 火 （←合→ 壬）	戊 土 （←剋→ 壬）	壬 水	天干
戌 土 （←害→ 酉；←半三合→ 寅）	酉 金	申 金 （←沖→ 寅）	寅 木	地支
丁辛戊 火金土	辛 金	戊壬庚 土水金	戊丙甲 土火木	藏干
比肩 偏財 傷官	偏財	傷官 正官 正財	傷官 劫財 正印	副星
養 49-64	長生 33-48	沐浴 17-32	死 1-16	十二運星
魁罡	天乙貴人 文昌 學堂 將星 天印	流霞 金輿 亡神	月德貴人 劫煞	特星神煞

74-83	64-73	54-63	44-53	34-43	24-33	14-23	4-13	歲
丙辰	乙卯	甲寅	癸丑	壬子	辛亥	庚戌	己酉	大運

103 (53歲)	100 (50歲)	97 (47歲)	94 (44歲)	91 (41歲)	年
甲午 正印 比肩	辛卯 偏財 偏印	戊子 傷官 七殺	乙酉 偏印 偏財	壬午 正官 比肩	干支
五鬼	太陽	天狗	龍德	五鬼	神煞
104 (54歲)	101 (51歲)	98 (48歲)	95 (45歲)	92 (42歲)	年
乙未 偏印 食神	壬辰 正官 傷官	己丑 食神 食神	丙戌 劫財 傷官	癸未 七殺 食神	干支
小耗	喪門	病符	白虎	小耗	神煞
105 (55歲)	102 (52歲)	99 (49歲)	96 (46歲)	93 (43歲)	年
丙申 劫財 正財	癸巳 七殺 劫財	庚寅 正財 正印	丁亥 比肩 正官	甲申 正印 正財	干支
歲破	太陰	太歲	福德	歲破	神煞

命盤 24

由命盤24之命盤中可看出民國九十三年流年在地支（申）和本命盤的年支（寅）是六沖，所以符合第1項條件，此人就會有以下所述現象產生。

診斷流年（太歲）有無來沖四柱

衝之關係：　**太歲來「沖」（對應在流年論斷上）**

	時	日	月	年	太歲來「沖」
1				*	今年容易與長上、上司起衝突，有意見不合或相處不來或不懂得忍讓，同時需注意身體方面的狀況。
2			*		今年在心性上會產生變化（會想去動），會主動做改變，以前不敢動的今年就敢，同時和平輩與兄弟之間會有衝突。
3		*			未婚：會有人追（紅鸞星動），配偶較易出現，內心想創業。 已婚：夫妻易起衝突、吵架或婚變。
4	*				事業會有大的起伏（有人爭取職位），在事業上和部屬較會有不合現象。和小孩較有衝突，事業行動力佳。

寅申（**馬**）：今年須注意車關，不要開快車，適合外務，東奔西跑，對人付出人家不太會感激。

巳亥（馬）：今年的機運，會有車關，口才好，辯才無礙，比較會得理不饒人，易抄近路，求速度（會鑽），適合外務。

子午（花）：今年的機運，個性極端，反覆不定，不堪諷刺，桃花動，人緣好，生氣時會抓狂，感情困擾。

卯酉（花）：今年的機運，第六感強（有時會看到第三度空間），目色好，須先溝通好才做，東西常移動，桃花動，人緣好。長輩緣好，較會衡量人，憑直覺做事。

辰戌（庫）：今年的機運，個性不好、脾氣難以控制、較會自圓其說、庫衝破，財就守不住，有運賺、無運賠，辯才無礙，身體較會不好，好辯。

丑未（庫）：今年的機運，追根究底，打破沙鍋問到底，較會查行蹤，庫衝破，錢財守不住，小財不斷流失。

日干強弱：身弱
体檢天干：戊
体檢地支：辰
体檢宅命：巽命
用神：土火
忌神：水木
血型：A
空亡：午未午未

姓名		性別	男	
西元	1951 年			
22	18	4	40	國曆
22	13	3	40	農曆
時	日	月	年	日期
正財	日元	偏財	傷官	主星
癸 水	戊 土	壬 水	辛 金	天干
←合→（時、日）	←剋→（日、月）			
亥 水	子 水	辰 土	卯 木	地支
	←刑→（子、卯）	←半三合→（子、辰）	←害→（辰、卯）	
	←半三合→（子、辰…卯）			
甲壬 木水	癸 水	癸乙戊 水木土	乙 木	藏干
七殺 偏財	正財	正財 正官 比肩	正官	副星
49-64	33-48	17-32	1-16	歲運
事業家庭 人際關係 子孫學生 部屬員工	本人 外在個性	兄弟 姊妹 父親 朋友同輩	祖先 父親 上司長輩 上流人士	由天干看
事業家庭 人際關係 子孫學生 部屬員工	配偶 創業機運	本人 內在特性	母親 祖先 上司 長輩	由地支看

103 (64歲)	100 (61歲)	97 (58歲)	94 (55歲)	91 (52歲)	年
甲 七殺 午 正印	辛 傷官 卯 正官	戊 比肩 子 正財	乙 正官 酉 傷官	壬 偏財 午 正印	干支
太陰	太歲	福德	歲破	太陰	神煞
104 (65歲)	101 (62歲)	98 (59歲)	95 (56歲)	92 (53歲)	年
乙 正官 未 劫財	壬 偏財 辰 比肩	己 劫財 丑 劫財	丙 偏印 戌 比肩	癸 正財 未 劫財	干支
五鬼	太陽	天狗	龍德	五鬼	神煞
105 (66歲)	102 (63歲)	99 (60歲)	96 (57歲)	93 (54歲)	年
丙 偏印 申 食神	癸 正財 巳 偏印	庚 食神 寅 七殺	丁 正印 亥 偏財	甲 正印 申 正財	干支
小耗	喪門	病符	白虎	小耗	神煞

命盤 25

由命盤25之命盤中可看出民國九十三年流年在地支（申）和本命盤的時支（亥）形成六害，所以符合第4項條件，所以就會有以下所述現象產生。

診斷流年（太歲）有無來害四柱

害之關係：　**太歲來「害」（對應在流年論斷上）**

	時	日	月	年	太歲來「害」
1				*	今年常爲了長上的事或身體煩憂。十六歲前長上爲你煩憂或會被上司炒魷魚，與長上有心結、代溝，易換上司。
2			*		今年心情特別亂，有苦說不出口很鬱悶，計畫會有變卦，無法完成，有搬家的可能。
3		*			未婚：今年可能會分手。已婚：會想離婚或會產生婚變或分居。
4	*				今年事業會有波折、變動或離職，和小孩會分離或小孩會出事且不聽話，事業、家庭會有點危機感。

子未害：個性極端，容易犯小人，親子之間較早分離。

丑午害：耐性差，脾氣不好，容易生氣。

寅巳害：無恩之刑是非多，易犯小人，在家裡待不住。

卯辰害：容易被扯後腿，兄弟姊妹無助，易遭親人相害。

酉戌害：容易被好朋友扯後腿，易遭親人相害，弄得雞犬不寧。

申亥害：是非多，容易會有小人，挫折感重，受不了刺激。

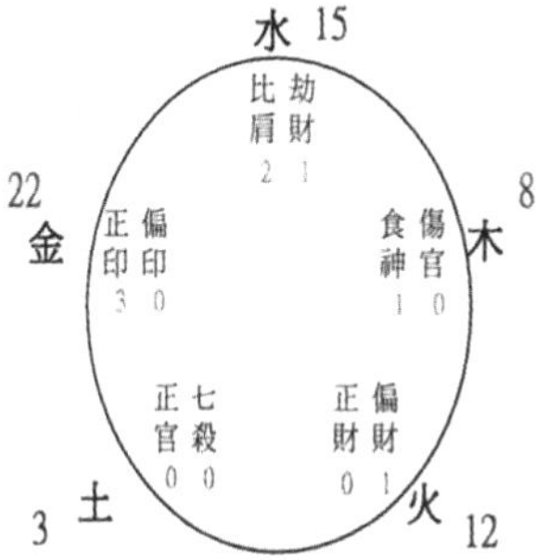

格局：偏財格
血型：A
空亡：子丑辰巳
喜用神：木火土
忌神：水金
星座：雙子座

姓名			性別	男
西元	1981 年			
22	24	5	70	國曆
22	21	4	70	農曆
時	日	月	年	日期
正印	日元	劫財	正印	主星
辛 金	壬 水	癸 水	辛 金	天干
亥 水	寅 木	巳 火	酉 金	地支
←合→（亥、寅）　沖（亥、巳）	←刑害→（寅、巳）	←半三合→（巳、酉）		
甲壬 木水	戊丙甲 土火木	戊庚丙 土金火	辛 金	藏干
食神 比肩	七殺 偏財 食神	七殺 偏印 偏財	正印	副星
臨官 49-64	病 33-48	絕 17-32	沐浴 1-16	十二運星
劫煞 天德貴人 祿神 孤辰	人中三奇 流霞 文昌	亡神 天乙貴人	天德貴人	特星神煞

77-86	67-76	57-66	47-56	37-46	27-36	17-26	7-16	歲
乙酉	丙戌	丁亥	戊子	己丑	庚寅	辛卯	壬辰	大運

103 (34歲)	100 (31歲)	97 (28歲)	94 (25歲)	91 (22歲)	年
甲 食神 午 正財	辛 正印 卯 傷官	戊 七殺 子 劫財	乙 傷官 酉 正印	壬 比肩 午 正財	干支
福德	歲破	太陰	太歲	福德	神煞
104 (35歲)	101 (32歲)	98 (29歲)	95 (26歲)	92 (23歲)	年
乙 傷官 未 正官	壬 比肩 辰 七殺	己 正官 丑 正官	丙 偏財 戌 七殺	癸 劫財 未 正官	干支
天狗	龍德	五鬼	太陽	天狗	神煞
105 (36歲)	102 (33歲)	99 (30歲)	96 (27歲)	93 (24歲)	年
丙 偏財 申 偏印	癸 劫財 巳 偏財	庚 偏印 寅 食神	丁 正財 亥 比肩	甲 食神 申 偏印	干支
病符	白虎	小耗	喪門	病符	神煞

命盤26

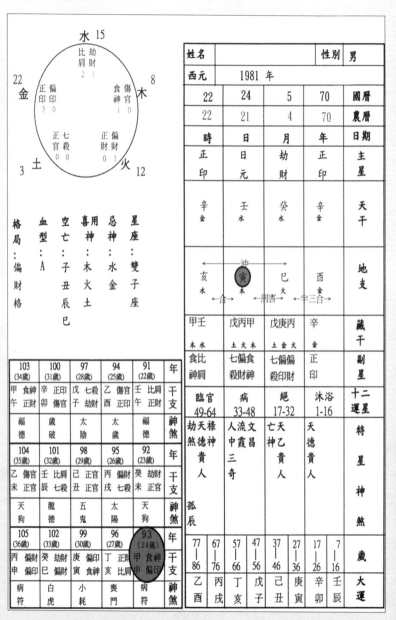

由命盤26之命盤中可看出民國九十三年流年地支（申）和本命盤的月支（巳）以及日支（寅）產生相剋，所以符合第2項跟第4項之論述，請印證看看準不準。

診斷流年（太歲）有無來刑四柱

刑之關係：　**太歲來「刑」（對應在流年論斷上）**

	時	日	月	年	「刑」（地支）
1				*	今年本身與長輩、長官間有一種莫名其妙的感覺，總是很煩。
2			*		今年配偶會因長輩的行爲或言語而鬱悶很久。
3		*			今年長上與子孫、上司與部屬間有一種相互虧欠，恨鐵不成鋼的感覺，眞的需要好好溝通。
4	*				今年本人與子女或部屬間的認同度不夠，因此會產生敵對的心態。

無禮之刑（**子卯**）：

自命清高（眼光高），說話直接，較沒禮貌（沒大沒小），自以爲氣質好。

無恩之刑（寅巳、巳申、申寅）：

無人賞識，做事易被人嫌棄，替人打天下，任勞任怨，愛恨交加。

恃勢之刑（丑戌、戌未、未丑）：

太自信，自負欠考慮，憑感覺投資。未丑：虧錢機率高，看不見卻不斷流失。

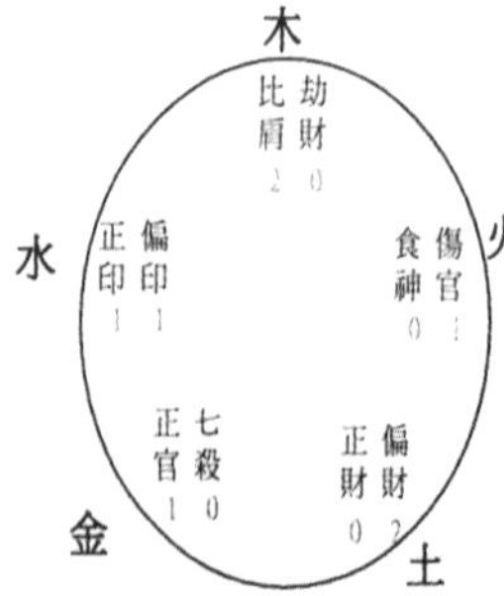

日干強弱：身弱
体檢天干：甲
体檢地支：戊
体檢宅命：坤命
用神：木水
忌神：土金
血型：A
空亡：子丑子丑

姓名		性別	女	
西元	1978 年			
18	19	10	67	國曆
18	18	9	67	農曆
時	日	月	年	日期
正印	日元	偏印	偏財	主星
癸 水	甲 木	壬 水	戊 土	天干
酉 金	寅 木	戌 土	午 火	地支
辛 金	戊丙甲 土火木	丁辛戊 火金土	己丁 土火	藏干
正官	偏食比 財神肩	傷正偏 官官財	正傷 財官	副星
49-64	33-48	17-32	1-16	歲運
事業家庭 人際關係 子孫學生 部屬員工	本人 外在個性	兄弟 姊妹 父親 朋友同輩	祖先 父親 上司長輩 上流人士	由天干看
事業家庭 人際關係 子孫學生 部屬員工	配偶 創業機運	本人 內在特性	母親 祖先 上司 長輩	由地支看

天干：甲、戊 剋；壬、戊 剋；癸、戊 合
地支：寅、午 半三合；酉、戌 害；寅、戌 半三合；戌、午 半三合

103 (37歲)	100 (34歲)	97 (31歲)	94 (28歲)	91 (25歲)	年
甲 比肩 午 傷官	辛 正官 卯 劫財	戊 偏財 子 正印	乙 劫財 酉 正官	壬 偏印 午 傷官	干支
太歲	福德	歲破	太陰	太歲	神煞
104 (38歲)	101 (35歲)	98 (32歲)	95 (29歲)	92 (26歲)	年
乙 劫財 未 正財	壬 偏印 辰 偏財	己 正財 丑 正財	丙 食神 戌 偏財	癸 正印 未 正財	干支
太陽	天狗	龍德	五鬼	太陽	神煞
105 (39歲)	102 (36歲)	99 (33歲)	96 (30歲)	93 (27歲)	年
丙 食神 申 七殺	癸 正印 巳 食神	庚 七殺 寅 比肩	丁 傷官 亥 偏印	甲 比肩 申 七殺	干支
喪門	病符	白虎	小耗	喪門	神煞

命盤 27

由命盤27之命盤中可看出民國九十四年流年地支爲（酉）與本命盤之時支（酉）產生自刑，所以會有以下所述現象，請查核之。

自刑：（辰、午、酉、亥）

只要地支間有一柱與太歲相同即構成自刑條件

◎對自己不滿意，易憂愁，明知不可爲而爲之，自尊心強，自尋煩惱，容易鬱悶，有話不說，在月柱時較無法溝通。

◎辰辰：要別人聽自己，但事與願違而自鬱，請用逆向溝通（先拍馬屁）方式才能得到認同，做事直接，但有遠觀。

◎亥亥：較會無理取鬧、歇斯底里、悲觀，總是想說我比別人認眞，爲什麼比別人歹命，如又逢流年來害月柱容易輕生，喜用頭腦，卻多愁多煩事，易想太多。

◎午午：常常事與願違，在決定一件事情前請用逆向溝通方式（先拍馬屁）成功機率會較高，以禮相待，則好溝通。

◎酉酉：常常想幫助別人。但卻得不到認同，眞是鬱悶，常幫倒忙，卻熱心、多慮。

第二節　以八字命盤斷六親緣份與對待

用八字來論六親對待狀況也頗具參考價值，各位看倌請對照命盤及事實印證看看。

論六親緣分與對待

以宮來論

◎年支爲用神

照命盤結構看來，你的祖先或父母對你會有相當大的幫助喔！

◎月支爲用神

照命盤結構看來，你的父母或兄弟對你會有相當大的幫助喔！

◎日支爲用神

照命盤結構看來，你的妻子對你會有相當大的幫助喔！可「白手起家」。

◎時支爲用神

照命盤結構看來，你的子息對你會有相當大的幫助喔。

PS：如果用神落空亡幫助則不大。

論六親的關係

◎男命日主身強正官，七殺有力爲喜用神者

以命格分析你的子女會貴顯有成，你的晚年將有靠了。

◎男命七殺多見攻身太過者

以命格分析此生主子女雖多，但多爲子女奔波操勞，受其所累。

◎男命八字不見官殺，或官殺無力又逢食傷沖剋者

以命格分析此生主子女緣薄之象且官司是非較多。

◎男命以官殺爲喜用，局中官殺無力又無財星生助者

以命格分析此生主子女賢孝，但助益好像不大。

◎八字中比劫遭官殺剋傷者

以命格分析此生主兄弟緣薄，容易失和且有刑傷之兆。

◎女命官殺混雜多見者

以命格分析此生主一生多爲男人操煩、拖累，易有異性欣賞糾纏之象（又因七殺旺身弱，易受人欺凌，任人擺佈，易有感情糾紛）。

◎女命七殺多者

以命格分析此生男女感情不穩定，會自做自受，或自暴自棄之象。

◎男命日支旺，七殺爲忌者，男命日支爲七殺者

以命格分析此生會娶到女強人，凡事妻做主，家庭較易不睦。

◎女命身旺七殺無制，又座下桃花者

以命格分析此生易爲感情糾紛招惹一些不必要的麻煩。

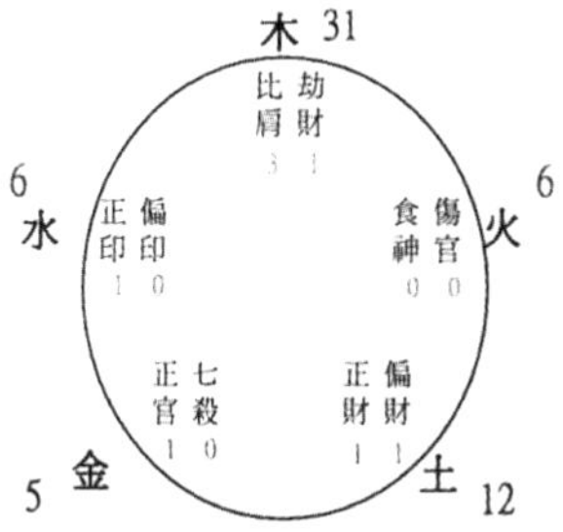

格局：建祿格
血型：A
空亡：辰巳寅卯
喜用神：火土金
忌神：木水
星座：雙魚座

姓名		性別	男	
西元	1963 年			
14	2	3	52	國曆
14	7	2	52	農曆
時	日	月	年	日期
正官	日元	比肩	正印	主星
辛 金	甲 木	甲 木	癸 水	天干
未 土	辰 土	寅 木	卯 木	地支
乙丁己 木火土	癸乙戊 水木土	戊丙甲 土火木	乙 木	藏干

地支：辰←害→卯；未←半三合→卯

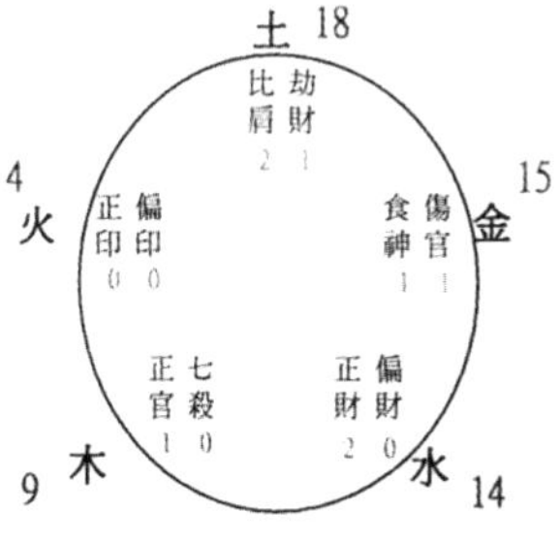

格局：傷官格
血型：A
空亡：辰巳辰巳
喜用神：土火
忌神：金水
星座：處女座

姓名		性別	女	
西元	1962 年			
14	29	8	51	國曆
14	30	7	51	農曆
時	日	月	年	日期
食神	日元	劫財	正財	主星
辛 金	己 土	戊 土	壬 水	天干
未 土	亥 水	申 金	寅 木	地支
乙丁己 木火土	甲壬 木水	戊壬庚 土水金	戊丙甲 土火木	藏干

天干：戊←剋→壬
地支：亥←合→寅；未←半三合→亥；亥←害→申；申←沖→寅

命盤28

第三節　以男女兩人八字論契合指數

由命盤28之兩張命盤中可分析出男女雙方契合度，請自行用以下的條件分析看看。

以八字論婚姻契合指數

夫妻宮：（日支）

一、爲用神、不受沖合

以命格分析此生：在夫妻間契合度有八十分，也代表配偶有助力。

二、爲用神、被閒神沖

以命格分析此生：在夫妻間的契合度約有六十分~七十分，配偶有時候不是很甘心的幫忙。

三、爲用神、被忌神沖

以命格分析此生：在夫妻間是「聚少離多，或晚婚」，助力將減弱爲六十分。

沖忌神（如子用神沖午忌神），以命格分析此生：在夫妻間助力仍大可得九十分，可以早婚。

四、爲用神

(1)被合爲忌神，以命格分析此生：在夫妻間助力減少，僅得六十分。

(2)被合爲用神，以命格分析此生：在夫妻間助力增加，可得九十分。

五、爲閒神

夫妻間相處狀況時好時壞，但以目前社會現象，依你的八字診斷結果還算可以，如果要更好必須兩人一起努力經營婚姻才是。

六、爲忌神、不受沖合

以命格分析此生：在夫妻間較無助力，請平凡過一生吧！

七、爲忌神、受閒神沖

以命格分析此生：顯然夫妻間的契合度只有十分並沒有太大的助力。

八、爲忌神

(1)被用神沖

以命格分析此生：在夫妻間較無助力，但可得二十分的助力。

(2)沖用神

以命格分析此生：配偶無助力，會各自發展事業，夫妻間互動為負八十分。

九、為忌神

(1)合為用神

以命格分析此生：夫妻間相害力減少，夫妻間仍有助力得五十分。

(2)合為忌神

以命格分析此生：夫妻間相阻力增加，夫妻間互動為負八十分。

十、夫妻宮得位（男日支正財、女日支正官）、為用神

以先天命盤分析你的夫妻宮得到正位，夫妻間的助力會有一百分。

十一、夫妻宮得位（男日支正財、女日支正官）、雖為忌神

以先天命盤分析你夫妻宮因得位，故配偶雖無大助力，卻可安守本分、兼顧家庭、故有五十分。

十二、夫妻宮不喜被爭合如巳日受申月酉時

以先天命盤分析：你的婚姻會三心二意，也易有感情糾紛產生。

六神論婚姻

(1)忌官殺多二個以上、日主無氣（以女命爲主）

茲因命中註定、此生婚姻緣薄，同時容易受夫欺負。

(2)忌印多三個以上、官殺無氣（以女命爲主）

一生爲女強人，較不得夫緣、丈夫成就平平，若有財生、不在此限。

夫妻間應多多溝通、互相激勵共同打拼才對。

(3)忌比劫多、官殺無氣（以女命爲主）

一生爲女強人，較不得夫緣，若有財生官、不在此限。

(4)忌食傷多、無財生官（以女命爲主）

一生爲女強人，較不得夫緣，茲因命中註定、此生難有好婚姻，你難道不能稍微放手嗎？

(5)忌財殺官多、日主無氣（以女命爲主）

爲夫辛勞、夫不感激，若日主有氣（有祿刃），不在此限。

(6)神煞：若八字中有以下三個神煞以上（男、女命同論）

【桃花、華蓋，孤辰，寡宿】

茲因命中註定、此生難有好婚姻，夫妻間唯有多說好話、多做好事才能改變此一婚姻不美狀況。

(1)女命忌庚子日、壬子日、乙卯日、辛酉日、男命忌庚申日。

茲因命中註定、此生難有好婚姻，有可能會走向離婚的路。

(2)女命忌三透比劫。（天干）

因天生個性使然，不易屈服，算是命中註定、此生難有好婚姻。

(3)男女命忌丑戌未三刑於日支。

茲因命中註定、此生難有好婚姻，因雙方都蠻恃勢，太自信，欠考慮而種下敗因。

(4)男女命忌亡神、劫煞沖於日支。

茲因命中註定、此生難有好婚姻，因有外力介入，應提防。

(5)男女命忌坐華蓋於日支。

茲因命中註定、此生婚姻因信念不同，而造成婚姻不美。

(6)男女命忌坐孤辰或寡宿於日支。

茲因命中註定、此生難有好婚姻，是因欠缺溝通而造成，請加強溝通

(7)女命忌本主同宮。（庚子年、庚子日或甲午年、甲午日）

茲因命中註定、此生難有好婚姻，此乃有強出頭的情況，需忍耐。

(8)女命忌多合（三合以上）。

茲因命中註定、此生難有好婚姻，有太多的事絆住了，無自由可言，當然不好。

(9)女命忌月支沖日支。

表婚姻不美，在日常生活中，可能無法有瓊瑤小說式的浪漫，唯有相互體諒才能有好的結局。

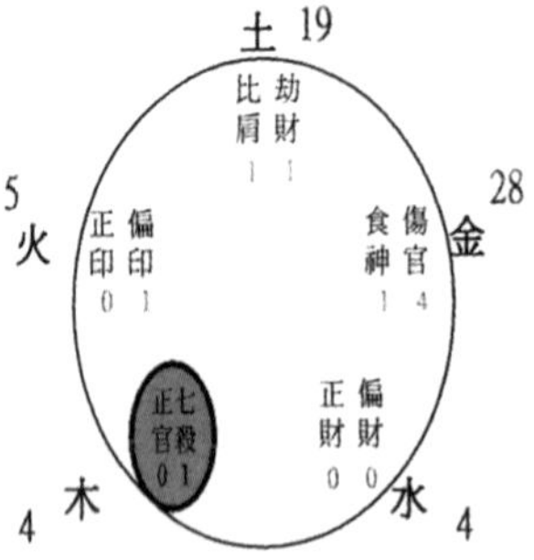

格局：七殺格

血型：A

空亡：子丑寅卯

喜用神：土火

忌神：金

星座：牡羊座

姓名			性別	女
西元	1980 年			
11	6	4	69	國曆
11	21	2	69	農曆
時	日	月	年	日期
傷官	日元	傷官	傷官	主星
庚 金	己 土	庚 金	庚 金	天干
午 火	酉 金 ←合→	辰 土 ←半三合→	申 金	地支
己丁 土火	辛 金	癸乙戊 水木土	戊壬庚 土水金	藏干
比肩 偏印	食神	偏財 七殺 劫財	劫財 正財 傷官	副星
臨官 49-64	長生 33-48	衰 17-32	沐浴 1-16	十二運星
桃花 流霞 祿神	將星 學堂 文昌	魁罡 紅豔	亡神 金輿 天乙貴人	特星神煞

71-80	61-70	51-60	41-50	31-40	21-30	11-20	1-10	歲
壬申	癸酉	甲戌	乙亥	丙子	丁丑	戊寅	己卯	大運

103 (35歲)	100 (32歲)	97 (29歲)	94 (26歲)	91 (23歲)	年
甲 正官 午 偏印	辛 食神 卯 七殺	戊 劫財 子 偏財	乙 七殺 酉 食神	壬 正財 午 偏印	干支
天狗	龍德	五鬼	太陽	天狗	神煞
104 (36歲)	101 (33歲)	98 (30歲)	95 (27歲)	92 (24歲)	年
乙 七殺 未 比肩	壬 正財 辰 劫財	己 比肩 丑 比肩	丙 正印 戌 劫財	癸 偏財 未 比肩	干支
病符	白虎	小耗	喪門	病符	神煞
105 (37歲)	102 (34歲)	99 (31歲)	96 (28歲)	93 (25歲)	年
丙 正印 申 傷官	癸 偏財 巳 正印	庚 傷官 寅 正官	丁 偏印 亥 正財	甲 正官 申 傷官	干支
太歲	福德	歲破	太陰	太歲	神煞

命盤 29

第四節　如何才能催旺桃花、姻緣，讓感情順利

姻緣要旺一半靠本命，一半要靠自己創造

一、八字中的人緣桃花是「子、午、卯、酉」，如果八字地支中沒有「子、午、卯、酉」，表示較無人緣桃花，要催桃花可以運用地支產生法（找喜用神）。你可用一個本命的喜用神（子、午、卯、酉）其中一個字帶在身上，日子久後就會產生靈動效果（需用有加持過的吉祥物品才有靈動喔！）。

二、年過三十歲而未婚者，可用沖日支法來沖動

例如一個人的夫妻宮（日支）是酉，那你可以寫一個卯字來沖動姻緣宮，以此類推。

你可用一個○字來沖動婚姻宮，讓婚姻快成（看個人命盤來決定，需用有加持過的吉祥物品才有靈動喔！）。

三、（男生）想要有異性緣可以用正財來加以促成，看正財的天干是什麼。

（女生）想要有異性緣可以用正官來加以促成，看正官的天干是什麼。

你可用一個○字來沖動異性緣，讓自己更有異性緣（看命盤，需用有加持過的吉

祥物品才有靈動喔！）。

以上之方式就是讓我們徹底改變本身的氣場而達成人緣、公關媚力增強的方法之一，根據內政部統計，台灣的離婚率每年都會有好幾萬對，爲什麼會這樣呢？因爲雙方在不同的環境上成長，在觀念上要求一致可能需相當一段時間，爲什麼這些離婚者容易婚變，以八字統計，大都是八字中有過多桃花或配偶宮強旺。夫妻宮出現瑕疵，如果你眞的需要姻緣桃花或覺得姻緣桃花總是很難降臨在你身上，那第一件事就是要先改變你個人的交際觀，這一關打通後再用上述的八字沖動法，來幫助你在姻緣路上快速完成你想要的。

由P29命盤中得知此人無正官，所以可以隨身攜帶一個「甲」字（正官）來催旺姻緣，同時也可以用「卯」字來沖動月支（酉）之婚姻宮（需用有加持過的吉祥物品才有靈動喔！）。

以下簡易合婚判斷法請參考用之

【合婚判斷】

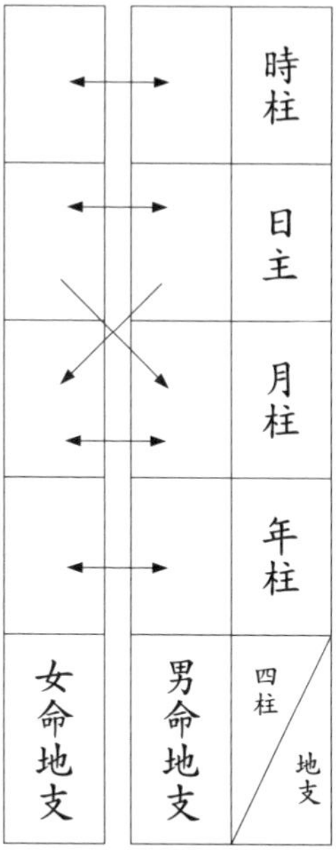

【年柱】：

※合：（三合或六合）表雙方家長會互相走動、往來。

※衝：表雙方家庭背景不同。

※害：表雙方家長互不往來。

※同：（同氣）表家庭背景一致。

※無：表雙方家長互不往來。

【月柱】：

※合：男女雙方心心相印，好溝通，能達到共識。
※衝：男女雙方互動多且刺激，但容易爭吵，意見多。
※害：男女雙方相敬如賓，也容易相敬如冰，彼此會藏秘密。
※同：雙方處世態度一致能協調。但剛認識覺得彼此超了解，熟了卻沒刺激感了。
※無：沒有好壞之分。

【日主】：

※合：情被合住，性生活協調、圓滿。
※衝：性生活刺激，但也容易會要求對方。
※害：睡覺時間不同，同床機會不多，性生活不美滿，除非小別勝新婚。
※同：性生活協調、美滿。

【時柱】：

※合：夫妻彼此對孩子的管教、觀念一致。
※衝：夫妻彼此對孩子的教養觀念不同，會有意見。
※害：夫妻彼此對孩子的教養觀念意見不一，甚至各用各的方法。

【男女互動】：

※男合女：男的比較會爲女的著想，會尊重，會禮讓。

※男衝女：男對女，會越看越討厭，而且意見很多，不相讓。

※男害女：男對女，會越來越不溝通，無言相對。

※女合男：女的比較會爲男的著想，會尊重，會禮讓。

※女衝男：女對男，會越看越討厭，而且意見很多，不相讓。

※女害男：女對男，會越來越不溝通，無言相對。

第五節　如何診斷兩人姻緣吉凶及助力、阻力，最好出現兩個縮小版的命盤

夫妻婚配：

此項論斷僅提供未婚者日後選擇對象時之重要參考。同時印出男女雙方命盤一一對照，如已婚者亦可印出稍作印證，以提供日後夫妻相處之道，使夫妻感情昇華。

1. 夫妻日干成陰陽組合為吉　如：夫之日干為甲、丙、戊、庚、壬，則妻之日干配乙、丁、己、辛、癸。而夫之日干為乙、丁、己、辛、癸，則妻之日干配甲、丙、戊、庚、壬。你們兩人日後較能互相扶持，雖會有意見但很快就妥協，還不錯吧！

2. 夫、妻之日干為天干五合時，夫妻之日干是甲己、乙庚、丙辛、丁壬、戊癸等五種組合之一時，如：夫之日干是甲、妻之日干是己，或妻之日干是甲，夫之日干是己。你們兩人日後彼此有幫助，興趣上也能志同道合，這種組合很不錯！

3. 夫妻雙方之喜忌神不宜相同。如：夫之喜神為木火、忌神為金水、妻之忌神為木火最佳，喜神為金水。

因爲雙方喜忌神不同，可產生互補作用，才不會因工作事業等不順而影響到婚姻

4.夫妻雙方之喜忌神相同時。如：夫之喜神爲木火、忌神爲金水、妻之喜神爲木火最佳，忌神爲金水。

因爲雙方喜忌神相同，不能產生互補作用，會因工作事業等不順而影響到婚姻。

5.夫妻雙方之日支不宜相同，如夫之日支是「子」，而妻之日支也是「子」，有時會有太多的自主意見，夫妻間較會發生不和，或衝突或生氣。

6.甲午、庚子、乙巳、辛亥等日生者：

因言談舉止風趣詼諧，生性風流多情，會有婚姻不美滿或離婚之象產生（先看在哪一方，要標明）。

7.夫之日支與妻之月支形成六合或三合時：

看來老公較喜歡娘子喔！比較會遷就妻之意見。

8.妻之日支與夫之月支形成六合或三合時：

看來妻子較喜歡丈夫，比較會聽從丈夫之意見。

9.夫妻雙方之日支形成六合或三合時：

夫妻彼此都喜歡對方、疼惜對方，意見上也比較可以取得一致。

第八章 簡易算出每年的走運好壞吉凶

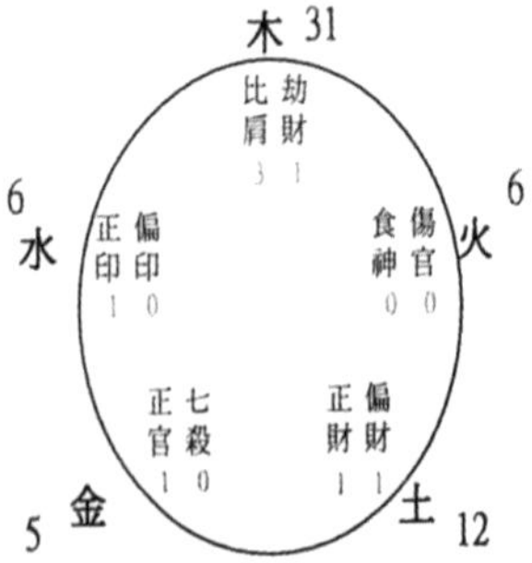

星座：雙魚座

忌神：木水

喜用神：火土金

空亡：辰巳寅卯

血型：A

格局：建祿格

姓名		性別	男	
西元	1963 年			
13	2	3	52	國曆
13	7	2	52	農曆
時	日	月	年	日期
正官	日元	比肩	正印	主星
辛 金	甲 木	甲 木	癸 水	天干
	害（日↔月）			
未 土	辰 土	寅 木	卯 木	地支
半三合（時↔年）				
乙丁己 木火土	癸乙戊 水木土	戊丙甲 土火木	乙 木	藏干
劫傷正 財官財	正劫偏 印財財	偏食比 財神肩	劫 財	副星
墓 49-64	衰 33-48	臨官 17-32	帝旺 1-16	十二運星
天乙貴人	華蓋 金輿	驛馬 祿神	羊刃	特星神煞

79—88	69—78	59—68	49—58	39—48	29—38	19—28	9—18	歲
丙午	丁未	戊申	己酉	庚戌	辛亥	壬子	癸丑	大運

103 (52歲)	100 (49歲)	97 (46歲)	94 (43歲)	91 (40歲)	年
甲 比肩 午 傷官	辛 正官 卯 劫財	戊 偏財 子 正印	乙 劫財 酉 正官	壬 偏印 午 傷官	干支
太陰	太歲	福德	歲破	太陰	神煞
104 (53歲)	101 (50歲)	98 (47歲)	95 (44歲)	92 (41歲)	年
乙 劫財 未 正財	壬 偏印 辰 偏財	己 正財 丑 正財	丙 食神 戌 偏財	癸 正印 未 正財	干支
五鬼	太陽	天狗	龍德	五鬼	神煞
105 (54歲)	102 (51歲)	99 (48歲)	96 (45歲)	93 (42歲)	年
丙 食神 申 七殺	癸 正印 巳 食神	庚 七殺 寅 比肩	丁 傷官 亥 偏印	甲 比肩 申 七殺	干支
小耗	喪門	病符	白虎	小耗	神煞

命盤 30

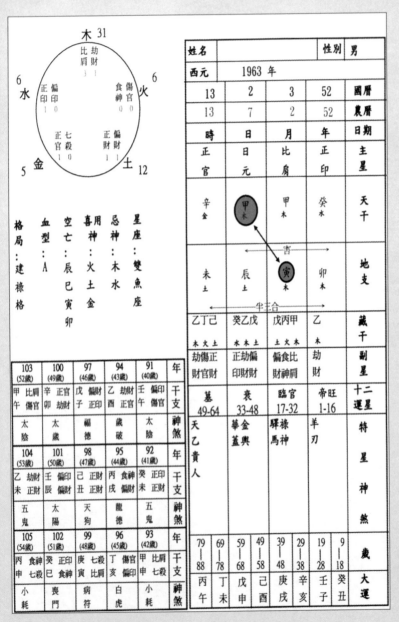

第一節　如何得知每一年行運的强、弱運勢

以身強與身弱來區分（黑點爲好運）此表只做簡略論斷請再參考命盤

	日	主	木 強	木 弱	火 強	火 弱	土 強	土 弱	金 強	金 弱	水 強	水 弱
東方木	87	寅		●		●	●		●		●	
	88	卯		●		●	●		●		●	
	89	辰		●		●	●		●		●	
南方火	90	巳	●			●		●	●		●	
	91	午	●			●		●	●		●	
	92	未	●			●		●	●		●	
西方金	93	申	●		●		●			●		●
	94	酉	●		●		●			●		●
	95	戌	●		●		●			●		●
北方水	96	亥		●	●		●		●			●
	97	子		●	●		●		●			●
	98	丑		●	●		●		●			●

由命盤30之命盤得知此人爲甲木身強格，所以由上圖中明顯看出：

民國九十三年走好運。

民國九十四年走好運。

民國九十五年走好運。

民國九十六年～九十八年年年走壞運。

畫◯表示該年走好運，可把握機會順勢而爲。

畫X表示該年走不好運，一切謹慎，凡事多考慮。

人講三年一運好壞照輪，人生如能掌握好運或壞運的時程，計畫而爲，你的人生鐵定會是彩色的。

人說：人在做天在看，如果運好請不要太得意，因爲陷阱總是在美麗的圖景中形成的。如果運不好，也不要見人就嗆衰，因爲我們所做的或是所說的每一句話老天爺都會聽得到，當運好時恭禧你，運差時記得要減少投資，凡事慢慢計畫，一急就出事。

運差的人請每天做運動至少二十分鐘，請往住家的貴人方或面向貴人方做運動，連續7X7天=49天，往後運自然轉佳，照做很靈喔！

貴人方請參考前面論，行、住、坐、臥，及貴人方位之章節。

第九章

運用簡易的陽宅開運法來制煞解厄

第一節　如何鎮宅及防止意外、血光發生

A.如果由命盤中得知，會有意外或血光之事發生時，可用羅盤來制煞。

車上：可以用小羅盤掛在車上，以防車關發生。

房子：可以用大羅盤掛在客廳或流年五黃煞或2黑土之方位上。

流年五黃位	民國年數
西南方	90
東　方	91
東南方	92
中宮（西南）	93
西北方	94
西　方	95
東北方	96
南　方	97
北　方	98
西南方	99
東　方	100
流年2黑土位	民國年數
東北方	90
南　方	91
北　方	92
西南方	93
東　方	94
東南方	95
中宮（西南）	96
西北方	97
西　方	98
東北方	99
南　方	100

如果想防止意外、血光之事發生，你也可以適時安放大、小羅盤來作預防。人家都說：預防重於治療嘛！

PS：我們都知道意外的發生，大夥會歸究於不小心，但有很多情況是我們很小心而是別人不小心來惹我們，而讓我們受傷害，這種狀況叫做壞運，如何防止運壞呢？當然是要做功課的。

◎如果你平常上班要騎車或開車，建議你大約一個月左右在車輪胎前後揮灑粗鹽，讓車子永遠保有乾淨的磁場，讓厄運不會靠過來，讓行車一路平安。

◎在家中或辦公室、生意場所，你可以從屋中的東北角順時鐘撒粗鹽（數量不用太多），然後大約半年撒淨一次 保證會讓你感覺事事順利、財源廣進。有人會問爲什麼要從東北角開始撒淨？因爲東北跟西南一直線是叫鬼門線，所以就從東北邊開始。

第二節　陽宅如何佈局，佈局好能催旺財運

人生改運說：人除了認眞賺錢以外，要如何改變才能有更好的財運呢？

老師們都說：在客廳的財位擺放

□開運納財聚寶盆

□綠色圓葉盆栽

□鎭宅催財貔貅

□鎭宅催財麒麟

就可適時催旺家中的財運，使工作事業愈來愈順利、財源滾滾而來。

PS：在財位的方位上千萬不要擺放垃圾桶、無門鞋櫃，以防止污穢財神，使財神不來照顧。

PS：一般陽宅財位方位如何得知？

人站在客廳正中心將羅盤或指北針定位後，再找出大門在何方位，以下表就可得知財方及旺方在哪兒？

房子財位及旺方速查表

門位	財方	旺方
南	東南、北	東
西南	東北	西北、西
西	西北	西南、東北
西北	西	西南、東北
北	東、南	東南
東北	西南	西北、西
東	東南、北	南
東南	東、南	北

人說：福地福人居，如果現在所居住的房子你住起來感覺不是很順暢，首先要檢查各房間的擺設。

一、客聽代表男主人的顏面，是否整齊、乾淨呢？

二、廚房代表女主人的財庫及脾氣，是否該定位都定位了呢？

三、臥房內床是否有避開門、鏡子或樑柱呢？

四、廁所有沒有整潔、乾淨，可種一棵綠色盆栽來美化及釋放芬多精，也可用門簾來擋煞氣，更可用粗鹽來吸納廢氣。

請檢查如果房子各房間都很乾淨、清爽，空氣也很好，再加上陽宅的佈局催旺開運的效果會很好，反之則改善效果不佳。

第三節　如何淨化陽宅就能一切平安順利

各位應都該聽過「磁場」兩字，「磁場」好一切平安順利，「磁場」不佳，百事不順、身體欠安、百病隨之而來，如何讓我們生活在一個充滿溫馨清淨的環境呢？建議你可以選用使宅第通氣。

□開運薰香爐

□粗鹽開運鹽晶

據經驗：「磁場」經淨化後配合禪定觀想，一段時日後就會顯得身體健康、事事順利、財源增進，那就表示家中的「磁場」與本身的「磁場」相互融合了，恭喜！恭喜！

PS：要如何使用可請教老師

PS：我們常常會聽到磁場兩個字，各位讀者知道磁場是什麼呢？看得到嗎？當然是看不到，除上述的方法有效外，也可以運用一種老祖宗的粗鹽淨化法來淨化陽宅：

一、在房子四周角落放三十公克粗鹽（堆鹽用杯子裝）。

二、在廁所內放三十公克粗鹽（堆鹽用杯子裝）。

三、在廚房放三十公克粗鹽（堆鹽用杯子裝）。

四、在大門入口處放三十公克粗鹽（堆鹽用杯子裝）。

用以上方法來改善居家的不好宅氣，有相當好的效果，記得一個月換一次粗鹽，將粗鹽灑到外面的土地上讓它歸回大地，此方法很有效喔！

如果肯詳讀各章節，保證你對八字就不會覺得那麼困難了！

第十章

什麼是八字推命學

八字就是每個人出生之年、月、日、時。

將出生年、月、日、時，套入公式就可得知八個字，含天干、地支各四個字，就叫八字。

至於八字的排法以及程序，下一章節就會細說分明。

個人認爲要眞正學會批八字，如果不會用人工來排八字命盤，而唯靠用電腦來完成，要把八字學得精透，應是甚難如願。

所以本書當然就從最基礎的排盤結構概念開始介紹，一直到如何精論八字都會交代得很清楚，只要擁有本書就會讓您學會批八字的眞正功夫。

至於八字命盤排出之格式每位老師大都有其格式，本書就以最簡單的排列格式來爲讀者一一說明。

首先來談排八字命盤需要用到哪些公式及條件

如果您從未接觸過八字論命，看到一張命盤，可千萬不要被嚇到，本書會將命盤中的所有內容一一介紹，從如何推演以及各項內容如何解釋，將用深入淺出的方式做說明，讓您眞正懂得排八字及論八字。

P1 這是一張標準的八字命盤

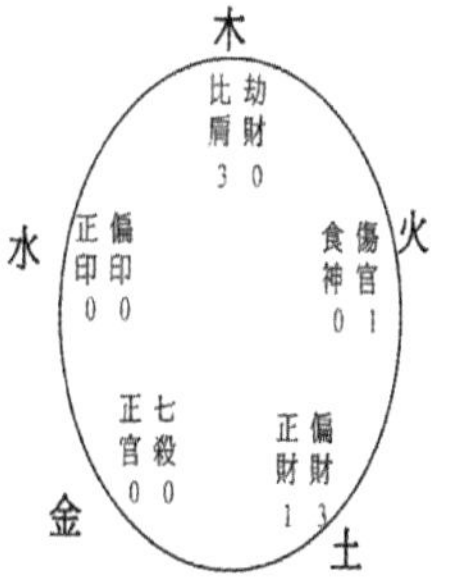

日干強弱：身強
体檢天干：乙
体檢地支：卯
体檢宅命：乾命
用神：火金
忌神：木
血型：A
空亡：辰巳辰巳

姓名	P1		性別	女
西元	1955 年			
20	4	4	44	國曆
20	12	3	44	農曆
時	日	月	年	日期
傷官	日元	偏財	比肩	主星
丙 火	乙 木 ←剋→	己 土 ←剋→	乙 木	天干
戊 土 ←合→	未 土 ←半三合→	卯 木 ←半三合→	未 土	地支
丁辛戊 火金土	乙丁己 木火土	乙 木	乙丁己 木火土	藏干
食七正 神殺財	比食偏 肩神財	比 肩	比食偏 肩神財	副星
49-64	33-48	17-32	1-16	歲運
事業家庭 人際關係 子孫學生 部屬員工	本人 外在個性	兄弟 姊妹 父親 朋友同輩	祖先 父親 上司長輩 上流人士	由天干看
事業家庭 人際關係 子孫學生 部屬員工	配偶 創業機運	本人 內在特性	母親 祖先 上司 長輩	由地支看

6	5	4	9 3	8 2	7 1	流年
甲寅80	甲辰70	甲午60	甲申50	甲戌40	甲子30	3
乙卯81	乙巳71	乙未61	乙酉51	乙亥41	乙丑31	4
丙辰22	丙午72	丙申62	丙戌52	丙子42	丙寅32	5
丁巳23	丁未73	丁酉63	丁亥53	丁丑43	丁卯33	6
戊午24	戊申74	戊戌64	戊子54	戊寅44	戊辰34	7
己未25	己酉75	己亥65	己丑55	己卯45	己巳35	8
庚申26	庚戌76	庚子66	庚寅56	庚辰46	庚午36	9
辛酉27	辛亥77	辛丑67	辛卯57	辛巳47	辛未37	0
壬戌28	壬子78	壬寅68	壬辰58	壬午48	壬申38	1
癸亥29	癸丑79	癸卯69	癸巳59	癸未49	癸酉39	2
子丑	寅卯	辰巳	午未	申酉	戌亥	空亡

學八字必須先瞭解五行相生相剋之理，才有辦法來解盤。

首先，我們開始用最簡單的方式來呈現八字中的天干、地支中各字所代表的五行之互動關係，瞭解之後在論八字過程中就會比較有頭緒。

第二節　首先來談五行

五行就是木、火、土、金、水，在P1命盤中就會發現天干、地支下方中會有一些小字，那就是代表該字的五行，以下就是五行間的相互關係。

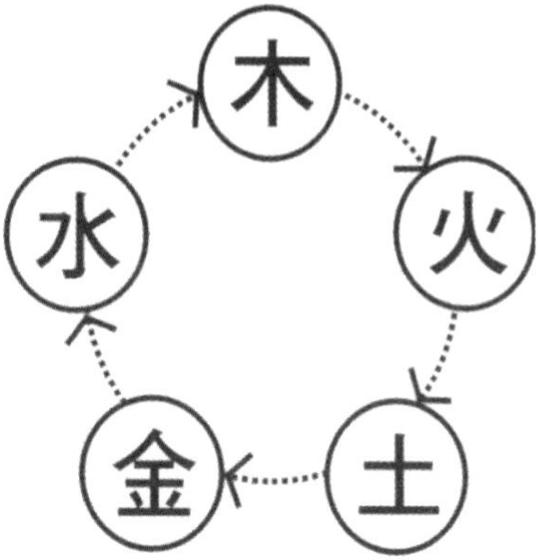

五行相生（圖一）
木生火、火生土、土生金、
金生水、水生木

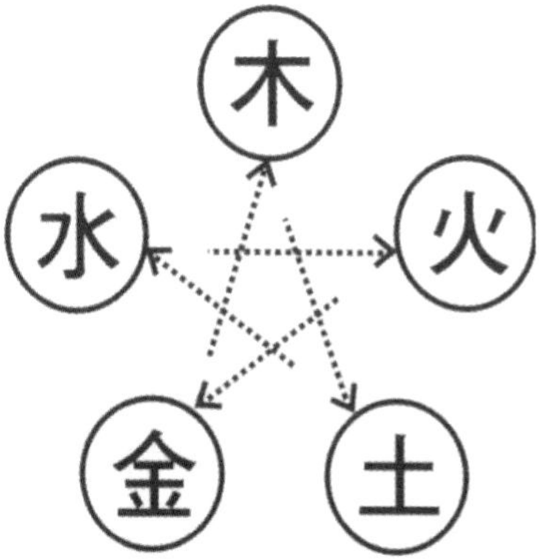

五行相剋（圖二）
木剋土、土剋水、水剋火、
火剋金、金剋木

第三節　接下來談天干

天干就指甲、乙、丙、丁、戊、己、庚、辛、壬、癸，台語記憶協音法：甲、乙、丙、丁，有、一、天、承、認、鬼。天干與天干之間的關係，有天干五合。如下圖：

甲陽木↑↓己陰土↓合化土

乙陰木↑↓庚陽金↓合化金

丙陽火↑↓辛陰金↓合化水

丁陰火↑↓壬陽水↓合化木

戊陽土↑↓癸陰水↓合化火

天干的五行就標示在甲、乙、丙、丁、戊、己、庚、辛、壬、癸下方。甲、丙、戊、庚、壬屬陽干，乙、丁、己、辛、癸屬陰干，爲什麼要分陰陽呢？因爲在論八字時，如碰到陽干剋陽干或陰干剋陰干，代表剋而無情，論事情時比較嚴重，如碰到陰干剋陽干，代表剋而有情，論事情時比較不那麼嚴重。

天干在方位上所代表：

甲乙屬木↓表示東　方＝也代表春季

丙丁屬火↓表示南　方＝也代表夏季

戊己屬土↓表示中央方＝也代表四季

庚辛屬金↓表示西　方＝也代表秋季

壬癸屬水↓表示北　方＝也代表冬季

接下來談論八字時，如遇上命盤中有天干五合時，會有什麼現象。

◎「甲己」合化土。爲中道之合，爲人安分守己且寬宏大量，凡事一切較爲平順，爲人較鎮靜，個性純僕，有愛護衆生之德。

甲日合己——甲己合土五常爲信義。但木剋制土，土屬智，智被剋，所以爲人重信義但缺乏智力。

己日合甲——己日合甲化土，爲土之不足。陰土如不及必受甲木之剋制，故此人可能欠缺信義。

◎「乙庚」合化金，爲人果斷敢衝，操守佳，很重義氣，進退有序重義氣，個性果決勇敢剛健。

乙日合庚——爲金之不足，金不及必受火制，金代表義氣，火代表禮節，故此人欠決斷力，而變成無福氣。

庚日合乙——爲金之大過，唯金剋木，木代表仁慈，仁慈被剋，主人無慈悲心且常有誇大義氣之嫌。

◎「丙辛」合化水。爲威嚴之合，主其人看起來儀表威武，人怕三分，性情酷酷的，有點好財物，一生較多風韻之事。

丙日合辛——爲水之太過，唯水太旺必剋火。水代表智慧，火代表禮儀，禮儀被損，其倫禮道德必亂。

辛日合丙——爲水之不及，水不及必受土制，故此人比較不能用智慧，比較無大志氣。

◎「丁壬」合化木。爲桃花之合，主其人眼睛看起有貴氣，神情頗有嬌氣，爲人多情。一生命運吉凶參半，先榮後衰，先敗後興。

丁日合壬——爲木之不及，木代表仁慈，木不及被金剋制，不能施展木之仁慈。故此人度量較狹窄，嫉妒心也較強。

壬日合丁——爲木之太過，木強則會剋土，土代表信義被剋信義不保，故此人性情怪異，倔強易怒又無信用可言。

◎「戊癸」合化火，乃爲無情之合，乃老陽合少陰，如老婦配少男或老男娶少婦，爲事不相配之合。

戊日合癸——爲火之太過，火旺剋金，故此人雖聰明，但貌似有情內心卻是無情，且其人多屬愛面族。火之太過主性急躁。

癸日合戊——爲火之不及。火代表禮儀被水所剋，不能展現火之禮儀，故此人智能稍嫌低劣，做事有始無終，嫉妒心較強。

第四節　天干與天干間的對應關係如下

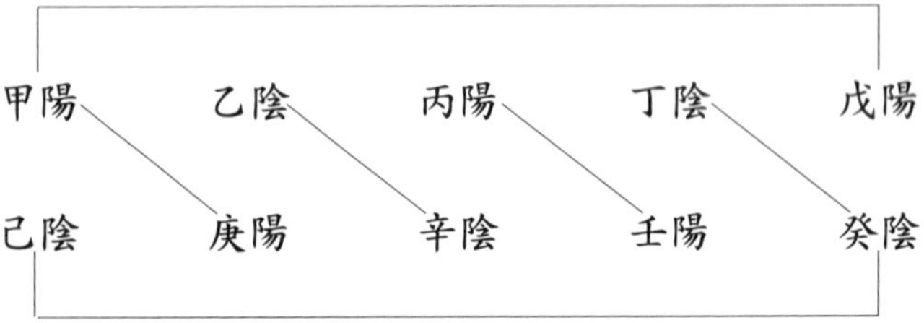

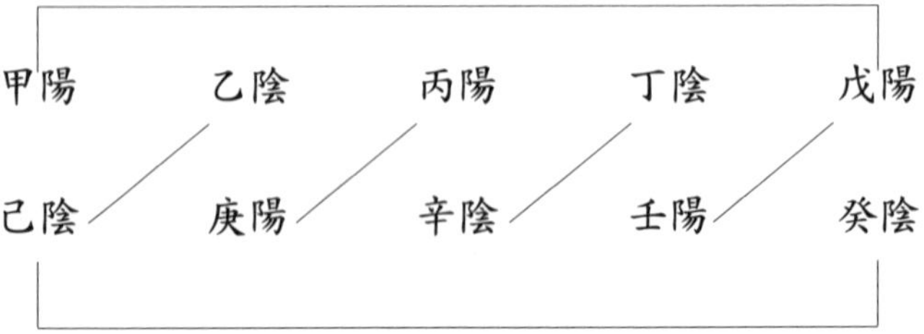

庚剋甲　辛剋乙　壬剋丙　癸剋丁　乙剋己

丙剋庚　丁剋辛　戊剋壬　甲剋戊　己剋癸

從上表得知：陽對陽、陰對陰才叫剋（沖），也叫無情之剋。陽對陰、陰對陽叫有情之剋，此種剋比較不嚴重，公式由（圖二）得。

第五節　天干在八字命盤上的看法

在P1的命盤中，發現年干【乙】與月干【己】呈相剋現象，由P1命盤下方看乙己的關係可研判，大致可判讀該員之兄弟姊妹可能與長輩或上司磁場或意見較不合。

同樣在P1中命盤發現月干【己】與日干【乙】呈相剋現象，由P1命盤下方看乙己的關係可研判，大致可判讀該員之兄弟姊妹與自己可能磁場或意見較不合。

如果要知道各柱中的六親對待，請看P1命盤中最下方解釋，【由天干看、由地支看】之各柱管事及事項。

第六節　再來談地支相互關係

地支就是子、丑、寅、卯、辰、巳、午、未、申、酉、戌、亥共十二個字。

以下就以地支間的相互關係來分析。

以十二地支所代表的生肖及五行分別爲：

子↓鼠↓水

丑↓牛↓土

寅↓虎↓木

卯↓兔↓木

辰↓龍↓土

巳↓蛇↓火

午↓馬↓火

未↓羊↓土

申↓猴↓金

酉↓雞↓金

戌↓狗↓土

亥↓豬↓水

以十二地支所代表的月份

巳　四月	午　五月	未　六月	申　七月
辰　三月			酉　八月
卯　二月			戌　九月
寅　一月	丑　十二月	子　十一月	亥　十月

瞭解十二地支代表月份對批八字有何用處？不爲什麼，只爲讓別人知道我們有兩把刷子，如果有人考你：「我是未月生、那未月代表幾月？」當然就是六月，也代表夏天，五行也代表是夏天的土，當然在批八字就要靈活運用了。

以下（圖三）是地支三會局的圖：

寅卯辰爲【東方木】、巳午未爲【南方火】。

申酉戌爲【西方金】、亥子丑爲【北方水】。

三會局所合化的五行是喜用神或忌神影響力量很大，在做命盤論斷時是一個重要參考

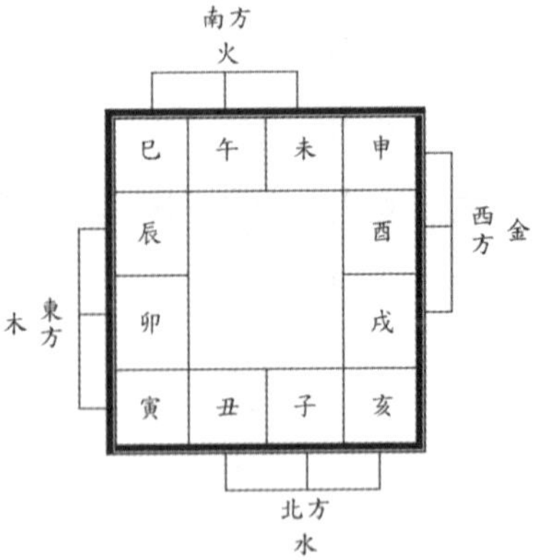

圖三

快速記憶法，記憶不好的朋友可以用諧音法多唸幾次，保證記得起來，用台語唸「寅卯辰」將它記成【是蒼蠅】，「巳午未」將它記成【是我胃】，「申酉戌」將它記成【眞夭壽】，「亥子丑」將它記成【孩子醜】。

所謂地支三合：就是（圖三）中相差四位之宮

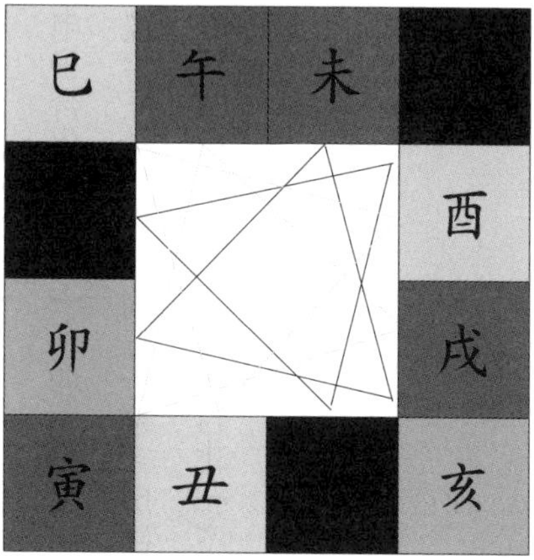

寅午戌合化【火局】、巳酉丑合化【金局】

申子辰合化【水局】、亥卯未合化【木局】

經合化後的五行是喜用神或忌神，在批命時就是一種重要的參考。

所謂地支半三合就是：三合少一個字

寅午合化【火局】、巳酉合化【金局】 午戌合化【火局】、酉丑合化【金局】

申子合化【水局】、卯未合化【木局】 子辰合化【水局】、亥卯合化【木局】

經半三合合化後的五行是喜用神或忌神，在批命時就是一種重要的參考。

就以P1命盤來看，卯未合化【木局】而木又是該員之忌神，像這樣的合化是較不利的，因爲合化後的五行是比劫，比劫是代表會來劫財星的喔（表示會破財）。

以地支六合談：（圖三）中橫方向相臨或相對之兩宮。

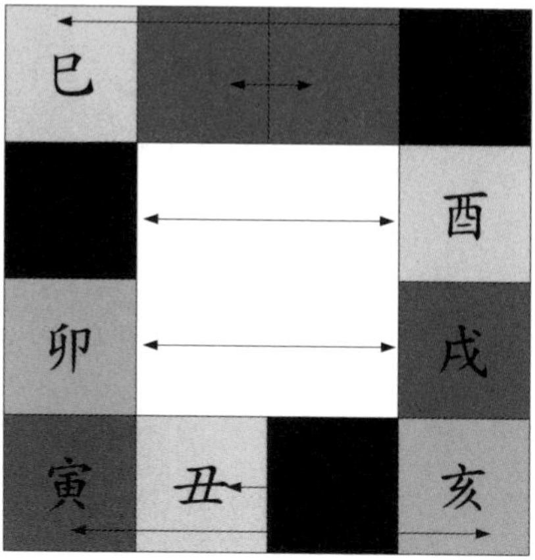

子丑合化【土局】、寅亥合化【木局】

卯戌合化【火局】、辰酉合化【金局】

午未合化【火局】、巳申合化【水局】

經合化後的五行是喜用神或忌神，在批命時就是一種重要的參考。

什麼是地支六沖：（圖三）中相差六宮。

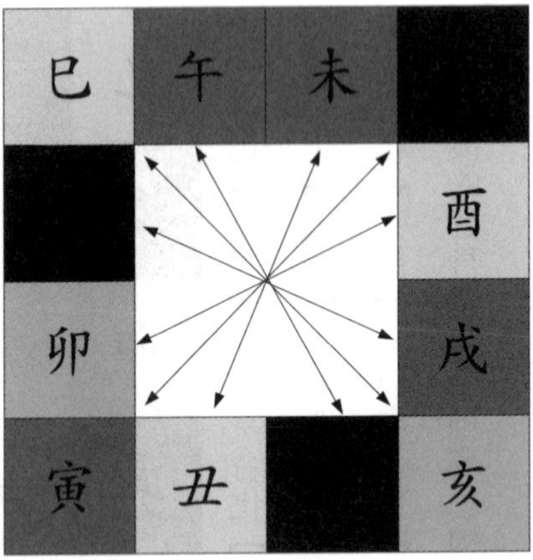

子午沖、丑未沖、寅申沖、卯酉沖、辰戌沖、巳亥沖。

在本命盤中之年、月、日、時犯沖時會有什麼現象。

【沖】（地支）	1	2	3	4	5	6
時			*	*	*	*
日		*		*		*
月	*			*	*	
年	*	*	*			
	本身與長輩、長官間有一種莫名其妙的感覺，總是很煩，可能會少小遠離祖業，不居住在鄉里。	與祖父母、父母薄緣（有代溝，較談不來），配偶會因長輩的行爲或言語而鬱悶很久。	個性較衝粗暴，一生多倒楣事情發生。長上與子孫、上司與部屬間有一種相互虧欠、恨鐵不成鋼的感覺，眞的需要好好溝通。	常碰到倒楣之事及不如意的事。女人的月支是「緣分宮」，逢沖，容易有婚姻不佳之象，或與公公婆婆較合不來。夫妻相處佳，總是很不順心，也常常惹對方生氣。	本人與子女或部屬間的認同度不夠，因此會產生敵對的心態。	夫妻間較易吵鬧，對孩子較衝也較不理性（性生活較不協調，嗜好也不同，兒女少）。配偶與子女及事業上的看法不一致而很鬱悶。

◎無論何支，若沖月支或日支：大多不居住在父母老家。

◎天干相同、地支相沖：做事徒勞無功，祖業有可能不保喔；如丙子沖丙午、乙巳沖乙亥。

◎十神之沖：食神逢沖，幼年時，母親身體衰弱，無乳；正財被沖，爲了生活多處心積慮，創業營謀艱辛；正官被沖，較難生官，事業不順。日支被沖，而他支有合者，一生較勞苦，也容易招染桃花正官；七殺被沖而食神有支合者，不靠丈夫靠兒女；四柱中正偏印多，四柱又有刑沖，無食神、傷官者，生活多陷於寂寞無助。

沖代表犯沖，在批命盤時大都以不佳論，但在論月令或事業時，沖不見得是不好喔。

再談地支六害：（圖三）中直方向對應的兩宮

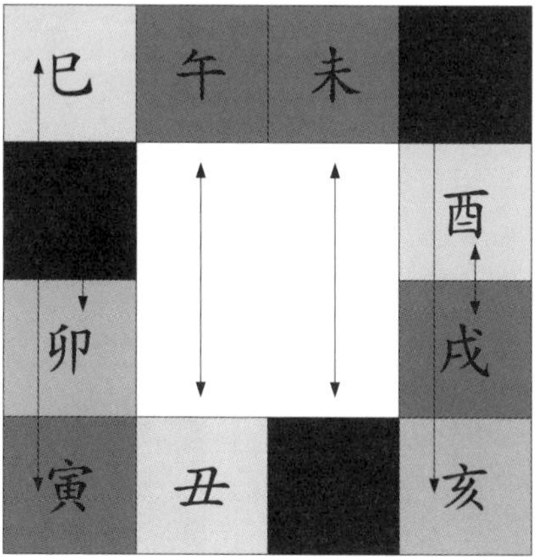

子未相害、丑午相害、寅巳相害、卯辰相害、酉戌相害、申亥相害，害代表無助力，在批命盤時大都以不佳論，但要看所影響宮位↓

那地支相刑又是什麼？

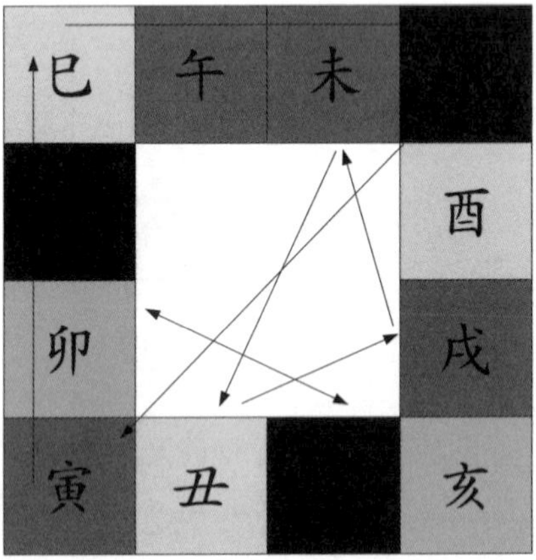

辰辰相刑、午午相刑、酉酉相刑、亥亥相刑、子卯相刑、寅巳申相刑、丑未戌相刑，刑代表有損害，在批命盤時大都以不佳論，但要看所影響宮位↓

至於八字的刑、沖、合、害在命盤上會有什麼現象詳解，請參考作者另一本著作《學八字，這本最好用》（知青頻道出版，有更詳細說明）。

在此稍做解釋，只要您在命盤上看到有刑、沖、合、害時，大約可直接論斷該員會有以下現象。因背文字不好背，所以我就用圖像快速記憶法來增強各位的右腦便於快速記住，以下就採用諧音記憶法來幫助各位記憶。

子丑合（孩子醜）：夫妻間好溝通，有話講，較顧家。

卯戌合（冒死）：比較愛面子，注重外表，顧家，外強內柔。

寅亥合（他很壞）：在先天的磁場上比較重視倫理道德。

辰酉合（沉油）：在先天的磁場上比較重義氣，但比較沒有定性。

午未合（有味）：在先天的磁場上比較積極，天生脾氣不好，做事重感覺。

巳申合（失身）：有很多事會聰明反被聰明誤，是屬無恩之刑。

申子辰合水（猴子）：在思想變化上很快也很聰明，但較冷漠。

寅午戌合火（虎馬）：看來做事效率高，執行力好，熱情有禮。

亥卯未合木（豬毛）：比較會有不切實際的想法，較有夢想（白日夢）。

巳酉丑合金（蛇油）：爲人較會強出頭，較會有血光之災，且會包裝自己。

寅申（馬）（銀身）：要注意車關，不要開快車，適合外務，對人付出人家不太會感激。

巳亥（馬）（柿壞）：較會有車關，口才好，比較會得理不饒人，（會鑽），適合外務。

子午（花）（子無）：個性極端，反覆不定，桃花動，人緣好，生氣時會抓狂，感情困擾。

卯酉（花）（毛油）：第六感強，目色好，桃花動，人緣好。長輩緣好，憑直覺做事。

辰戌（庫）（臣死）：個性不好，脾氣難以控制，較會自圓其說，庫衝破，財就守不住。

丑未（庫）（仇爲）：打破沙鍋問到底，較會查行蹤，庫衝破，錢財守不住，漏財。

子未害（鼠羊）：個性極端，容易犯小人，親子之間較早分離。

丑午害（牛馬）：耐性差，脾氣不好，容易生氣。

寅巳害（虎蛇）：無恩之刑是非多，易犯小人，在家裡待不住。

卯辰害（兔龍）：容易被扯後腿，兄弟姊妹無助，易遭親人相害。

酉戌害（雞狗）：容易被好朋友扯後腿，易遭親人相害，弄得雞犬不寧。

申亥害（猴豬）：是非多，容易遇有小人，挫折感重，受不了刺激。

無禮之刑【子卯】（禮貌）：自命清高（眼光高），說話直接，較沒禮貌（沒大沒小），自以爲氣質好。

恃勢之刑【寅巳、巳申、申寅】（大官）：無人賞識，做事易被人嫌棄，替人打天下，任勞任怨，愛恨交加。

無恩之刑【丑戌、戌未、未丑】（兄弟）：太自信，自負欠考慮，憑感覺投資。虧錢機率高，看不見卻不斷流失。

自刑【辰、午、酉、亥】：

◎辰辰（臣臣）：要別人聽自己，但事與願違而自鬱，做事直接，但有遠見。

◎亥亥（害害）：較會無理取鬧，歇斯底里，悲觀，總是想說我比別人認眞，爲什麼比別人歹命，喜用頭腦，卻多愁多煩事，易想太多。

◎午午（無無）：常常事與願違，以禮相待則好溝通。

◎酉酉（有有）：常常想幫助別人，但卻得不到認同，眞是鬱悶，常幫倒忙，卻熱心、多慮。

以上之解釋如果背起來，當您在做命盤分析時就會有很多話題可談了。

第七節 地支在命盤中的看法

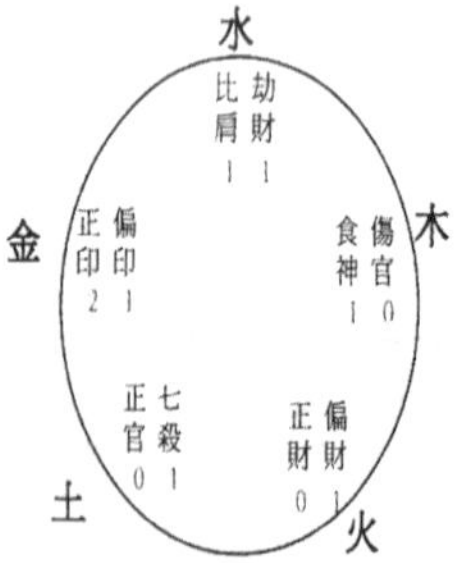

体檢天干：壬
体檢地支：巳
体檢宅命：坎命
用神：木土
忌神：水金
血型：A
空亡：子丑辰巳

姓名	P2		性別	男
西元	1981 年			
20	24	5	70	國曆
20	21	4	70	農曆
時	日	月	年	日期
偏印	日元	劫財	正印	主星
庚 金	壬 水	癸 水	辛 金	天干
戌 土	寅 木	巳 火	酉 金	地支
←半三合→（戌寅）	←刑害→（寅巳）	←半三合→（巳酉）	←害→（戌酉）	
丁辛戊 火金土	戊丙甲 土火木	庚戊丙 金土火	辛 金	藏干
正正七 財印殺	七偏食 殺財神	偏七偏 印殺財	正 印	副星
49-64	33-48	17-32	1-16	歲運
事業家庭 人際關係 子孫學生 部屬員工	本人 外在個性	兄弟 姊妹 父親 朋友同輩	祖先 父親 上司長輩 上流人士	由天干看
事業家庭 人際關係 子孫學生 部屬員工	配偶 創業機運	本人 內在特性	母親 祖先 上司 長輩	由地支看

6	5	4	9 3	8 2	7 1	流年
甲寅54	甲辰44	甲午34	甲申24	甲戌14	甲子 4	3
乙卯55	乙巳45	乙未35	乙酉25	乙亥15	乙丑 5	4
丙辰56	丙午46	丙申36	丙戌26	丙子16	丙寅 6	5
丁巳57	丁未47	丁酉37	丁亥27	丁丑17	丁卯 7	6
戊午58	戊申48	戊戌38	戊子28	戊寅18	戊辰 8	7
己未59	己酉49	己亥39	己丑29	己卯19	己巳 9	8
庚申60	庚戌50	庚子40	庚寅30	庚辰20	庚午10	9
辛酉 1	辛亥51	辛丑41	辛卯31	辛巳21	辛未11	0
壬戌 2	壬子52	壬寅42	壬辰32	壬午22	壬申12	1
癸亥 3	癸丑53	癸卯43	癸巳33	癸未23	癸酉13	2
子丑	寅卯	辰巳	午未	申酉	戌亥	空亡

地支在命盤中的看法

就以P2命盤來看

從命盤中看出年支【酉】與月支【巳】呈半三合的現象，由這兩個字得知，本人內心裏跟長輩、長官磁場較相近。

巳酉丑合金（蛇油）：為人較會強出頭，較會有血光之災且會包裝自己。

從命盤中看出月支【巳】與日支【寅】呈刑害的現象，由這兩個字得知，本人內心裏對配偶意見上不敢苟同，以及助力上也不大。

寅巳害（虎蛇）：無恩之刑是非多，易犯小人，在家裡待不住。

從命盤中看出日支【寅】與時支【戌】呈半三合的現象，由這兩個字得知，配偶與晚輩或子女緣分及磁場較契合（因寅、戌中間差午，所以此種現象比較不明顯）。

寅午戌合火（虎馬）：看來做事效率高，執行力好，熱情有禮。

至於地支的刑沖合害等在本命盤上會有什麼現象，請參考96頁。

第八節　如果有人問您出生年的天運五行屬？

就用納音掌訣來算

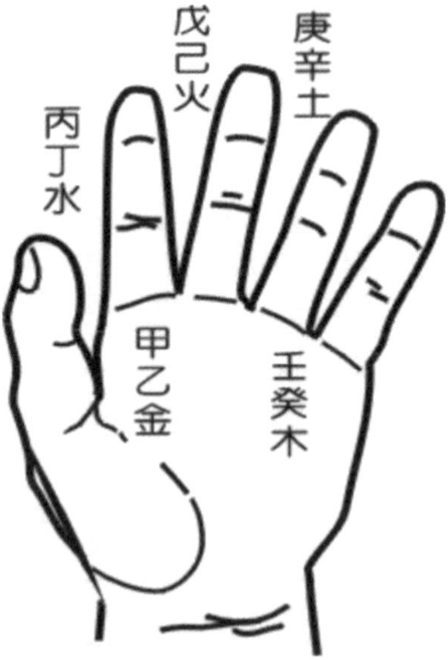

圖四

納音掌訣就是用來運算六十甲子之五行（俗稱天運五行，出生時當年之天運五行）。

（圖四）中各天干所代表的落點五行已標出，如果算到最後落點是在戊己，那天運五行就是火。

要算出個人天運五行，需先瞭解自己生年的天干與地支，然後將子丑、寅卯、辰巳、午未、申酉戌亥兩字為一組套入（圖四）中的年干位置，再以三組為一循環，直接算至自己的年支，就是個人的天運五行。

舉例一：某人出生年之干支為丁酉年。

先將子丑兩字為一組放入（圖四）中的丙丁位（因為天干為丁），然後以丙丁、戊己、庚辛為一循環算至地支酉位，首先將子丑放丙丁寅卯放戊己、辰巳放庚辛、午未放丙丁、申酉放戊己，最後落入戊己位置，得知丁酉年出生五行為「火」。

舉例二：某人出生年之干支為戊戌年。

先將子丑兩字為一組放入（圖四）中的戊己位（因為天干為戊），然後以戊己、庚辛、壬癸為一循環算至地支戌位，首先將子丑放戊己、寅卯放庚辛、辰巳放壬癸、午未放戊己、申酉放庚辛、戌亥放壬癸，最後落入壬癸位置，得知戊戌年出生五行為「木」。

就以P2命盤來看：該員是辛酉年，請將子丑為一組放到庚辛位，然後以三組為一循環（庚辛、壬癸、甲乙），子丑放庚辛、寅卯放壬癸、辰巳放甲乙、午未放庚辛、申酉就放壬癸……因該員是酉年，所以壬癸這組就屬木，天運五行就屬木。

知道個人天運五行後，就可以運用天運五行來跟四柱或流年做比對，則可算出吉凶了。

爲什麼要知道個人的天運五行呢？因爲在批八字時有其參考價值。

可以用出生之天運五行或每年的天運五行去對應本命四柱及大運或流年、流月，或流日干支就可論出一片大道理了，如果本命四柱及大運或流年、流月，或流日干支與天運五行呈相生現象，大可以吉論，如果呈相沖或相剋，則以凶論。

用年轉換成天干、地支

大多數的人只知道出生年是民國幾年而不知道該年的天干、地支，以下就跟各位說明簡單的年干支換算法。

天干算法：將民國出生年之個位數減去2，「餘數」就是年天干，請對照表格。

餘數	1	2	3	4	5	6	7	8	9	0
天干	甲	乙	丙	丁	戊	己	庚	辛	壬	癸

地支算法：將民國出生年除以12，「餘數」就是年地支，請對照表格。

餘數	1	2	3	4	5	6	7	8	9	10	11	12
地支	子	丑	寅	卯	辰	巳	午	未	申	酉	戌	亥

例：民國47年生人

7-2=5→年天干=戊

47/12=3餘數=11　11→年地支=戌

所以47年爲戊戌年

例：民國51年生人

1-2=-1　1不夠減2所以要借10　11-2=9　→年天干=壬

51/12=4餘數=3　3→年地支=寅

所以51年爲壬寅年

例：民國52年生人

2-2=0→年天干=癸

52/12=4餘數=4　4→年地支=卯

所以52年爲癸卯年

用天干、地支轉換成民國幾年

例：有一個人出生是戊戌年，如何轉成民國年。

個位數算法：將天干（戊5）加2=年的個位數，5（戊）+2=7。

餘數	1	2	3	4	5	6	7	8	9	0
天干	甲	乙	丙	丁	戊	己	庚	辛	壬	癸

十位數算法：將地支(戌11)定爲分母，一直加12的倍數直到個位數是7。

餘數	1	2	3	4	5	6	7	8	9	10	11	12
地支	子	丑	寅	卯	辰	巳	午	未	申	酉	戌	亥

以戊戌年爲例

將天干（戊5）加2＝民國幾年的個位數，（戊5）加2＝7

將地支（戌11）定爲分母，一直加12的倍數直到個位數是7

11+12+12+12＝47，加3次12再加分母11剛好＝47，個位數是7，符合條件

所以戊戌年＝47年次

以壬寅年爲例

將天干（壬9）加2＝民國幾年的個位數，（壬9）加2＝11，超過十取個位數，所以取1

將地支（寅3）定爲分母，一直加12的倍數直到個位數是1

3+12+12+12+12＝5，加4次12再加分母3剛好=51，個位數是1，符合條件

所以壬寅年＝51年次

第九節　二十四節氣爲什麼要背呢？

爲什麼要瞭解節氣、因爲排八字命盤需要考慮節氣，排八字命盤之年月歸屬是以節爲換算基準，而不是看氣，有很多讀者常會犯錯，以氣爲基準或是以萬年曆中的月份格子爲基準，這是不對的，排命盤時該特別注意。至於每年或每月幾號該換節氣，請參考萬年曆就有詳細說明。

月建	月份	節	氣
寅月	1月	立春	雨水
卯月	2月	驚蟄	春分
辰月	3月	清明	穀雨
巳月	4月	立夏	小滿
午月	5月	芒種	夏至
未月	6月	小暑	大暑
申月	7月	立秋	處暑
酉月	8月	白露	秋分
戌月	9月	寒露	霜降
亥月	10月	立冬	小雪
子月	11月	大雪	冬至
丑月	12月	小寒	大寒

《二十四節氣之各節氣名稱含義》

◎立春—感覺春天開始了。

雨水—春天到了有小雨綿綿的感覺，因冰雪漸漸溶化成水。

◎驚蟄—天空中有時會打雷，因而驚嚇冬眠之昆蟲，有的會爬出地面。

春分—春天已過了一半。

◎清明—天氣看起來有晴朗舒暢的感覺，又是春暖花開，眞是好風景。

穀雨—農夫已開始插秧種田了，也祈求天公下雨來滋潤穀物。

◎立夏—夏天開始了。

小滿—所播種的稻子及穀物已慢慢結滿豐實的果子。

◎芒種—所播種的穀物已長出鮮嫩的芽了。

夏至—夏天已過一半。

◎小暑—天氣漸漸感覺有點熱的樣子。

大暑—天氣漸漸感覺更加熱了。

◎立秋—感覺秋天開始了。

處暑—天氣還處在充滿熱氣的感覺之中。

◎白露—秋天的氣息漸漸濃，但在早晚都會有露水。

秋分—秋天已過一半。

◎寒露—天氣感覺到寒意漸漸濃起來，夜間時有發現較多露水。

霜降—秋天將要過了，外面的露水有的將要結霜。

◎立冬—冬天開始了。

小雪—氣候漸漸寒冷，外面會下點小雪。

◎大雪—大寒的天氣已紛飛。

冬至—冬天已過一半。晝最短、夜最長。

◎小寒—快到了下雪期間，氣候感覺有點寒冷。

大寒—氣候到了嚴寒之時。

以上有◎的叫作節，沒有叫氣，排四柱八字時是以節做轉換基準。

巳 立夏 小便滿	午 馬殺雞 夏至	未 小便 大便	申 立秋 處死
辰 墳墓 稻穀			酉 白露 秋分
卯 鏡子 春分			戌 含骨頭 霧峰
寅 立春 雨水	丑 小寒 大寒	子 大雪 冬至	亥 立冬 小雪

「二十四節氣之各節氣名稱含義」運用快速記憶法來記

一月份寅（老虎）◎立春—。雨水—。老虎◎站立在灑尿像雨水那麼大。

二月份卯（兔子）◎驚蟄—。春分—。兔子◎站在鏡子前春分。

三月份辰（龍）◎清明—。穀雨—。龍◎在墳墓上吃稻穀。

四月份巳（蛇）◎立夏—。小滿—。蛇◎被罰站嚇到小便滿起來。
五月份午（馬）◎芒種—。夏至—。馬◎去馬殺雞茫舒舒，被抓包嚇一跳。
六月份未（羊）◎小暑—。大暑—。羊◎站著小便後又大便。
七月份申（猴子）◎立秋—。處暑—。猴子◎直直站立要被處死。
八月份酉（雞）◎白露—。秋分—。雞◎露出白色羽毛又分開一半。
九月份戌（狗）◎寒露—。霜降—。狗◎很寒冷又發抖，因爲外面在下霜。
十月份亥（豬）◎立冬—。小雪—。豬◎站立不動在玩雪。
十一月份子（老鼠）◎大雪—。冬至—。老鼠◎在大雪山被凍死了。
十二月份丑（牛）◎小寒—。大寒—。牛◎在牛棚小聲喊，然後又大聲喊。
如果還不熟，請上網站觀看線上教學影片或下載影片　網站www.abab.com.tw
瞭解了排八字所需要的條件和命盤所有的格式及五行所代表的意義後，接下來就必須知道從什麼地方開始將命盤中的每一項答案找出來，那就是八字排盤，以下就開始來排八字。

P3 命盤範例

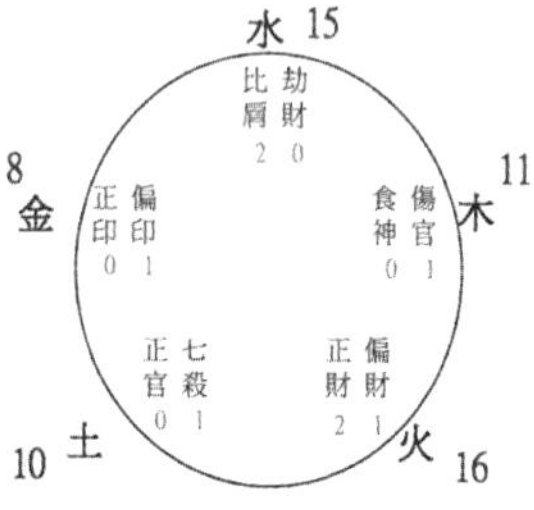

出生後4年3個月又9天交大運

星座：射手座
忌神：火
喜用神：水金
空亡：寅卯申酉
血型：A
格局：建祿格
命宮：癸未
胎元：戊寅
胎息：丁未
天運五行：火

姓名	P3	性別	女	
西元	1965 年			
20	24	11	54	國曆
20	2	11	54	農曆
時	日	月	年	日期
偏印	日元	正財	傷官	主星
庚 金	壬 水 ←合→	丁 火	乙 木	天干
戊 土 ←半三合→	午 火	亥 水 ←沖→	巳 火	地支
丁辛戊 火金土	己丁 土火	甲壬 木水	庚戊丙 金土火	藏干
正財 正印 七殺	正官 正財	食神 比肩	偏印 七殺 偏財	副星
冠帶 49-64	胎 33-48	臨官 17-32	絕 1-16	十二運星
魁罡 華蓋 天德合 紅鸞	將星 飛刃 桃花	劫煞 祿神 血刃 歲破	亡神 天乙貴人 月破 天德貴人	特星神煞

（天干：庚←合→乙；壬←合→丁）

75-84	65-74	55-64	45-54	35-44	25-34	15-24	5-14	歲
乙未	甲午	癸巳	壬辰	辛卯	庚寅	己丑	戊子	大運

104 (51歲)	101 (48歲)	98 (45歲)	95 (42歲)	92 (39歲)	年
乙 傷官 未 正官	壬 比肩 辰 七殺	己 正官 丑 正官	丙 偏財 戌 七殺	癸 劫財 未 正官	干支
喪門	病符	白虎	小耗	喪門	神煞
105 (52歲)	**102 (49歲)**	**99 (46歲)**	**96 (43歲)**	**93 (40歲)**	**年**
丙 偏財 申 偏印	癸 劫財 巳 偏財	庚 偏印 寅 食神	丁 正財 亥 比肩	甲 食神 申 偏印	干支
太陰	太歲	福德	歲破	太陰	神煞
106 (53歲)	**103 (50歲)**	**100 (47歲)**	**97 (44歲)**	**94 (41歲)**	**年**
丁 正財 酉 正印	甲 食神 午 正財	辛 正印 卯 傷官	戊 七殺 子 劫財	乙 傷官 酉 正印	干支
五鬼	太陽	天狗	龍德	五鬼	神煞

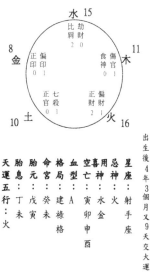

第十一章

如何開始排八字

八字「命造」，乃是將人的出生年、月、日、時查萬年曆而成，當然手上需備有一本萬年曆。

排出來的八字共有四柱：第一柱爲年柱干支，第二柱爲月柱干支，第三柱爲日柱干支，第四柱爲時柱干支，一般都是先排年柱，其次月柱、日柱，再排時柱。

在P3表格中

第一柱　乙巳　稱年柱——是看幼年、少年情況，也代表「祖先」、「長輩」的狀況。

第二柱　丁亥　稱月柱——是看青年、成年情況，也代表「父母」、「兄弟」的狀況。

第三柱　壬午　稱日柱——是看壯年、中年情況，也代表「本身」、「配偶」的狀況。

第四柱　庚戌　稱時柱——是看晚年、老年情況，也代表「子息」、「事業」的狀況。

第一節　如何開始排年柱

年柱之交界是以「立春」（節）爲分界。

在「立春」之後者，算今年的干支。

在「立春」之前者，算去年的干支。

要排四柱八字一定要有一本萬年曆來查閱每年、每月、交節氣正確的日期、時辰、分秒。

例如民國五十四年交「立春」的時間是：

國曆二月四日辰時8時47分，

即陰曆正月初三日辰時8時47分。

在立春前（即陰曆正月初三日辰時8時47分之前）出生的人，要算是去年民國五十三年「甲辰」爲其年柱。

在立春後（即陰曆正月初三日辰時8時47分之後）出生的人，要算是今年民國五十四年「乙巳」爲其年柱。

爲什麼會這樣？請查萬年曆就知道。

以P3命盤舉例說明：

㈠有一個人的出生年月日是陰曆54年11月2日20時（國曆：54年11月24日20時），其八字年柱命盤爲何？

如果手上有萬年曆，請直接查萬年曆：該員是在立春後（即陰曆正月初三日辰時8時47分之後）出生的人，要算是今年民國五十四年「乙巳」爲其年柱。

也有一種簡單的年干支換算法如下：

天干算法：將民國出生年之個位數減去2，「餘數」就是年天干，請對照表格。

地支算法：將民國出生年除以12，「餘數」就是年地支，請對照表格。

餘數	1	2	3	4	5	6	7	8	9	0
天干	甲	乙	丙	丁	戊	己	庚	辛	壬	癸

餘數	1	2	3	4	5	6	7	8	9	10	11	12
地支	子	丑	寅	卯	辰	巳	午	未	申	酉	戌	亥

例：民國54年生人

4-2=2→年天干=乙

54/12=4餘數=6 6→年地支=巳

所以54年爲乙巳年

例：民國47年生人

7-2=5→年天干=戊

47/12=3餘數=11 11→年地支=戌

所以47年爲戊戌年

此種方法有缺點，因爲出生在國曆一、二月的人並不知道交節氣（立春）了沒。

每年的立春大約是在國曆的2月4日或5日（大概錯不了）。

第二節　如何開始排月柱

㈠排月柱時就需用五虎遁歌訣來作標準架構

甲己之年從丙算、乙庚之年從戊算、

丙辛必定從庚起、丁壬就輪壬起始、

戊癸當然就從甲開始。

月份＼天干	甲己	乙庚	丙辛	丁壬	戊癸
1月 寅	丙寅	戊寅	庚寅	壬寅	甲寅
2月 卯	丁卯	己卯	辛卯	癸卯	乙卯
3月 辰	戊辰	庚辰	壬辰	甲辰	丙辰
4月 巳	己巳	辛巳	癸巳	乙巳	丁巳
5月 午	庚午	壬午	甲午	丙午	戊午
6月 未	辛未	癸未	乙未	丁未	己未
7月 申	壬申	甲申	丙申	戊申	庚申
8月 酉	癸酉	乙酉	丁酉	己酉	辛酉
9月 戌	甲戌	丙戌	戊戌	庚戌	壬戌
10月 亥	乙亥	丁亥	己亥	辛亥	癸亥
11月 子	丙子	戊子	庚子	壬子	甲子
12月 丑	丁丑	己丑	辛丑	癸丑	乙丑

排月柱要注意出生當天有沒有跨該月之節，如未到當月之節，就要算上個月的天干、地支（有很多人算錯，要特別注意）。

㈡一個人的出生年月日是陰曆54年11月2日20時生，其八字命盤月柱爲何？查萬年曆得知，因11月2日尚未交11月令，所以月要算10月令（丁亥），請看上表得知，11月應該是戊子月，那爲什麼要算丁亥月呢？因爲11月2日尚未交到11月的節令，要到11月15日申時才交節令，才能算戊子月。

第三節　如何開始排日柱

查【萬年曆】即知日柱的天干地支。

出生年月日陰曆是54年11月2日20時生，其八字命盤日柱為何？查「萬年曆」即知，2日之干支為壬午日。

用另一種方法也可算出日柱的干支喔。

五十分鐘背會一本萬年曆，不用萬年曆也可知道每天的天干、地支喔。

學過八字的人一定都知道排八字年柱、月柱、時柱都可以推算出來，唯一日柱就一定得查萬年曆才可知道，全國的命理師也都想不出推算日柱的方法，本人就以運用快速記憶法來解開千年不傳之方法。

用以下之表格可查出一～二〇〇年每日的干支（此法是用國曆換算），出門帶這張就ok。

此表之公式由民國元年到民國一百一十二年的每日天干地支都可從表中查出。

PS：如學會超記憶也可以不用看表，約50分鐘就可將兩百年每天干支背出來，如要學會快速記憶兩百年之每天的天干、地支記憶法，請購買一片DVD教學片，保證您一定會學會此項方法，以下為簡表可當查詢用。

潤年	年次	代表數字	年次	代表數字	年次	代表數字	年次	代表數字
✻	1.	12	29.	39	57.	6	85.	33
	2.	18	30.	45	58.	12	86.	39
	3.	23	31.	50	59.	17	87.	44
	4.	28	32.	55	60.	22	88.	49.
✻	5.	33	33.	0	61.	27	89.	54
	6.	39	34.	6	62.	33	90.	0
	7.	44	35.	11	63.	38	91.	5
	8.	49	36.	16	64.	43	92.	10
✻	9.	54	37.	21	65.	48	93.	15
	10.	0	38.	27	66.	54	94.	21
	11.	5	39.	32	67.	59	95.	26
	12.	10	40.	37	68.	4	96.	31
✻	13.	15	41.	42	69.	9	97.	36
	14.	21	42	48	70.	15	98.	42
	15.	26	43.	53	71.	20	99.	47
	16.	31	44.	58	72.	25	100.	52
✻	17.	36	45.	3	73.	30	101	57
	18.	42	46.	9	74.	36	102	3
	19.	47	47.	14	75.	41	103	8
	20.	52	48.	19	76.	46	104	13
✻	21.	57	49.	24	77.	51	105	15
	22.	3	50.	30	78.	57	106	21
	23.	8	51.	35	79.	2	107	26
	24.	13	52.	40	80.	7	108	31
✻	25.	18	53.	45	81.	12	109	36
	26.	24	54.	51	82.	18	110	42
	27.	29	55.	56	83.	23	111	47
	28.	34	56.	1	84.	28	112	52

天干	代表數字	地支	代表數字	月令	代表數字	備註
甲	1.	子	1.	1月	31	◎先換算有無潤年
乙	2.	丑	2.	2月	59	
丙	3.	寅	3.	3月	30	
丁	4.	卯	4.	4月	0	
戊	5.	辰	5.	5月	31	※者該橫排全爲潤年 所查詢之年如爲潤年時3月1日以後需多加1天
己	6.	巳	6.	6月	1	
庚	7.	午	7.	7月	32	
辛	8.	未	8.	8月	3	
壬	9.	申	9.	9月	33	
癸	10.	酉	10.	10月	4	◎如所查詢之月份爲4月份請直接查3月份之數字通通通（往前一個月）
		戌	11.	11月	34	
		亥	12.	12月	5	

年	圖像數字	公式	加總	月令	圖象數字
1	鉛筆12	時鐘	5	鼠	三義木雕
2	鴨子18	十八銅人	5	牛	無救了
10	十字架0	游泳圈	5	虎	三菱跑車
18	十八銅人42	蘇俄	6	兔	游泳圈
26	河流24	和室	5	龍	三義木雕
34	沙士6	櫻桃	5	蛇	鉛筆
42	蘇俄48	書包	5	馬	嫦娥
50	伍拾元30	三菱跑車		羊	山
58	我爸爸12	鬧鐘		猴	三商百貨
66	溜溜球54	武士		雞	帆船
74	騎士36	山鹿		狗	沙士
82	白鵝18	十八銅人		豬	五隻手指
90	90手槍0	游泳圈			
98	十八銅人42	蘇俄			

此方法就是不用帶萬年曆就可以用這個表格得知每天的天干、地支。

例一：此方法需用國曆來換算

54年11月24日

⑴54年次查表=代表數字51

⑵11月令查表=（請看10月令之數字）=4（這是公式）

⑶24日=就是24

將⑴⑵⑶三組數字相加

51+4+24=79

查表中之天干、地支所代表的數字爲何?再將總數79，用以下公式換算

79之個位數=天干 個位數9=天干代表=【壬】

將79÷12=6餘數7=7就是地支=【午】

答案：【壬午日】

例二：

98年5月26日

(1)98年查表=代表數字42

(2)5月查表=（看4月令之數字）=0（這是公式）

(3)26日=就是26

將(1)(2)(3)三組數字相加

42+0+26=68

查表中之天干、地支所代表的數字爲何？再將總數68用以下公式換算

68之個位數=天干8=【辛】

68÷12=5餘數8=地支=【未】

答：【辛未日】

例三：

國曆47年5月19日查表

47年=14

5月=0【看4月】

19日=19

14+0+19=33

個位數=3天干=丙

33÷12=餘數9地支=申

答：【丙申】

如果該年有潤年時的算法

表中在每年前方有※號則該年爲潤年

※者該橫排全爲潤年，所查詢之年如爲潤年時，3月1日以後需多加1天

例四：

國曆53年7月24日查表

53年=45

7月=1+1（看6月）（閏月）請看備註欄

24日=24

45+1+1（閏年）+24=71

個位數=1天干=甲

71÷12=5餘數11 地支=戌

答：【甲戌】

例五：

國曆93年9月16日查表

93年=15

9月=3+1（看8月）（閏月）請看備註欄

16日=16

15+4+16=35

個位數=5 天干=戊

35÷12=2餘數11地支=戌

答：【戊戌】

第四節　如何開始排時柱

出生年月日是54年11月2日20時生（國曆54年11月24日20時）。

因已得知2日爲壬午日。因20時查時支表爲戌時,所以將天干【壬】對應到「五鼠遁日起時表」的【戌】可得庚,得知該時爲【庚戌時】。

所以用「五鼠遁日起時表」,即可得知時柱。

※早子時出生的人日干不變直接推時干，晚子時出生的人日干需往下推一日後用該日之日干再來推時干（但日的干支不變）。

以p3命盤爲例,如爲2日（壬午）早子時出生（查時支表得）,日干不變查「五鼠遁日起時表」得庚子時。

如爲2日（壬午）晚子時出生（查時支表得）,日干往下推一日查「五鼠遁日起時表」得壬子時。

五鼠遁日起時表

時辰＼日干	甲己	乙庚	丙辛	丁壬	戊癸
子時	甲	丙	戊	庚	壬
丑時	乙	丁	己	辛	癸
寅時	丙	戊	庚	壬	甲
卯時	丁	己	辛	癸	乙
辰時	戊	庚	壬	甲	丙
巳時	己	辛	癸	乙	丁
午時	庚	壬	甲	丙	戊
未時	辛	癸	乙	丁	己
申時	壬	甲	丙	戊	庚
酉時	癸	乙	丁	己	辛
戌時	甲	丙	戊	庚	壬
亥時	乙	丁	己	辛	癸

時支表

時支	時間
晚子	時間晚上 11 點～0 點
早子	凌晨 0 點～01 點
丑時	凌晨 01 點～03 點
寅時	凌晨 03 點～05 點
卯時	上午 05 點～07 點
辰時	上午 07 點～09 點
巳時	上午 09 點～11 點
午時	上午 11 點～01 點
未時	下午 01 點～03 點
申時	下午 03 點～05 點
酉時	下午 05 點～07 點
戌時	下午 07 點～09 點
亥時	下午 09 點～11 點

◎生時不知道的人，可用瞑想式卜卦法。

先祈禱（心中想像平常所信仰的神明）然後瞑想從一唸到二十四之後在手機鍵盤上按兩

個數字，如果數字爲24以下，這個數字就是您的出生時辰，如果數字超過24，請減24讓數字低於24，所得即爲答案。此方法是運用神助的方式來幫我們查（很準），也可以用下列方法對應看看，如果您是家中男一、四、七胎，女二、五、八胎，那有可能出生在子、午、卯、酉時；如果您是家中男二、五、八胎，女三、六、九胎，那有可能出生在辰、戌、丑、未時；如果您是家中男三、六、九胎，女一、四、七胎，那有可能出生在、寅、申、巳、亥時，經過年、月、日、時的排法得知，出生年月日是54年11月2日20時生（國曆54年11月24日20時）的四柱分別是：

乙巳年、丁亥月、壬午日、庚戌時，請看P3命盤查對。

第五節　如何開始排大運及歲數

大運排法

因爲要排八字大運，需知道是陽男或陽女，或陰男或陰女，查以下表格可得知。

生年天干	甲丙戊庚壬	或年次個位數爲單數	叫陽男或陽女
生年天干	乙丁己辛癸	或年次個位數爲雙數	叫陰男或陰女

例：民國58年生人

1、58年爲「己酉」年，己爲陰干，故稱爲陰男或陰女。

2、58個位數爲「8」，8爲雙數，故稱爲陰男或陰女。

例：民國69年生人

1、69年爲「庚」年，庚爲陽干，故叫陽男或陽女。

2、69年個位數爲「9」，爲單數，故叫陽男或陽女。

排八字大運，均依陽男陰女順數、陽女陰男逆推來排定。

以「月柱」之天干、地支爲基準，依陽男陰女順行，陰男陽女逆行排法，塡入命盤表格中。

例一：男命出生年月日是54年11月2日20時生（國曆54年11月24日20時）

經查萬年曆　年＝乙巳

經查萬年曆　月＝丁亥　因54年為陰，故為陰男→大運為逆行：以月柱丁亥（為基準逆排）

大運干支　丙戌　乙酉　甲申　癸未　壬午　辛巳　庚辰　己卯

例二：女命民國56年2月14日未時生（國曆56年3月24日14時）

經查萬年曆　年＝丁未

經查萬年曆　月＝癸卯　因56年為陰，故為陰女→大運為順行：以月柱癸卯（為基準順排）

大運干支　甲辰　乙巳　丙午　丁未　戊申　己酉　庚戌　辛亥

※一般命理家在排大運時，通常排八柱（八大運）。一柱十年，八柱共八十年。

第六節　排大運歲數如何起算

方法㈠直接查萬年曆

1、陽男陰女順行，由出生日時算起，順算至下月之「節」爲止，共有幾日幾時。

2、陰男陽女逆行，由出生日時算起，逆算至上月之「節」爲止，共有幾日幾時。

3、將總計之日時，以三日折算一歲，一日折算四個月，一時辰折算十天，將其加總就知道是幾歲起大運了。

4、所謂算到「節」就是：以立春、驚蟄、清明、立夏、芒種、小暑、立秋、白露、寒露、立冬、大雪、小寒爲結束。

計算公式說明如下：

例一：男命出生年月日是陰曆54年11月2日20時生（國曆54年11月24日20時），查萬年曆2日壬午日，陰男陽女逆推，從2日逆算到上個月的「節立冬15號子時」共17日，以三日爲1歲，17÷3=5餘2天，加一歲就以6歲起大運

例二：女命出生年月日是陰曆54年11月2日20時生（國曆54年11月24日20時），查萬年曆2日壬午日，陽男陰女順數，從2日順數到本月的「節大雪15號申時」共11日又13小時，

以三日為1歲，11÷3=3 歲餘2日，又13小時就算加一歲，所以該女為4歲起大運。

方法(二)

計算公式說明如下：

1、應特別留意：各月份有二十九天也有三十天，因為一日折算四個月影響很大。

2、接下來用日時相減，若日小需向月借位時，特別注意是借「二十九日」或「三十日」來減。

3、如果陽男陰女用「節」減出生日（請查萬年曆）；陰男陽女用出生日減「節」。

4、一律以大數目減小數目。能整除或餘數為2，都要加1歲。

例一：男命出生年月日是54年11月2日20時生（國曆54年11月24日20時），陰男陽女用出生日減「節」，經查54、11、2該月=30天，因2日不夠減-15（上月節）所以要借30，2日加30=32-15=17÷3=5餘2要加1，5歲加1=6，所以該員的第一大運從6歲起算

例二：女命出生年月日是54年11月2日20時生（國曆54年11月24日20時），陽男陰女用「節」減出生日，經查54、11、2節氣＝15日（下月節）—出生2日＝13日÷3＝4餘1＝4，所以該員的第一大運從4歲起算

第七節　如何安命宮，安命宮對照表

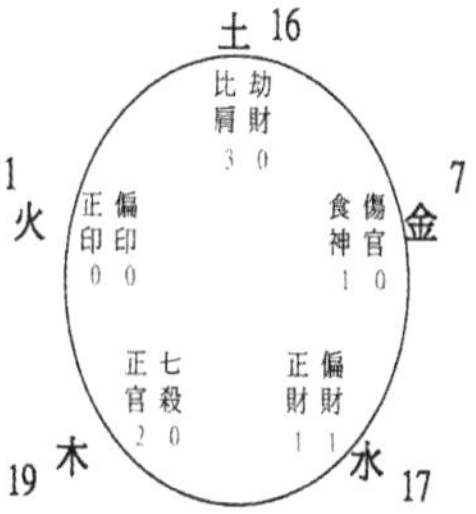

出生後3年6個月又24天交大運

星座：射手座
忌神：水木
喜用神：土火
空亡：辰巳寅卯
血型：AB
格局：偏財格
命宮：甲寅
胎元：甲寅
胎息：癸巳
天運五行：木

姓名	P4		性別	男
西元	1958 年			
6	27	11	47	國曆
6	17	10	47	農曆
時	日	月	年	日期
正官	日元	正財	比肩	主星
乙 木	戊 土	癸 水（←合→）	戊 土（←合→）	天干
卯 木	申 金	亥 水	戌 土	地支
乙 木	戊壬庚 土水金	甲壬 木水	丁辛戊 火金土	藏干
正官	比肩 偏財 食神	七殺 偏財	正印 傷官 比肩	副星
沐浴 49-64	病 33-48	絕 17-32	墓 1-16	十二運星
桃花 天德貴人 沐浴	天狗 文昌 福星貴 孤鸞	天喜 劫煞 血刃 亡神 孤辰	墓庫 隔角 魁罡	特星神煞

地支：半三合、害、合

75-84	65-74	55-64	45-54	35-44	25-34	15-24	5-14	歲
辛未	庚午	己巳	戊辰	丁卯	丙寅	乙丑	甲子	大運

104 (58歲)	101 (55歲)	98 (52歲)	95 (49歲)	92 (46歲)	年
乙 正官 未 劫財	壬 偏財 辰 比肩	己 劫財 丑 劫財	丙 偏印 戌 比肩	癸 正財 未 劫財	干支
福德	歲破	太陰	太歲	福德	神煞
105 (59歲)	102 (56歲)	99 (53歲)	96 (50歲)	93 (47歲)	年
丙 偏印 申 食神	癸 正財 巳 偏印	庚 食神 寅 七殺	丁 正印 亥 偏財	甲 七殺 申 食神	干支
天狗	龍德	五鬼	太陽	天狗	神煞
106 (60歲)	103 (57歲)	100 (54歲)	97 (51歲)	94 (48歲)	年
丁 正印 酉 傷官	甲 七殺 午 正印	辛 傷官 卯 正官	戊 比肩 子 正財	乙 正官 酉 傷官	干支
病符	白虎	小耗	喪門	病符	神煞

例：生日爲農曆47年9月10日6時生的人，命宮在哪一宮？查萬年曆9月10日之中氣不是霜降而是上個月秋分才對，依公式得生在9月中氣爲秋分照表格對下來的卯時，可得答案是辰宮

該員出生年爲戊年生，所以將戊去對應辰，可得丙，所以該員之命宮爲丙辰

命宮也可當四柱外的另一柱，論法可以用命宮的干支跟命盤四柱來比較，可以論吉凶了。

命宮現象詳解

論命宮：有許多老師就直接用命宮來論斷一個人的特性，以下爲各宮之解釋：

◎命宮在子宮的人：一般都是屬於個性堅強，意志堅定，而不論對人對事不記恨、寬宏大量。處事態度尙稱明快，做事文雅動人，不消極厭世且有念舊之情，夫妻間屬於夫唱婦隨、恩愛恆久型，聰明、專長有過人之處，但有時會標新立異，主觀過強，發言不當，對於事務判斷有獨特看法。

◎命宮在丑宮的人：一般都是屬於舉止有風度且幽默，頗有冷面笑匠之天分，志向遠

大，喜歡建立功勳，也會不計較本身利益。但有時會以教訓之態度來待人，這樣的行爲也許可博得信任，但可能會因鋒芒畢露，容易遭受怨言，而阻礙事業之進展。

◎命宮在寅宮的人：一般都是屬於性情活潑，舉止談吐間會令人有深刻之印象，尤其在童年時已可見剛毅的個性，目光敏銳有神，全身富衝刺力，但喜抄捷徑來達目的。無論任何事，如不能與人共享其成果，有可能變孤單，一定要謙虛待人才不失爲有仁者之風度。一生交友甚廣，人緣不錯。

◎命宮在卯宮的人：一般都是屬於可能在少年時體質較弱，到青年期身體較強健，但容易血氣方剛，有時會因小事而動怒，易釀成跟人有爭端的行爲。成年後性格變爲嚴謹。能克己自律，一生觀察力強，善惡能分明，易吸引他人欣賞。

◎命宮在辰宮的人：一般都是屬於看起來性格溫和、儀表文雅、彬彬有禮的型，一生也樂於爲人排解爭端，凡事思慮周到，是一個中道之人，但往往熱忱過度，無暇自顧親人的感受、建議有時需量力而爲。

◎命宮在巳宮的人：一般都是屬於個性及態度算是蠻沉靜的，是一個思慮細膩之人，但有時喜吹毛求疵，以致判斷失當而影響大局。做事業的手段很精明，處事有條不紊，經商做生意往往能積小成大，是一個前途無量之格。

◎命宮在午宮的人：一般都是屬於天生具有高尚之性格，充滿野心和熱誠之特質。意志堅定，個性上會不顧險阻，衝動熱情，理想高，有傲氣。爲了目的會企圖用投機的方法來達成出人頭地的目的，一生不願屈就。待人雖和藹可親，無非是想以籠絡之手段來取悅他人，以達到利己之發展。如能戒除驕傲的本質自能成功。

◎命宮在未宮的人：一般都是屬於辦事算蠻嚴謹的，工作也算謹慎，且有很好之領悟力和觀察力，在您的一舉一動中，看外表有點膽怯，但性格則是敏感而易怒，外表柔順、但內心則極堅強，不肯輕易接納他人意見。個性有時喜沉思，想像力豐富，有時易沉迷於聲色之地，需改掉一些不好的習慣喔。

◎命宮在申宮的人：一般都是屬於具有雙重性格之人，有時很自信樂觀，有時又是多疑且考慮過多之人，常自我矛盾。爲人反應極爲機警，能提出新穎建議。剛開始從事行業時不宜存有太大的得失之心，以免半途而廢，希望能有始有終，否則成功就離您越來越遠了。

◎命宮在酉宮的人：一般都是屬於個性沉默且思考細膩、思慮較深較遠、心地也很善良，又是一個忠實可靠之人，但有時脾氣暴躁且固執己見，如不改進，生活就會不好過。風格上一般有過人之處，有時又會標新立異，主觀過強，發言不當之情況發生，對於事務判斷總有獨特看法。

◎命宮在戌宮的人：一般都是屬於行動敏捷，工作充滿熱誠，事情計劃有緒，會全力以赴，做人不囉唆但有時顧慮不周，缺乏忍耐性有時會壞了事。故需學會控制自己，不要太躁進，一切才能納入正軌以致成功。

◎命宮在亥宮的人：一般都是屬於爲人情感濃厚，神經敏銳，待人接物很熱情，看似一個好人，做事時要考慮本身能力，當能力不足時不要輕舉妄動，有時又會失去理智，無視個人財務狀況，一股腦兒願與親友共享。

第八節　安四柱八字十神一覽表

姓名	P5		性別	男
西元	1993 年			

20	26	3	82	國曆
20	4	3	82	農曆
時	日	月	年	日期
食神	日元	正印	正官	主星
戊 土	丙 火	乙 木	癸 水	天干
戊 土	午 火	卯 木	酉 金	地支
丁辛戊 火金土	己丁 土火	乙 木	辛 金	藏干
劫正食 財財神	傷劫 官財	正印	正財	副星
墓 49-64	帝旺 33-48	沐浴 17-32	死 1-16	十二運星
魁罡 華蓋 墓庫	羊刃 桃花 福德 紅鸞 孤鸞 六秀日 將星	桃花 沐浴 災煞 歲破	天乙貴人 月破	特星神煞

天干：日干丙與年干癸之間標「合」（乙↔癸）。地支：戊←合→午；戊←半三合→午；卯←沖→酉；午←害→卯。

77－86	67－76	57－66	47－56	37－46	27－36	17－26	7－16	歲
丁未	戊申	己酉	庚戌	辛亥	壬子	癸丑	甲寅	大運

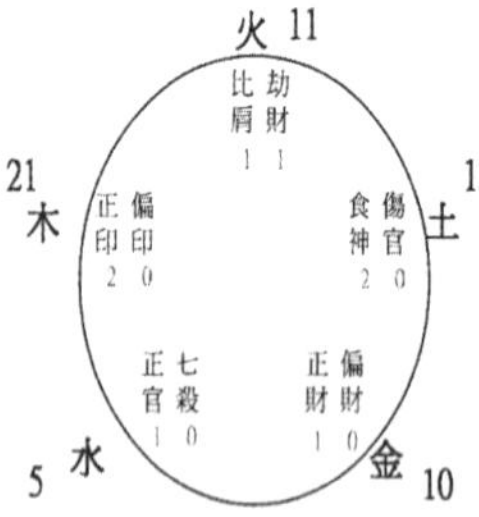

出生後6年11個月又21天交大運

星座：牡羊座
忌神：火木
喜用神：金水
空亡：戌亥寅卯
血型：0
格局：正印格
命宮：乙卯
胎元：丙午
胎息：辛未
天運五行：金

104 (23歲)	101 (20歲)	98 (17歲)	95 (14歲)	92 (11歲)	年
乙 正印 未 傷官	壬 七殺 辰 食神	己 傷官 丑 傷官	丙 比肩 戌 食神	癸 正官 未 傷官	干支
天狗	龍德	五鬼	太陽	天狗	神煞
105 (24歲)	102 (21歲)	99 (18歲)	96 (15歲)	93 (12歲)	年
丙 比肩 申 偏財	癸 正官 巳 比肩	庚 偏財 寅 偏印	丁 劫財 亥 七殺	甲 偏印 申 偏財	干支
病符	白虎	小耗	喪門	病符	神煞
106 (25歲)	103 (22歲)	100 (19歲)	97 (16歲)	94 (13歲)	年
丁 劫財 酉 正財	甲 偏印 午 劫財	辛 正財 卯 正印	戊 食神 子 正官	乙 正印 酉 正財	干支
太歲	福德	歲破	太陰	太歲	神煞

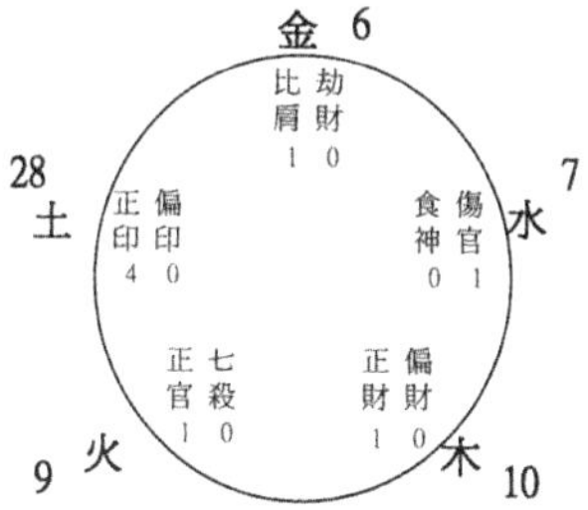

星座：獅子座
忌神：土
喜用神：水木火
空亡：寅卯戌亥
血型：A
格局：正印格
命宮：戊午
胎元：庚戌
胎息：乙未
天運五行：木

出生後8年6個月又18天交大運

姓名	P5-A		性別	男
西元	1973 年			
6	2	8	62	國曆
6	4	7	62	農曆
時	日	月	年	日期
正印	日元	正印	傷官	主星
己 土	庚 金	己 土	癸 水	天干
卯 木	午 火	未 土	丑 土	地支
乙 木	己丁 土火	乙丁己 木火土	辛癸己 金水土	藏干
正財	正正 印官	正正正 財官印	劫傷正 財官印	副星
胎 49-64	沐浴 33-48	冠帶 17-32	墓 1-16	十二運星
月德合 天德合 災煞 喪門 桃花 飛刃	將星 沐浴 元辰 桃花 福星貴	天乙貴人 月德合 天德合 歲破	墓庫 天乙貴人 月破	特星神煞

天干：己（時）剋癸（年）；己（月）剋癸（年）
地支：午（日）害丑（年）；卯（時）午（日）未（月）半三合；午未合；未丑沖

79-88	69-78	59-68	49-58	39-48	29-38	19-28	9-18	歲
辛亥	壬子	癸丑	甲寅	乙卯	丙辰	丁巳	戊午	大運

105 (44歲)	102 (41歲)	99 (38歲)	96 (35歲)	93 (32歲)	年
丙 七殺 申 比肩	癸 傷官 巳 七殺	庚 比肩 寅 偏財	丁 正官 亥 食神	甲 偏財 申 比肩	干支
龍德	五鬼	太陽	天狗	龍德	神煞
106 (45歲)	103 (42歲)	100 (39歲)	97 (36歲)	94 (33歲)	年
丁 正官 酉 劫財	甲 偏財 午 正官	辛 劫財 卯 正財	戊 偏印 子 傷官	乙 正財 酉 劫財	干支
白虎	小耗	喪門	病符	白虎	神煞
107 (46歲)	104 (43歲)	101 (40歲)	98 (37歲)	95 (34歲)	年
戊 偏印 戌 偏印	乙 正財 未 正印	壬 食神 辰 偏印	己 正印 丑 正印	丙 七殺 戌 偏印	干支
福德	歲破	太陰	太歲	福德	神煞

天干十神對照表（圖四）

日主＼天干	甲	乙	丙	丁	戊	己	庚	辛	壬	癸
甲	比肩	劫財	食神	傷官	偏財	正財	偏官	正官	偏印	正印
乙	劫財	比肩	傷官	食神	正財	偏財	正官	偏官	正印	偏印
丙	偏印	正印	比肩	劫財	食神	傷官	偏財	正財	偏官	正官
丁	正印	偏印	劫財	比肩	傷官	食神	正財	偏財	正官	偏官
戊	偏官	正官	偏印	正印	比肩	劫財	食神	傷官	偏財	正財
己	正官	偏官	正印	偏印	劫財	比肩	傷官	食神	正財	偏財
庚	偏財	正財	偏官	正官	偏印	正印	比肩	劫財	食神	傷官
辛	正財	偏財	正官	偏官	正印	偏印	劫財	比肩	傷官	食神
壬	食神	傷官	偏財	正財	偏官	正官	偏印	正印	比肩	劫財
癸	傷官	食神	正財	偏財	正官	偏官	正印	偏印	劫財	比肩

地支藏干十神表（圖五）

在四柱地支藏干中之天干一覽表 如藏干有三字則分主氣、餘氣、雜氣

地支	藏干
子	癸
丑	己癸辛
寅	甲丙戊
卯	乙
辰	戊乙癸
巳	丙庚戊
午	丁己
未	己丁乙
申	庚壬戊
酉	辛
戌	戊辛丁
亥	壬甲

地支藏天干

也就是在地支中暗藏有天干的氣，氣又分爲主氣、餘氣、雜氣，在做八字論斷時必須考慮三種氣的影響力，尤其在做流年、月的論斷必須加以考慮。

排十神是以日元爲中心，然後去對應其他柱之干支，對地支時要看藏干，以P5-A命盤爲例來排十神。

主星：日元爲庚

對應年干癸，查（圖四）可得爲傷官

對應月干己，查（圖四）可得爲正印

對應日干庚，查（圖四）可得爲比肩

對應時干己，查（圖四）可得爲正印

副星：

年支丑，查（圖五）可得爲己、癸、辛，以日元爲庚再去對應（圖四）可得己（正印）、癸（傷官）、辛（劫財）

月支未，查（圖五）可得爲己、丁、乙，以日元爲庚再去對應（圖四）可得爲己（正印）、丁（正官）、乙（正財）

日支午，查（圖五）可得爲丁、己，以日元爲庚再去對應（圖四）可得爲丁（正官）、己（正印）。

時支卯、查（圖五）可得爲乙，以日元爲庚再去對應（圖四）可得爲乙（正財）。

以P5命盤爲例來排十神

主星：日元爲丙

對應年干癸，查（圖四）可得爲正官

對應月干乙，查（圖四）可得爲正印

對應日干丙，查（圖四）可得爲比肩

對應時干戊，查（圖四）可得爲食神

副星：

年支酉，查（圖五）可得爲辛，以日元爲丙再去對應（圖四）可得爲正財

月支卯，查（圖五）可得爲乙，以日元爲丙再去對應（圖四）可得爲正印

日支午，查（圖五）可得爲丁，己、以日元爲丙再去對應（圖四）可得爲丁（劫財）、己（傷官）

時支戌，查（圖五）可得爲戊、辛、丁，以日元爲丙再去對應（圖四）可得爲、戊（食神）、辛（正財）、丁（劫財）。

所以經公式即得P5命盤中之十神主星及副星。

至於十神在本命盤上會有什麼現象？請參考133頁至168頁。

第九節　定八字格局（正格、變格）

格局可分正格、變格，係定格局後就可依何種格局來論斷個性。所謂格局乃根據四柱干支陰陽五行生剋及強弱，一般可分類成各種之命造格局，以作為取喜用神之參考。

八字的格局種類甚多，大致區分為兩大類：第一類為正格，又名普通格局。第二類為變格，又稱特殊格局。

◎正格類型，正格之取法

正格共分為八格：食神格、傷官格、正財格、偏財格、正官格、七殺格、正印格、偏印格。

正格一般都是由月支而來取格局的，即由月支藏干的本氣及餘氣或雜氣查其是否透出天干，來取其十神為格局。

其法述說如下：

如果月支藏干的本氣透出天干時，應優先取其為格。

如果月支藏干的本氣未透天干，則取藏干中透出天干者為格。

如果月支本氣及藏干皆未透天干時，則以月支藏干的中的主氣取為格。

P6命盤範例、正格命盤

姓名	P6		性別	女
西元	1968 年			
6	30	4	57	國曆
6	4	4	57	農曆
時	日	月	年	日期
正印	日元	七殺	偏印	主星
己 土	庚 金 ←剋→	丙 火	戊 土	天干
卯 木 ←害	午 火	辰 土 害→ ←半三合	申 金 半三合→	地支
乙 木	己丁 土火	癸乙戊 水木土	戊壬庚 土水金	藏干
正財	正正 印官	傷正偏 官財印	偏食比 印神肩	副星
胎 49-64	沐浴 33-48	養 17-32	臨官 1-16	十二運星
桃飛六龍 花刃厄德	將沐災天 星浴煞狗 福星貴	寡血流白 宿刃霞虎	孤陽驛祿 辰角馬神	特星神煞

79-88	69-78	59-68	49-58	39-48	29-38	19-28	9-18	歲
戊申	己酉	庚戌	辛亥	壬子	癸丑	甲寅	乙卯	大運

出生後8年4個月又23天交大運

星座：金牛座
忌神：金土
喜用神：水木火
空亡：寅卯戌亥
血型：AB
格局：偏印格
命宮：辛酉
胎元：丁未
胎息：乙未
天運五行：土

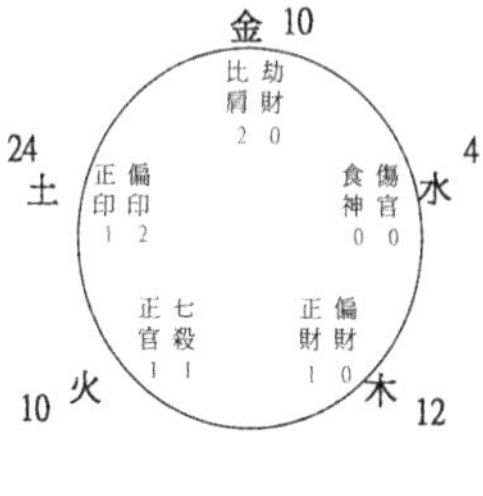

105 (49歲)	102 (46歲)	99 (43歲)	96 (40歲)	93 (37歲)	年
丙 七殺 申 比肩	癸 傷官 巳 七殺	庚 比肩 寅 偏財	丁 正官 亥 食神	甲 偏財 申 比肩	干支
太歲	福德	歲破	太陰	太歲	神煞
106 (50歲)	103 (47歲)	100 (44歲)	97 (41歲)	94 (38歲)	年
丁 正官 酉 劫財	甲 偏財 午 正官	辛 劫財 卯 正財	戊 偏印 子 傷官	乙 正財 酉 劫財	干支
太陽	天狗	龍德	五鬼	太陽	神煞
107 (51歲)	104 (48歲)	101 (45歲)	98 (42歲)	95 (39歲)	年
戊 偏印 戌 偏印	乙 正財 未 正印	壬 食神 辰 偏印	己 正印 丑 正印	丙 七殺 戌 偏印	干支
喪門	病符	白虎	小耗	喪門	神煞

以p6命盤爲例，月支藏干分別主氣是戊（偏印）、餘氣是乙（正財）、雜氣是癸（傷官），以上述條件，如果月支藏干的本氣透出天干時，應優先取其爲格。所以此命盤就是主氣是戊（偏印），該命盤爲偏印格是也

PS：如果月支主氣是劫財或是比肩，則不列入正格，須以特別格局論之。月支是比肩稱之爲（建祿格）。月支爲劫財稱之爲（陽刃格）。但陰干則無陽刃格，以下命盤稱爲陽刃格。

P7命盤

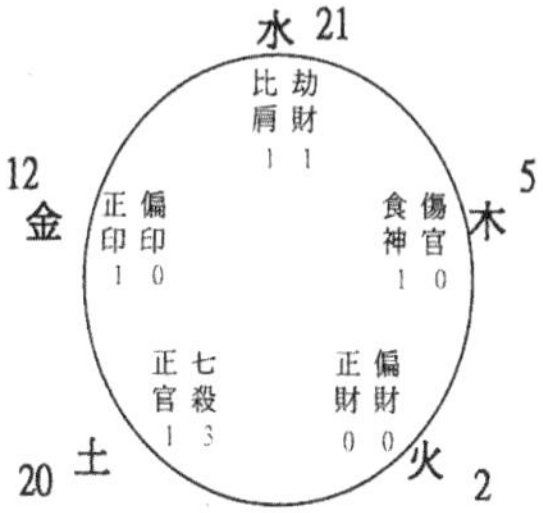

出生後1年3個月又6天交大運

星座：射手座
忌神：水金
喜用神：木火
空亡：辰巳子丑
血型：0
格局：陽刃格
命宮：庚申
胎元：乙卯
胎息：丁卯
天運五行：木

姓名	P7		性別	女
西元	1958 年			
18	11	12	47	國曆
18	1	11	47	農曆
時	日	月	年	日期
正官	日元	食神	七殺	主星
己 土	合 壬 水	剋 甲 木	戊 土 剋	天干
酉 金 害	戌 土 害	子 水	戌 土	地支
辛 金	丁辛戊 火金土	癸 水	丁辛戊 火金土	藏干
正印	正財 正印 七殺	劫財	正財 正印 七殺	副星
沐浴 49-64	冠帶 33-48	帝旺 17-32	冠帶 1-16	十二運星
沐浴 六厄	退神 華蓋 月德貴人 伏吟	紅豔 災煞 血刃 喪門 羊刃 隔角	魁罡 華蓋	特星神煞

72-81	62-71	52-61	42-51	32-41	22-31	12-21	2-11	歲
丙辰	丁巳	戊午	己未	庚申	辛酉	壬戌	癸亥	大運

104 (58歲)	101 (55歲)	98 (52歲)	95 (49歲)	92 (46歲)	年
乙 傷官 未 正官	壬 比肩 辰 七殺	己 正官 丑 正官	丙 偏財 戌 七殺	癸 劫財 未 正官	干支
福德	歲破	太陰	太歲	福德	神煞
105 (59歲)	102 (56歲)	99 (53歲)	96 (50歲)	93 (47歲)	年
丙 偏財 申 偏印	癸 劫財 巳 偏財	庚 偏印 寅 食神	丁 正財 亥 比肩	甲 食神 申 偏印	干支
天狗	龍德	五鬼	太陽	天狗	神煞
106 (60歲)	103 (57歲)	100 (54歲)	97 (51歲)	94 (48歲)	年
丁 正財 酉 正印	甲 食神 午 正財	辛 正印 卯 傷官	戊 七殺 子 劫財	乙 傷官 酉 正印	干支
病符	白虎	小耗	喪門	病符	神煞

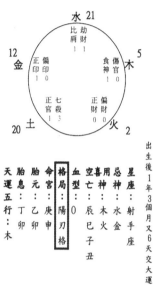

如果您對格局無法從命盤上直接看出來，以下表格可讓您作參考，「正格格局對照表」月支透干者方可取爲格。

格局＼日干月支	甲日	乙日	丙日	丁日	戊日	己日	庚日	辛日	壬日	癸日
建祿	寅	卯	巳	午	巳	午	申	酉	亥	子
月刃	卯		午				酉		子	
正官	酉	申	子	亥	卯	寅	午	巳	丑未	辰戌
七殺	申	酉	亥	子	寅	卯	巳	午	辰戌	丑未
正印	子	亥	卯	寅	午	巳	丑未	辰戌	酉	申
偏印	亥	子	寅	卯	巳	午	辰戌	丑未	申	酉
正財	丑未	辰戌	酉	申	子	亥	卯	寅	午	巳
偏財	辰戌	丑未	申	酉	亥	子	寅	卯	巳	午
食神	巳	午	辰戌	丑未	申	酉	亥	子	寅	卯
傷官	午	巳	丑未	辰戌	酉	申	子	亥	卯	寅

◎變格類型，變格之取法

八字取格局，若符合變格就應先取變格爲格局，若無適合者或變格不純而破格時，再以正格來取之。

變格即稱特別格局，一般分爲下列數種：建祿格、月刃格、專旺格、從格、母吾同心格、子吾同心格、化木格、化火格、化土格、化金格、化水格、半壁格，尚有專旺格有：潤下格、從革格、稼穡格、炎上格、曲直格。

◎現在來談談專旺格的類型

當八字日主五行極強旺時，又當令又得時，四柱中與日干五行相同（比肩、劫財）數量多而又旺時，此命造即可以用專旺格來論之。

※專旺格形成時，最喜歡格局中有食神、傷官來流通其氣，如此方可通關讓運勢源遠流長，富貴自然可得，財運就會有不錯的表現。

※專旺格局中怕見正官、七殺來剋，如果見到即稱爲破格，就必須以正格來論之。

※專旺格局中也怕見正財、偏財來損其旺氣，亦視爲破格，須以正格論之。除非財星只有一顆落於天干且地支不能有，仍勉強可歸類爲專旺格。

※專旺格忌運行官殺，主破敗、疾厄、意外、刑傷來沖剋。

專旺格者，如能走運多爲富貴之命較多，但如不把握運程，落魄者亦不少。當歲運走正官或七殺要謹防破財、災厄、意外、刑傷。

P8命盤範例

姓名	P8		性別	男
西元	1968 年			
14	7	10	57	國曆
14	16	8	57	農曆
時	日	月	年	日期
傷官	日元	劫財	偏印	主星
癸 水	庚 金	辛 金	戊 土	天干
未 土	戌 土	酉 金	申 金	地支
乙丁己 木火土	丁辛戊 火金土	辛 金	戊壬庚 土水金	藏干
正正正 財官印	正劫偏 官財印	劫財	偏食比 印神肩	副星
冠帶 49-64	衰 33-48	帝旺 17-32	臨官 1-16	十二運星
寡宿 天乙貴人 紅鸞	金輿 血刃 月德貴人 喪門 十靈日 魁罡 華蓋 紅豔	羊刃 桃花	驛馬 祿神	特星神煞

（天干：癸、戊 ←合→；地支：戌、酉 ←害→）

71-80	61-70	51-60	41-50	31-40	21-30	11-20	1-10	歲
己巳	戊辰	丁卯	丙寅	乙丑	甲子	癸亥	壬戌	大運

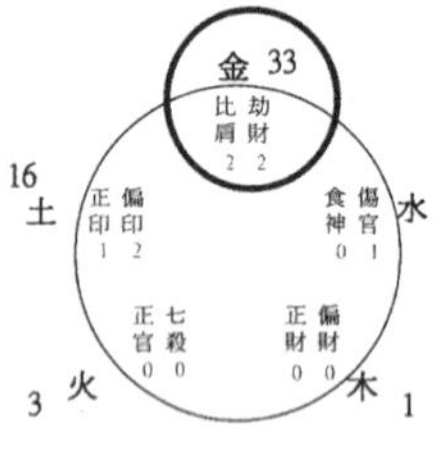

出生後0年3個月又28天交大運

星座：天秤座
忌神：木火
喜用神：土金水
空亡：寅卯寅卯
血型：A
格局：從革格
命宮：甲子
胎元：壬子
胎息：乙卯
天運五行：土

104 (48歲)	101 (45歲)	98 (42歲)	95 (39歲)	92 (36歲)	年
乙 正財 未 正印	壬 食神 辰 偏印	己 正印 丑 正印	丙 七殺 戌 偏印	癸 傷官 未 正印	干支
病符	白虎	小耗	喪門	病符	神煞
105 (49歲)	102 (46歲)	99 (43歲)	96 (40歲)	93 (37歲)	年
丙 七殺 申 比肩	癸 傷官 巳 七殺	庚 比肩 寅 偏財	丁 正官 亥 食神	甲 偏財 申 比肩	干支
太歲	福德	歲破	太陰	太歲	神煞
106 (50歲)	103 (47歲)	100 (44歲)	97 (41歲)	94 (38歲)	年
丁 正官 酉 劫財	甲 偏財 午 正官	辛 劫財 卯 正財	戊 偏印 子 傷官	乙 正財 酉 劫財	干支
太陽	天狗	龍德	五鬼	太陽	神煞

P8命盤就是標準的專旺格（從革格）

下表可明顯看出各種專旺格之條件（特表一）

專旺格	日干	日干、地支五行須是	四柱結構形態		必要條件	喜用神	喜用神	（忌神）
			月支一定須是	四柱地支須有				
曲直格	甲乙	木	寅卯	亥卯未三合木、或寅卯辰三會木、或寅卯	無庚辛申酉金剋木	木（比劫）	水（印星）	金（官殺）
炎上格	丙丁	火	巳午	巳午、或巳午未三會火、或寅午戌三合火	無壬癸亥子水剋火	火（比劫）	木（印星）	水（官殺）
稼穡格	戊己	土	辰戌丑未	辰戌丑未四庫、土多爲佳	無甲乙寅卯木剋土	土（比劫）	火（印星）	木（官殺）
從革格	庚辛	金	申酉	申酉、或申酉戌三會金、或巳酉丑三合金	無丙丁巳午火剋金	金（比劫）	土（印星）	火（官殺）
潤下格	壬癸	水	亥子	亥子、或亥子丑三會水、或申子辰三合水	無戊己辰戌丑未之土剋水	水（比劫）	金（印星）	土（官殺）

以上五種專旺格都有其很明顯的必要條件，請在排盤時仔細對照就可以很正確的定格局了。

曲直格：以下命盤符合曲直格的條件（參考特表一解釋）

【時】	【日】	【月】	【年】
丙子	乙未	丁卯	甲寅

【時】	【日】	【月】	【年】
丙寅	甲辰	丁卯	甲寅

炎上格：以下命盤符合炎上格的條件（參考特表一解釋）

【時】	【日】	【月】	【年】
乙未	丙午	丙午	甲午

【時】	【日】	【月】	【年】
丙午	丁巳	己巳	甲午

稼穡格：以下命盤符合稼穡格的條件（參考特表一解釋）

【時】	【日】	【月】	【年】
癸丑	戊辰	己未	戊戌

【時】	【日】	【月】	【年】
己未	戊辰	己丑	丙午

從革格：以下命盤符合從革格的條件（參考特表一解釋）

【時】	【日】	【月】	【年】
辛巳	庚申	戊戌	辛酉

【時】	【日】	【月】	【年】
癸未	庚戌	辛酉	戊申

潤下格：以下命盤符合潤下格的條件（參考特表一解釋）

【時】	【日】	【月】	【年】
庚子	庚辰	壬申	辛亥

【時】	【日】	【月】	【年】
辛亥	壬申	庚辰	庚子

P9命盤範例

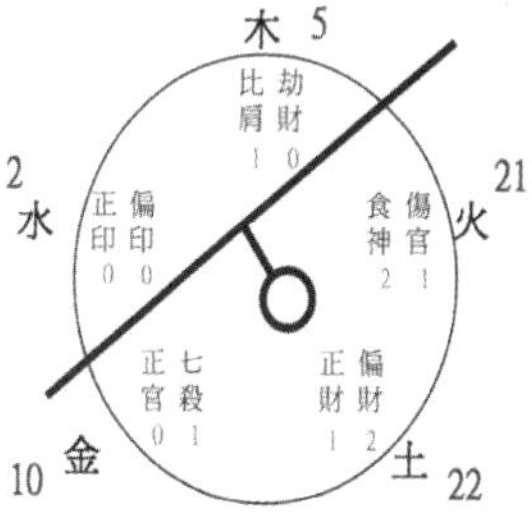

出生後0年4個月又1天交大運

星座：金牛座
忌神：水木
喜用神：火土金
空亡：辰巳午未
血型：A
格局：從勢格
命宮：己未
胎元：戊申
胎息：己巳
天運五行：木

姓名	P9	性別	女
西元	1958 年		

時	日	月	年	日期
9	7	5	47	國曆
9	19	3	47	農曆
正財	日元	傷官	偏財	主星
己 土	甲 木	丁 火	戊 土	天干（甲丁剋；己甲合）
巳 火	申 金	巳 火	戌 土	地支（巳申合；申巳合）
庚戊丙 金土火	戊壬庚 土水金	庚戊丙 金土火	丁辛戊 火金土	藏干
七殺 偏財 食神	偏財 偏印 七殺	七殺 偏財 食神	傷官 正官 偏財	副星
病 49-64	絕 33-48	病 17-32	養 1-16	十二運星
劫煞 文昌 龍德 紅鸞	血刃 天狗	劫煞 文昌 龍德 紅鸞	魁罡 隔角	特星神煞

71-80	61-70	51-60	41-50	31-40	21-30	11-20	1-10	歲
己酉	庚戌	辛亥	壬子	癸丑	甲寅	乙卯	丙辰	大運

104 (58歲)	101 (55歲)	98 (52歲)	95 (49歲)	92 (46歲)	年
乙 劫財 未 正財	壬 偏印 辰 偏財	己 正財 丑 正財	丙 食神 戌 偏財	癸 正印 未 正財	干支
福德	歲破	太陰	太歲	福德	神煞
105 (59歲)	102 (56歲)	99 (53歲)	96 (50歲)	93 (47歲)	年
丙 食神 申 七殺	癸 正印 巳 食神	庚 七殺 寅 比肩	丁 傷官 亥 偏印	甲 比肩 申 七殺	干支
天狗	龍德	五鬼	太陽	天狗	神煞
106 (60歲)	103 (57歲)	100 (54歲)	97 (51歲)	94 (48歲)	年
丁 傷官 酉 正官	甲 比肩 午 傷官	辛 正官 卯 劫財	戊 偏財 子 正印	乙 劫財 酉 正官	干支
病符	白虎	小耗	喪門	病符	神煞

P9 命盤即爲從勢格的命例

還有常見的從格有：從勢格、從兒格、從殺格、從弱格、從財格財（特表二）

從弱格	日干	月支是	結構形態 月支跟年支、日支、時支形成三合或三會	必要條件	用神	（喜神）	（忌神）
從財格	極弱	財星	三合或三會爲財星（四柱地支多財星也算）	無比劫、印星	財星	食傷	比劫印星
從殺格	極弱	官殺	三合或三會爲官殺局（四柱地支多官殺也算）	無食傷、比劫、印星	官殺	財星	比劫印星
從兒格	極弱	食傷	三合或三會爲食傷局（四柱地支多食傷也算）	天干有食傷、全局要財星。無印星、官殺	食傷	比劫財星	官殺印星
從勢格	極弱	財星官殺食傷	四柱干支剋洩耗日干、或財星、或官殺、或食傷、全局非最旺	無比劫、印星	財星或官殺或食傷	食傷財星官殺	比劫印星

以上五種從格都有其很明顯的必要條件，請在排盤時仔細對照就可以很正確的定格局了

從財格：以下命盤符合從財格的條件（參考特表二解釋）

【時】	【日】	【月】	【年】
己丑	丙申	乙酉	庚戌

【時】	【日】	【月】	【年】
乙亥	己亥	癸亥	戊子

從殺格：以下命盤符合從殺格的條件（參考特表二解釋）

【時】	【日】	【月】	【年】
辛未	甲申	辛酉	戊申

【時】	【日】	【月】	【年】
丙戌	庚午	壬寅	丁卯

從兒格：以下命盤符合從兒格的條件（參考特表二解釋）

【時】	【日】	【月】	【年】
丙辰	癸卯	壬寅	丁卯

【時】	【日】	【月】	【年】
己巳	甲午	丙午	丙子

從勢格：以下命盤符合從勢格的條件（參考特表二解釋）

【時】	【日】	【月】	【年】
戊辰	甲申	甲午	丙申

【時】	【日】	【月】	【年】
乙卯	庚寅	甲子	壬子

以下報表可明顯看出各種化氣格之條件（特表三）

化氣格	日干	四柱結構形態：天干五合	四柱結構形態：月支	必要條件	用神	喜神	忌神（剋用爲忌神）
甲己化土格	甲或己	日干甲，則合時干或月干己爲土；日干己，則合時干或月干甲爲土	辰戌丑未	忌木剋土	土	火	木、水
乙庚化金格	乙或庚	日干乙，則合時干或月干庚爲金；日干庚，則合時干或月干乙爲金	申酉	忌火剋金	金	土	火、木
丙辛化水格	丙或辛	日干丙，則合時干或月干辛爲水；日干辛，則合時干或月干丙爲水	亥子	忌土剋水	水	金	土、木
丁壬化木格	丁或壬	日干丁，則合時干或月干壬爲木；日干壬，則合時干或月干丁爲木	寅卯	忌金剋木	木	水	金、土
戊癸化火格	戊或癸	日干戊，則合時干或月干癸爲火；日干癸，則合時干或月干戊爲火	巳午	忌水剋火	火	木	水、金

以上五種化氣格都有其很明顯的必要條件，請在排盤時仔細對照就可以很正確的定格局了

化土格：以下命盤符合化土格的條件（如有剋身之五行又被它干剋制也算）（參考特表三解釋）

【時】	【日】	【月】	【年】
甲辰	己丑	戊戌	庚申

【時】	【日】	【月】	【年】
己巳	甲辰	壬戌	戊辰

化金格：以下命盤符合化金格的條件（如有剋身之五行又被它干剋制也算）（參考特表三解釋）

【時】	【日】	【月】	【年】
庚辰	乙酉	乙酉	庚辰

【時】	【日】	【月】	【年】
癸酉	庚辰	乙酉	甲申

化水格：以下命盤符合化水格的條件（如有剋身之五行又被它干剋制也算）（參考特表三解釋）

【時】	【日】	【月】	【年】
丙申	辛亥	癸丑	壬子

【時】	【日】	【月】	【年】
戊子	辛亥	丙子	甲辰

化木格：以下命盤符合化木格的條件（如有剋身之五行又被它干剋制也算）（參考特表三解釋）

【時】	【日】	【月】	【年】
壬寅	丁亥	庚寅	丙子

【時】	【日】	【月】	【年】
丁未	壬寅	己卯	己卯

化火格：以下命盤符合化火格的條件（如有剋身之五行又被它干剋制也算）（參考特表三解釋）

【時】	【日】	【月】	【年】
戊午	癸酉	丁巳	癸巳

【時】	【日】	【月】	【年】
癸巳	戊辰	丙午	丙寅

母吾同心格：以下命盤符合母吾同心格的條件（如有剋身之五行又被它干剋制也算）

【時】	【日】	【月】	【年】
壬申	壬申	壬申	壬申

【時】	【日】	【月】	【年】
甲子	甲子	乙亥	己巳

子吾同心格：以下命盤符合子吾同心格的條件（如有剋身之五行又被它干剋制也算）

【時】	【日】	【月】	【年】
壬寅	壬寅	壬寅	壬寅

【時】	【日】	【月】	【年】
壬寅	壬寅	乙亥	甲子

半壁格：以下命盤符合半壁格的條件（兩柱相同或相生或相剋算是）

【時】	【日】	【月】	【年】
甲寅	癸亥	甲寅	癸亥

【時】	【日】	【月】	【年】
丙寅	甲午	乙巳	丁卯

特殊格局性情之判斷：

1、格局爲曲直格的人會有此種現象：講話實在、誠實、寬厚、慈祥善念。

2、格局爲炎上格的人會有此種現象：性情開朗、較外向、爲人豪爽講信用。

3、格局爲稼穡格的人會有此種現象：做人做事實在、個性忠厚老實、童叟無欺。

4、格局爲從革格的人會有此種現象：做人講義氣、個性剛強、眼光不錯。

5、格局爲潤下格的人會有此種現象：有智慧聰明、爲人處事圓滿、做事機伶。

6、格局爲化氣格的人會有此種現象：聰明有智慧、處事理性、爲人處事圓滿。

7、格局爲從弱格的人會有此種現象：爲人恭敬有禮、處事圓滿、心地善良。

8、格局從旺從強的人會有此種現象：爲人穩重、身體強健、個性較剛強。

9、格局爲祿刃格的人會有此種現象：個性較外向、很講義氣、有獨立性格。

第十節　八字中各種神煞排法及論法

吉凶神煞之名詞很多，一般老師在批八字判斷的方法，以五行生剋制化喜忌格局爲主者約佔60％，用神煞吉凶來論斷則佔40％，如能兩則兼論最佳。以神煞配合論命，有其實用的價值，以下就各神煞之來原及排法說明如下。

P10命盤範例

排神煞都是由四柱干支來查對，大約不外以下幾種；

姓名	P10		性別	男
西元	1981 年			

	時	日	月	年
國曆	21	9	10	70
農曆	21	12	9	70
日期	時	日	月	年
主星	正官	日元	偏印	劫財
天干	丁 火	庚 金	戊 土	辛 金
	←剋→ (丁、辛)			
地支	亥 水	申 金	戌 土	酉 金
	←害→ (亥、申)		←害→ (戌、酉)	
藏干	甲壬 木水	戊壬庚 土水金	丁辛戊 火金土	辛 金
副星	偏財 食神	偏印 食神 比肩	正官 劫財 偏印	劫財
十二運星	病 49-64	臨官 33-48	衰 17-32	帝旺 1-16
特星神煞	孤辰 亡神 文昌 喪門	祿神	魁罡 隔角 紅豔 金輿	桃花 羊刃 月德合 天德合

大運	庚寅	辛卯	壬辰	癸巳	甲午	乙未	丙申	丁酉
歲	71－80	61－70	51－60	41－50	31－40	21－30	11－20	1－10

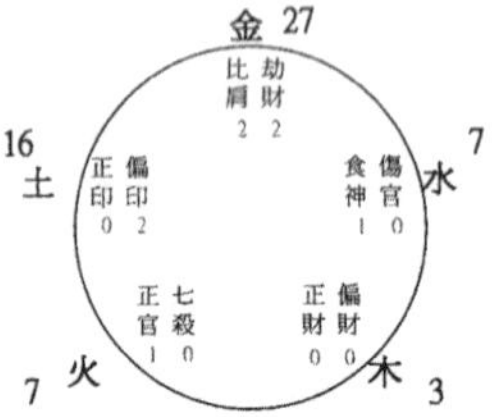

出生後0年4個月又19天交大運

星座：天秤座
忌神：金土
用神：水木火
喜
空亡：子丑子丑
血型：0
格局：偏印格
命宮：丙申
胎元：己丑
胎息：乙巳
天運五行：木

年	104 (35歲)	101 (32歲)	98 (29歲)	95 (26歲)	92 (23歲)
干支	乙未 正財 正印	壬辰 食神 偏印	己丑 正印 正印	丙戌 七殺 偏印	癸未 傷官 正印
神煞	天狗	龍德	五鬼	太陽	天狗
年	105 (36歲)	102 (33歲)	99 (30歲)	96 (27歲)	93 (24歲)
干支	丙申 七殺 比肩	癸巳 傷官 七殺	庚寅 比肩 偏財	丁亥 正官 食神	甲申 偏財 比肩
神煞	病符	白虎	小耗	喪門	病符
年	106 (37歲)	103 (34歲)	100 (31歲)	97 (28歲)	94 (25歲)
干支	丁酉 正官 劫財	甲午 偏財 正官	辛卯 劫財 正財	戊子 偏印 傷官	乙酉 正財 劫財
神煞	太歲	福德	歲破	太陰	太歲

(一)以年干對照年月日時支。
(二)以年支對照月日時支。
(三)以月支對照年日時干支。
(四)以日支對照年月時支。
(五)日柱干支本身所帶來的吉凶神煞。
(六)以日干對照年月日時支。

一、以年支對照月日時支神煞表

年支 \ 月日時支	金匱	紅鸞	天喜	龍德	福德	喪門	勾絞	五鬼	破碎	大耗	白虎	天狗
子	子	卯	酉	未	酉	寅	卯	辰	午	午	申	戌
丑	酉	寅	申	申	戌	卯	辰	巳	未	未	酉	亥
寅	午	丑	未	酉	亥	辰	巳	午	申	申	戌	子
卯	卯	子	午	戌	子	巳	午	未	酉	酉	亥	丑
辰	子	亥	巳	亥	丑	午	未	申	戌	戌	子	寅
巳	酉	戌	辰	子	寅	未	申	酉	亥	亥	丑	卯
午	午	酉	卯	丑	卯	申	酉	戌	子	子	寅	辰
未	卯	申	寅	寅	辰	酉	戌	亥	丑	丑	卯	巳
申	子	未	丑	卯	巳	戌	亥	子	寅	寅	辰	午
酉	酉	午	子	辰	午	亥	子	丑	卯	卯	巳	未
戌	午	巳	亥	巳	未	子	丑	寅	辰	辰	午	申
亥	卯	辰	戌	午	申	丑	寅	卯	巳	巳	未	酉

桃花	酉	午	卯	子	酉	午	卯	子	酉	午	卯	子
血刃	戌	酉	申	未	午	巳	辰	卯	寅	丑	子	亥
十一元辰	未	申	酉	戌	亥	子	丑	寅	卯	辰	巳	午
一十元辰	巳	午	未	申	酉	戌	亥	子	丑	寅	卯	辰
伏吟	子	丑	寅	卯	辰	巳	午	未	申	酉	戌	亥
劫煞	巳	寅	亥	申	巳	寅	亥	申	巳	寅	亥	申
災煞	午	卯	子	酉	午	卯	子	酉	午	卯	子	酉
六厄	卯	子	酉	午	卯	子	酉	午	卯	子	酉	午

【龍德】命中帶有龍德之人，萬事均可稱心如意、一切平順。凡事可逢凶化吉。

【福德】命中有福德星之人，諸事大吉，一生賺錢發財機會多，諸事順利如意。主福祿福氣之星。

宜常祈福財寶天王、福德正神，自可平安、順利。

【金匱】命中有此星，很有機會成爲各行業中之傑出人才，對金錢的運用及管理能力相當強，一生可當幹部或主管等職位。

【紅鸞】聽說命帶此星，一般都是男帥女美，在求財方面較能順心如意。常有喜樂事發生。常言道：「紅鸞星動、滿面春風。喜氣臨門。」

【天喜】命中有此星，男生相貌堂堂，女生面貌清秀。天天都是好日子，可能有桃花運喔。

【喪門】命帶此星。磁場較特殊，平常盡量避免送葬、探病，以免因沖犯煞氣導致生病而轉爲壞運，流年走忌神運時，凡事會比較不順或有損財之事發生。

宜常祈福三官大帝、觀音大士，自可平安、順利。

【歲破】命帶此星主破財、虛耗及多波折，故一生中如遇歲破之年，若不小心注意防範，會有較大的破財機會（女性尤忌），同時亦主一切不安、身體欠佳。

宜常祈福三寶佛、安太歲君，自可平安、順利。

【勾絞】命中有此星，會比較容易引惹麻煩之事，一生中多是非麻煩，宜防口舌是非、訴訟之事發生，少管閒事就對啦。

【五鬼】主一生中容易犯口角官司，訴訟易受小人陷害或連累，遇事不講實話或拐彎抹角，甚至口出狂言，處事要小心爲要。

宜常祈福玄天上帝、文昌帝君，自可平安、順利。

【白虎】命帶此星爲刑傷之星，入命容易有官司是非，且身體容易受傷，有血光、易破財，甚至有交通意外事故。女命帶此星，個性較剛烈，行事果斷。

宜常祈福南斗星君，自可平安、順利。

【天狗】命帶此星爲刑傷之星，入命身體易有損傷、破相，如流年逢之，防跌倒損傷、交通事故、遭小人暗害、疾病產生。

宜常祈福玄天上帝、文昌帝君，自可平安、順利。

【桃花】桃花之好壞，須配合命局喜用五行及吉凶神煞來參考論斷。

在年、月柱爲「內桃花」。主夫妻恩愛，親人緣分佳。

在日、時柱爲「外桃花」。與朋友之間互動較多。

若四柱地支有三柱以上的子、午、卯、酉者叫「遍野桃花」。

命帶桃花者，男女多半容貌俊俏或秀麗，人緣極佳，爲人多情有時較貪慾。

與七煞同柱者，心情不定、行爲不檢、好花錢。

【血刃】命帶血刃者，一生中容易發生意外受傷、流血，或手術開刀等事，對於尖銳物如尖刀、凶器等物比平常人敏感，接觸時要小心。

【元辰】流年大運逢之，做事易顚三倒四，生活會覺得不安定，可能會有意外，凡事較不能合本身意願。

【伏吟】書上說：「反吟伏吟、淚吟吟。」（反吟又叫沖）伏吟代表痛苦、憂鬱、破財，也主會受傷害，處事要小心，如能將其合化最好。

【劫煞】命帶劫煞者，主個性較爲急躁，也表示一生多是非、破財不順，注意耳鼻、咽喉、小腸之疾病。若爲喜用，其人具競爭力，行事有擔當。若爲忌神，主獨裁，易遭意外之災。歲運逢之，主破財、遭朋友之連累、遭小偷被搶等不如意之事。

【災煞】主血光及水災、火災也，較會自甘墮落，若有福神相助，災難將無。

【六厄】一生易遭逢困難，主一生前途較艱困。如逢吉神同柱相助則會轉吉。

【鐵掃星】以年支見月令。

神煞＼年支		子	丑	寅	卯	辰	巳	午	未	申	酉	戌	亥
鐵掃星	男	一	六	四	二	一	六	四	二	一	六	四	二
鐵掃星	女	十二	九	七	八	十二	九	七	八	十二	九	七	八

神煞解說

【鐵掃星】「男用女家財、女用男家財。」有鐵掃者，主一生較易破敗也較難聚財。如能做好理財規劃，這顆星就不算什麼。

有分掃進（則吉）和掃出（不吉）。

十二鐵掃均順算（◎為掃入吉，×為掃出凶）

◎一、進掃	×二、退掃
×三、衰掃	◎四、祿掃
◎五、旺掃	×六、刑掃
×七、沖掃	×八、破掃
×九、敗掃	◎十、鳳掃
◎十一、富掃	◎十二、從掃

日干	算至時
木人	寅算起
火人	亥起行
土人	未從先
金人	丑作判
水人	未首看

申子辰年，男正月，女十二月。巳酉丑年，男六月，女九月。亥卯未年，男二月，女八月。寅午戌年，男四月，女七月，木人從寅起，火人亥算起，土人未算起，金人丑算起，水人未算起，算至時辰，看得數多少。一為進掃，二為退掃，三為衰掃，四為祿掃，五為旺掃，六為刑掃，七為沖掃，八為破掃，九為敗掃，十為鳳掃，十一為富掃，十二為從掃。

要得知一個人的命宮地支，就用時支對應出生月之中氣就可得知命宮地支，最好還是查一下萬年曆出生的月日是否有跨月中氣之情況。

命宮	氣	節	卯宮	寅宮	丑宮	子宮	亥宮	戌宮	酉宮	申宮	未宮	午宮	巳宮	辰宮
十二月	大寒	立春	子時	丑	寅	卯	辰	巳	午	未	申	酉	戌	亥
一月	雨水	驚蟄	亥時	子	丑	寅	卯	辰	巳	午	未	申	酉	戌
二月	春分	清明	戌時	亥	子	丑	寅	卯	辰	巳	午	未	申	酉
三月	穀雨	立夏	酉時	戌	亥	子	丑	寅	卯	辰	巳	午	未	申
四月	小滿	芒種	申時	酉	戌	亥	子	丑	寅	卯	辰	巳	午	未
五月	夏至	小暑	未時	申	酉	戌	亥	子	丑	寅	卯	辰	巳	午
六月	大暑	立秋	午時	未	申	酉	戌	亥	子	丑	寅	卯	辰	巳
七月	處暑	白露	巳時	午	未	申	酉	戌	亥	子	丑	寅	卯	辰
八月	秋分	寒露	辰時	巳	午	未	申	酉	戌	亥	子	丑	寅	卯
九月	霜降	立冬	卯時	辰	巳	午	未	申	酉	戌	亥	子	丑	寅
十月	小雪	大雪	寅時	卯	辰	巳	午	未	申	酉	戌	亥	子	丑
十一月	冬至	小寒	丑時	寅	卯	辰	巳	午	未	申	酉	戌	亥	子

例：於農曆47年10月17日06時生的人命宮在哪一宮？查萬年曆10、17之中氣為小雪，依

公式得知：生在10月中氣爲小雪照表格對下來的卯時，可得是寅宮

例：於農曆47年10月17日06時生的人命宮在哪一宮？查萬年曆09、10之中氣不是霜降而是上個月秋分才對，依公式得知：生在09月中氣爲秋分照表表格對下來的卯時，可得是辰宮。

命宮的天干又如何求呢？用出生年之天干去對應已知的地支。

1、用五虎遁歌訣來作標準架構

甲己之年丙作首、乙庚之年戊爲頭、丙辛必定尋庚起、丁壬就從壬寅流、更有戊癸何方覓、甲寅之上好追求。

天干／生年	寅	卯	辰	巳	午	未	申	酉	戌	亥	子	丑
甲己	丙	丁	戊	己	庚	辛	壬	癸	甲	乙	丙	丁
乙庚	戊	己	庚	辛	壬	癸	甲	乙	丙	丁	戊	己
丙辛	庚	辛	壬	癸	甲	乙	丙	丁	戊	己	庚	辛
丁壬	壬	癸	甲	乙	丙	丁	戊	己	庚	辛	壬	癸
戊癸	甲	乙	丙	丁	戊	己	庚	辛	壬	癸	甲	乙

例：於農曆47年10月17日06時生的人命宮在哪一宮？查萬年曆10、17之中氣爲小雪，依公式得知：生在10月中氣爲小雪照表格對下來的卯時，可得是寅宮。

該員出生年爲戊年生，所以將戊去對應寅，可得甲，所以該員之命宮爲甲寅。

以月支對照及年日時干支之神煞表

月支＼神煞	天德貴人	月德貴人	天德合	月德合	月破	血刃
寅	丁	丙	壬	辛	申	丑
卯	申	甲	巳	己	酉	未
辰	壬	壬	丁	丁	戌	寅
巳	辛	庚	丙	乙	亥	申
午	亥	丙	寅	辛	子	卯
未	甲	甲	己	己	丑	酉
申	癸	壬	戊	丁	寅	辰
酉	寅	庚	亥	乙	卯	戌
戌	丙	丙	辛	辛	辰	巳
亥	乙	甲	庚	己	巳	亥
子	巳	壬	申	丁	午	午
丑	庚	庚	乙	乙	未	子

【天德】命帶天德，與神佛有緣，一切皆能逢凶化吉，一生少凶險。能得福氣，常能絕處逢生，會有貴人來幫助。天德爲福德之星，品性仁慈，好善樂施喔。

【月德】命中帶月德，表示有福分，一切皆能逢凶化吉，一生少災禍而能招吉祥，慈善、高尚，凡事得人心，也爲福壽之星。

【月破】乃是虛耗之神也。入命主對身體不利，易破財、事業不振。居住之環境常變動、也常會與人有口角不和之事發生。

【天醫星】以月支見日支

神煞＼月支	寅	卯	辰	巳	午	未	申	酉	戌	亥	子	丑
天醫	丑	寅	卯	辰	巳	午	未	申	酉	戌	亥	子

【天醫】爲掌管疾病之星。天醫入命，有機會成爲良醫。學習醫術比平常人更有天分，做事容易事半功倍。亦適合學習玄學、五術、哲學、心理等學科。

《以日干對照地支神煞表》

神煞／日干	天乙貴人	文昌	學堂	金輿	祿神	沐浴	紅豔	羊刃	飛刃	墓庫	流霞
甲	丑未	巳	亥	辰	寅	子	午	卯	酉	未	酉
乙	子申	午	午	巳	卯	巳	申	辰	戌	戌	戌
丙	亥酉	申	寅	未	巳	卯	寅	午	子	戌	未
丁	亥酉	酉	酉	申	午	申	未	未	丑	丑	申
戊	丑未	申	寅	未	巳	卯	辰	午	子	戌	巳
己	子申	酉	酉	申	午	申	辰	未	丑	丑	午
庚	丑未	亥	巳	戌	申	午	戌	酉	卯	丑	辰
辛	午寅	子	子	亥	酉	亥	酉	戌	辰	辰	卯
壬	卯巳	寅	申	丑	亥	酉	子	子	午	辰	寅
癸	卯巳	卯	卯	寅	子	寅	申	丑	未	未	亥

【天乙貴人】天乙乃尊貴之神也，所到之處一切凶煞會自然消失，凡事能逢凶化吉。入命主聰明、反應快、人緣好、易得人相助、善交際、有功名、行運會有加分的效果。

【學堂】命帶學堂，代表才華出衆、思路清析、聰明俊秀。一生中發展性不錯，領悟力強會讀書，讀書可有成就，適合公職或教師之職。

【金輿】命中有金輿星，男女命可得良緣或得配偶，是有財富者（跟喜用神同柱）。會幫助親人，人際關係良好，男女長相柔和親切，處事不急躁，生活快樂，親情較濃。

【祿神】祿神入命之人，行事較積極也較率性。處事活力十足，一生得安逸，財源可順利。祿最喜逢驛馬，祿馬交馳，財源廣進暢通。

【文昌】入命主可逢凶可化吉，爲人心性聰明靈敏，表達能力好會變通。文筆流暢有才氣，氣質溫文儒雅，有內涵，也注重儀表。

【沐浴】也算是桃花的一種，一生中比較會有男女感情糾紛之事產生。

【紅艷】主人見人愛、多情多慾念，具有風流浪漫氣質，男女相貌俊秀美麗，結婚者比較會有婚外情。

【飛刃】一生中身體易有傷痕、血光，易破財也較會有交通意外事故，所以行爲要特別注意。

【墓庫】個性較內向也較固執，凡事會隱藏內心事，才華深藏不露，喜歡追根究底，做事有不積極傾向，但具潛能，遇事會有較多的疑問，常有精神不振現象，體質稍弱，但會有積蓄。

【羊刃】屬刀傷之星。個性剛強。入命主個性積極躁進，容易感情用事，行事激烈思慮欠周詳，較不利六親，做事敢做敢當。適武職、軍警、外科醫師、技術人員之工作。

【流霞】男命主口舌是非、車禍、災禍，言行需多注意。女命主產厄之災、流產，生產時比較會選擇剖腹生產。

以日支對地支神煞表

日支＼神煞	將星	驛馬	華蓋	桃花	血刃	劫煞	隔角	亡神	孤辰	寡宿	伏吟	日破
子	子	寅	辰	酉	戌	巳	寅	亥	寅	戌	子	午
丑	酉	亥	丑	午	酉	寅	卯	申	寅	戌	丑	未
寅	午	申	戌	卯	申	亥	辰	巳	巳	丑	寅	申
卯	卯	巳	未	子	未	申	巳	寅	巳	丑	卯	酉
辰	子	寅	辰	酉	午	巳	午	亥	巳	丑	辰	戌
巳	酉	亥	丑	午	巳	寅	未	申	申	辰	巳	亥
午	午	申	戌	卯	辰	亥	申	巳	申	辰	午	子
未	卯	巳	未	子	卯	申	酉	寅	申	辰	未	丑
申	子	寅	辰	酉	寅	巳	戌	亥	亥	未	申	寅
酉	酉	亥	丑	午	丑	寅	亥	申	亥	未	酉	卯
戌	午	申	戌	卯	子	亥	子	巳	亥	未	戌	辰
亥	卯	巳	未	子	亥	申	丑	寅	寅	戌	亥	巳

以日支爲主相關之神煞：

【將星】命帶此星，一生中會是一傑出之領導家，不是當老闆就是當主管，易掌權柄。將星忌會凶星，會助長凶煞之力。將星坐財，主掌財政。作官、掌官貴權位。坐殺、掌生殺之權。將星是一顆權力之星，文武兩相宜。

【驛馬】命帶此星，主奔波忙碌，經常外出，個性外向，心性較不穩定，適合出外發展，可能會常更換職業。適合從事行業爲外交工作、外務人員、演員、司機、飲食店、作家、旅遊業、特種營業、推銷人員。

【亡神】又名官符，也代表失去也，入命與喜用神同柱，有權有威，懂謀略算計，富心機，凡事不露底，城府較深。入命爲忌神時，心胸狹窄急躁，酒色不忌。若與凶煞同柱，其凶性更加明顯。主官司訴訟，失勢也。

【孤辰】命帶孤辰者，個性孤傲、孤癖，笑容少，較不利六親，同柱坐生旺稍可化解，如坐死絕不好，一生運勢較生不逢時，孤辰以日柱、時柱爲重，六親或夫妻或子女互動較少。

孤辰在年柱時，民俗上最好過房，若不過房有可能會不聽父母的話。

男命帶孤辰，正財偏財星又逢死絕，表婚緣不佳，宜多溝通。女命帶寡宿，如正官七殺逢死絕，也表婚姻不美，宜多溝通。

【寡宿】命帶寡宿者，個性孤傲，沈默、笑容少，較不利六親，同柱坐生旺稍可化解，如坐死絕不好，一生運勢較生不逢時，孤辰以日柱、時柱爲重，六親或夫妻或子女互動較少。

男命帶寡宿，正財偏財星又逢死絕，表婚緣不佳，宜多溝通。

女命帶寡宿，如正官七殺逢死絕，也表婚姻不美，宜多溝通。

【華蓋】命中帶華蓋，主思想獨特，一生具備才藝、技藝、藝術、音樂、設計，具審美之天分，聰明好學，喜研究哲理、玄學、宗教等學問，有出世之心。

爲人寡慾、孤僻。一生與神佛有緣。一生中可發揮個人潛能，具孤獨之性向，六親較無多大助力。

華蓋喜逢正印正官（同柱最佳），則是在官場社會上能有地位及成就。

華蓋落空亡，比較容易走僧道、和尚、尼姑，或不婚嫁。

華蓋落死絕或被沖剋，則幼兒較多災多病，不易扶養，生平亦多是非不順。

【隔角】命帶隔角，一生之中易犯官司訴訟或牢獄之災。命帶隔角者並非一定主牢獄官訟之災，有的人只是做事或出外易遭困難阻礙之情況發生。

【日破】命帶日破，表示個性起伏不定也較不受拘束，家中待不住，或夫妻較有離異之可能，或夫妻間易爭吵：或與子女不和，或子女健康差。

【外桃花】以日支見時支。

寅午戌日（日元）	生於卯時
申子辰日（日元）	生於酉時
巳酉丑日（日元）	生於午時
亥卯未日（日元）	生於子時

【外桃花】命帶外桃花。一生主較有色慾之念也喜好酒色，風流成性，重視物質生活享受，愛揮霍，喜歡在外逗留。

【三奇】：以日爲主，順排者才算是，逆排者非也。

天上三奇：甲戊庚。（甲日戊月庚年）

地下三奇：乙丙丁。（乙日丙月丁年）

人中三奇：壬癸辛。（壬日癸月辛年）

【三奇】命帶三奇者，看起來總是才華洋溢，一生抱負極大，胸襟寬闊，有功名、有成就，精力充沛，人命若得三奇貴，爲人聰穎，是榮華福壽之人。

【六秀日】丙午、丁未、戊子、戊午、己丑、己未日生者。

【六秀日】命帶六秀日，主其人秀氣且聰明，有才華，博學多聞，有功名成就。

【魁罡】戊戌、庚辰、庚戌、壬辰、年月日時有即算。出生日現象較強烈。

【魁罡】命帶魁罡，其人膽大正直、性情剛直、行事果斷、領導力強、博學多能、掌權威、爲人嚴謹、操守佳，一生命運起伏大，好壞運程明顯，急性又好勝，積極又勤勞，不怕鬼邪，神鬼避之。男帶魁罡，做官及事業成就大；女帶魁罡，性剛烈。恐婦奪夫權，雖然多半爲美女，但一生之命運也多波折。個性上顯得很固執。

【天赦】：天赫貴。

春季（寅卯辰月）戊寅日生者。　夏季（巳午未月）甲午日生者。

秋季（申酉戌月）戊申日生者。　冬季（亥子丑月）甲子日生者。

【天赦】命帶天赦者，一生吉祥如意，凡事能逢凶化吉，是一顆能爲人解災禍之星，天赦入命，代表可得高官權貴，一生處世無憂，貴人扶助。

【三台貴】四柱地支遇「寅辰申」、「卯巳午」、「亥子酉」之三字全，即為三台貴。

【三台貴】有三台貴者，其人一生中可為官，掌權勢，可當公務員，運勢也不錯。

直接看日主的天干地支，如符合以下條件則稱之。

【福星貴】甲寅、乙丑、乙亥、丙子、丙戌、丁酉、戊申、己未、庚午、辛巳、壬辰、癸卯日生者。

【福星貴】福星入命，主一生福祿，財祿無缺，貴人常會降臨，比較能無憂無慮，一生也較易得名，博學多聞，為人寬厚，為福壽之命。福星貴人是衆人所欽仰之人。

【日德】甲寅、丙辰、戊辰、庚辰、壬戌日生者。

【日德】入命，主心性慈善、行事穩健、逢凶有得解、遇難有貴人救、福氣必豐厚。

【日貴】丁酉、丁亥、癸卯、癸巳日生者。

【日貴】入命，主為人重仁義道德，體態俊美，為人不高傲，個性很慈祥。喜有正財食神、正印來相助，則有貴氣又有福氣。

【進神】甲子、甲午、己卯、己酉日生者。

【進神】命帶進神，一生中發跡比別人快，容貌大多俊秀美麗。個性積極，做事果斷。

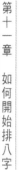

能獨立自主，有衝勁，男命則易因色破敗或犯桃花劫；女命爲很漂亮之美女，討人喜愛，不服輸，事業心強，但仍受桃花之困擾或多情慾。

【退神】丁丑、丁未、壬辰、壬戌日生者。

【退神】命值退神，工作上比較容易遭降薪或退職，行事推展不易也不順，成事較困難，做事如能退一步想想、以退爲進或許較爲有利，若欲強出頭，易反招致失敗。

【孤鸞】甲寅、乙巳、丙午、丁巳、戊午、戊申、辛亥、壬子、癸巳日生者。

【孤鸞】此星亦是最不利夫妻男女之煞神，男女命帶易犯桃花而分離，或夫婦性生活不美滿。

以P10命盤來看

此人先天帶有：天德合、月德合、羊刃、桃花、紅豔、金輿、喪門、祿神、文昌、亡神、孤辰、隔角、魁罡，請直接查神煞解釋。

第十一節　出生時的八字五行旺度

相生：金生水、水生木、木生火、火生土、土生金

相剋：金剋木、木剋土、土剋水、水剋火、火剋金

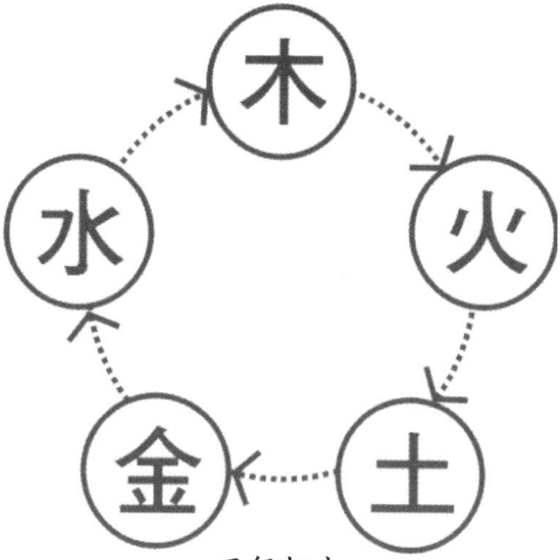

五行相生

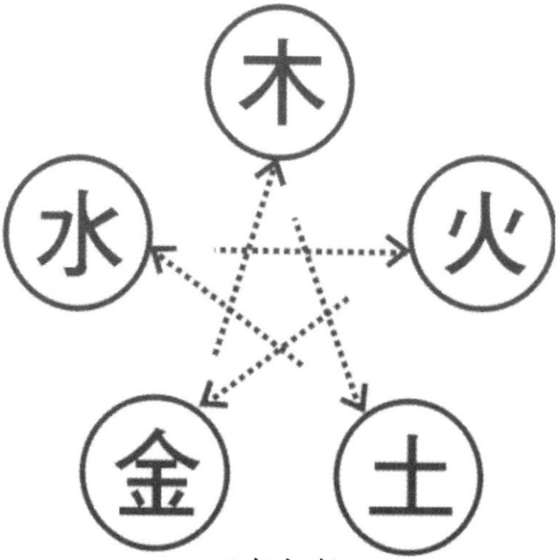

五行相剋

天干地支五行四時表

五行	季節／日干		春木	夏火	季土	秋金	冬水	方位
木	甲乙	寅卯	旺	休	囚	死	相	東方
火	丙丁	已午	相	旺	休	囚	死	南方
土	戊己	辰戌丑未	死	相	旺	休	囚	中央
金	庚辛	申酉	囚	死	相	旺	休	西方
水	壬癸	亥子	休	囚	死	相	旺	北方

四時五行旺衰

五行就是木、火、土、金、水週行於天地之間。五行受時空影響後而產生旺衰起伏變化，並且呈週期的變化。五行四季變化所產生之現象分爲五個過程：

是以月令和日主之間的關係：

㈠旺—指日干跟月令同五行者。如春季之木，得春季當令之氣旺助，爲最旺。

㈡相—指日干被月令所生者。如春季屬木、木生火、火爲相。猶子得母旺氣來生助爲進氣。

㈢休—指日干生月令者。如春季之水，因爲是旺者之前氣。氣漸漸退散，故爲小衰。

㈣囚—指日干剋月令者。如春季之金，因爲五行有反剋逆剋之作用，故囚爲衰。

㈤死—指日干被月令所剋者。如春季之土，土被木剋故爲衰絕死氣，爲最衰。

故「木旺於春。火旺於夏。金旺於秋。水旺於冬。土旺於四季（四立前18天）。」

所以在簡單的批命上就可以用日主爲中心，然後以月支來跟日主做比較，就可以知道該命盤是否得令。

以旺來給分大約可得90分

以相來給分大約可得80分

以休來給分大約可得60分

以囚來給分大約可得50分

以死來給分大約可得40分

就以P10命盤來看：庚日主被月令戌月所生者，稱爲相，猶子得母旺氣來生助。

以相來給分大約可得80分

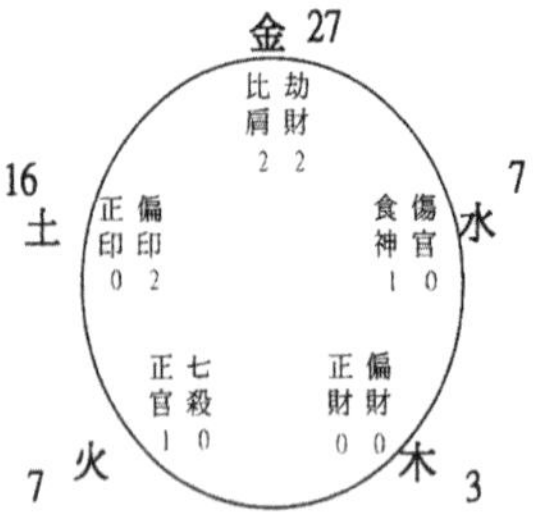

星座：天秤座
忌神：金土
喜用神：水木火
空亡：子丑子丑
血型：0
格局：偏印格
命宮：丙申
胎元：己丑
胎息：乙巳
天運五行：木

出生後0年4個月又19天交大運

姓名	P10		性別	男
西元	1981 年			
21	9	10	70	國曆
21	12	9	70	農曆
時	日	月	年	日期
正官	日元	偏印	劫財	主星
丁 火	庚 金	戊 土	辛 金	天干
	←剋→（庚—辛）			
亥 水	申 金	戌 土	酉 金	地支
←害→（亥—申）		←害→（戌—酉）		
甲壬 木水	戊壬庚 土水金	丁辛戊 火金土	辛 金	藏干
偏財 食神	偏印 食神 比肩	正官 劫財 偏印	劫財	副星
病 49-64	臨官 33-48	衰 17-32	帝旺 1-16	十二運星
孤辰 亡神 文昌 喪門	祿神	魁罡 隔角 紅豔 金輿	桃花 羊刃 月德合 天德合	特星神煞

71-80	61-70	51-60	41-50	31-40	21-30	11-20	1-10	歲
庚寅	辛卯	壬辰	癸巳	甲午	乙未	丙申	丁酉	大運

104 (35歲)	101 (32歲)	98 (29歲)	95 (26歲)	92 (23歲)	年
乙 正財 未 正印	壬 食神 辰 偏印	己 正印 丑 正印	丙 七殺 戌 偏印	癸 傷官 未 正印	干支
天狗	龍德	五鬼	太陽	天狗	神煞
105 (36歲)	102 (33歲)	99 (30歲)	96 (27歲)	93 (24歲)	年
丙 七殺 申 比肩	癸 傷官 巳 七殺	庚 比肩 寅 偏財	丁 正官 亥 食神	甲 偏財 申 比肩	干支
病符	白虎	小耗	喪門	病符	神煞
106 (37歲)	103 (34歲)	100 (31歲)	97 (28歲)	94 (25歲)	年
丁 正官 酉 劫財	甲 偏財 午 正官	辛 劫財 卯 正財	戊 偏印 子 傷官	乙 正財 酉 劫財	干支
太歲	福德	歲破	太陰	太歲	神煞

第十二節　十二長生的的定義

天干因配合於十二地支繞行，同樣會產生十二階段之旺衰變化，那就是號稱的「天干十二長生」。即是「長生、沐浴、冠帶、臨官、帝旺、衰、病、死、墓、絕、胎、養」來代表人出生時的一種定數，以下我們就來解釋十二長生在各柱的現象。

P11命盤範例

姓名	P11		性別	女
西元	1997 年			
21	8	5	86	國曆
21	2	4	86	農曆
時	日	月	年	日期
正官	日元	正財	正官	主星
丁 火	庚 金	乙 木	丁 火	天干
亥 水	戌 土	巳 火	丑 土	地支
甲壬 木 水	丁辛戊 火 金 土	庚戊丙 金 土 火	辛癸己 金 水 土	藏干
偏財 食神	正官 劫財 偏印	比肩 偏印 七殺	劫財 傷官 正印	副星
病 49-64	衰 33-48	長生 17-32	墓 1-16	十二運星
劫煞 文昌 月破 天狗 孤辰	紅豔 金輿 月德 福德貴人 十靈日 魁罡 華蓋	亡神 學堂 月德 五鬼合	墓庫 天乙貴人	特星神煞

（天干：庚、乙 ←合→；地支：亥、戌、巳 ←沖→；戌、巳、丑 ←刑→；巳、丑 ←半三合→）

80–89	70–79	60–69	50–59	40–49	30–39	20–29	10–19	歲
癸丑	壬子	辛亥	庚戌	己酉	戊申	丁未	丙午	大運

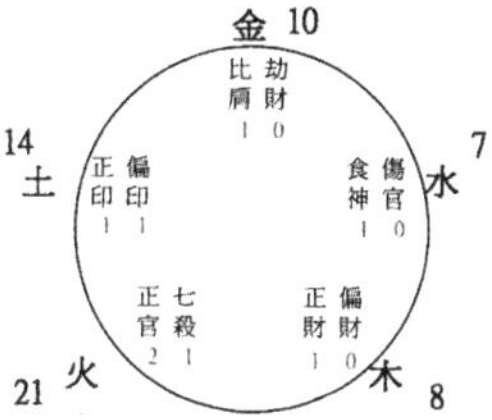

出生後9年4個月又13天交大運

星座：金牛座
忌神：火
用神：金
喜神：土
空亡：申酉寅卯
血型：A
格局：七殺格
命宮：癸丑
胎元：丙申
胎息：乙卯
天運五行：水

104 (19歲)	101 (16歲)	98 (13歲)	95 (10歲)	92 (7歲)	年
乙 正財 未 正印	壬 食神 辰 偏印	己 正印 丑 正印	丙 七殺 戌 偏印	癸 傷官 未 正印	干支
歲破	太陰	太歲	福德	歲破	神煞
105 (20歲)	102 (17歲)	99 (14歲)	96 (11歲)	93 (8歲)	年
丙 七殺 申 比肩	癸 傷官 巳 七殺	庚 比肩 寅 偏財	丁 正官 亥 食神	甲 偏財 申 比肩	干支
龍德	五鬼	太陽	天狗	龍德	神煞
106 (21歲)	103 (18歲)	100 (15歲)	97 (12歲)	94 (9歲)	年
丁 正官 酉 劫財	甲 偏財 午 正官	辛 劫財 卯 正財	戊 偏印 子 傷官	乙 正財 酉 劫財	干支
白虎	小耗	喪門	病符	白虎	神煞

長生——如同人剛剛出生之時按部就班，能步步高升，慢慢發跡，身心健康。

沐浴——人出生後要沐浴去髒垢，所以凡事容易半途而廢，做事常有始無終，較難獲得大成就。

冠帶——人已到成年而有所成就也就是戴冠之時，運勢聲望都不錯，人格圓滿也擅於交際，處事手腕不錯。

臨官——人由成長而成年、出外做事或爲官，均能敦厚圓滿，聰明、人品極佳，有旺盛之企圖心，乃是富貴之命勢。

帝旺——人生到最有成就之時，很有旺盛之企圖心，毅力很堅強，魄力十足，自我觀念重，人生運勢十分強旺，但有如履薄冰之感。

衰——物極必反，運好像已漸漸走下坡，凡事比較消極畏縮，猜疑心也重，好幻想且進取心不足。

病——人漸漸衰弱後就會有一些病痛，爲人富同情心，有人情味也樂於助人，喜閒靜生活，嫉妒心稍強些。

死——人病太重則會死亡，也表示極端聰明，唯易迷失自己，常自尋煩惱。

墓—也叫做「庫」，就像人死後進入墳墓。個性內向保守，財運不錯，故宜打開胸襟，努力往前進，才不會故步自封。

絕—人死後進入墳墓後身體慢慢腐爛，也表是凡事易輕舉妄動，人生運勢不太安定，宜事事謹慎多留意。

胎—生命之開始，受氣成胎，表好奇心重，研究心旺盛，充滿人情味，具幽默感，凡事講義氣，唯稍會有見異思遷之現象。

養—母體內之胎漸漸孕育成長，有依賴心，凡事會認眞負責，講求實力主義，事業運頗佳。

十二長生查表法

以日干去對應四柱年、月、日、時即可得十二長生。

日干＼現象	長生	沐浴	冠帶	臨官	帝旺	衰	病	死	墓	絕	胎	養
甲	亥	子	丑	寅	卯	辰	巳	午	未	申	酉	戌
乙	午	巳	辰	卯	寅	丑	子	亥	戌	酉	申	未
丙	寅	卯	辰	巳	午	未	申	酉	戌	亥	子	丑
丁	酉	申	未	午	巳	辰	卯	寅	丑	子	亥	戌
戊	寅	卯	辰	巳	午	未	申	酉	戌	亥	子	丑
己	酉	申	未	午	巳	辰	卯	寅	丑	子	亥	戌
庚	巳	午	未	申	酉	戌	亥	子	丑	寅	卯	辰
辛	子	亥	戌	酉	申	未	午	巳	辰	卯	寅	丑
壬	申	酉	戌	亥	子	丑	寅	卯	辰	巳	午	未
癸	卯	寅	丑	子	亥	戌	酉	申	未	午	巳	辰

人生命運十二現象曲線圖

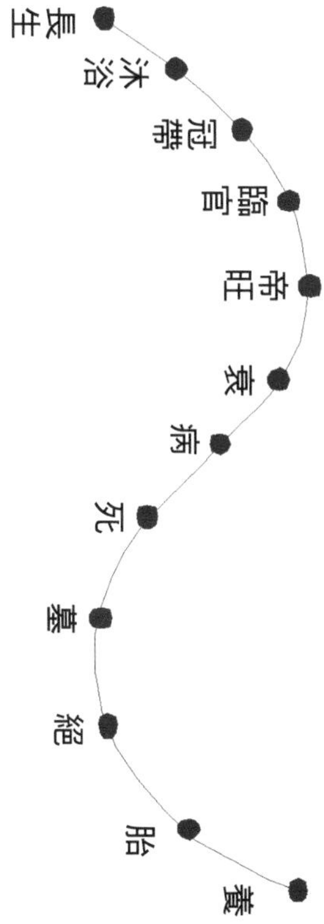

十二長生運在命局上之論法

長生：在四柱上的各別現象

年柱：小時候能受到父母幫助，年輕時就能有展露才華之機會。

月柱：青年時期容易得到長官提攜扶持，事業上有良好發展、也能享受幸福。

日柱：爲人有品德、有名望、才華出衆。夫妻也蠻恩愛的、可得幸福美滿。

時柱：晚運不錯，子女才華出衆也能出名，子女聰穎健康。

沐浴：在四柱上的各別現象

年柱：幼年或少年運變化較多，父母感情也有較多的變化，可能會離鄉奮鬥。

月柱：青年時期在工作、事業、家庭上較不安定，可能會有較多的變動。手足間意見多。

日柱：夫妻感情間多變化，配偶異性緣較濃，比較有犯桃花的機會。

時柱：晚年生活較不安定，有可能常搬家或工作上的遷移，子女大多不在身邊。

冠帶：在四柱上的各別現象

年柱：可能少年就得志，是一個聰穎活潑的孩子，能得父母疼愛，當然會有出名的機會。

月柱：青年期事業可獲發展，工作一學就會，也會受長官的提拔。

日柱：好勝心強、有耐性，做事有始有終，中年後事業會有大進展，一生中會有名望與聲譽。

時柱：晚運會有不錯的機運，子女有成，老來不用煩惱，有錢又有閒。

臨官：在四柱上的各別現象

年柱：可能是出身時家境還不錯，一生適於自營事業或創業亦可。

月柱：離鄉發展較佳，凡事能獨立自主，時屆壯年左右就能步入佳境。

日柱：可承家業或繼承他人事業。能廣結人緣，處處受人歡迎，可獲名望。

時柱：晚年可享豐碩生活。

帝旺：在四柱上的各別現象

年柱：一般家境良好，有積極進取、獨立自主之精神，充滿雄心壯志。

月柱：自尊心很強，不喜受人差遣、支使，看似很有骨氣、很有個性。

日柱：個性勇敢堅忍，如果身處逆境也會絕處逢生，是一個不懦弱、不悲觀的人。

時柱：意志很堅強，行事積極奮進，終會有所成就，子女們充滿堅強鬥志。

衰：在四柱上的各別現象

年柱：出生時環境不佳，幼年時備受艱辛、困頓生活，身體衰弱也較虛。

月柱：青年期運勢不佳，凡事易受打擊或挫折。

日柱：婚姻運比較弱，異性緣也比較差，成家後比較難得有美滿狀況。

時柱：年老身體衰弱，晚運較差，子女身體較衰弱。

病：在四柱上的各別現象

年柱：父母健康不佳，在運勢低落之時出生，先天可能體弱多病。
月柱：內心比較悲觀消極，自尋苦惱，不思奮鬥進取。
日柱：配偶身體健康不佳，婚姻難得美滿。
時柱：晚年工作或事業多波折，難有清閒。子女健康欠佳、多病。

死：在四柱上的各別現象
年柱：少年時性格消極，缺乏積極進取。
月柱：青年期運勢低落，手足、朋友情分較淡薄、無情。
日柱：婚姻關係漸趨冷淡，彼此缺乏共識沒有改變的心態，易亮紅燈。
時柱：晚年多阻滯不順，子女緣薄，獲子息機會較慢。

墓：在四柱上的各別現象
年柱：出生於經濟持平家庭，幼年時可能較貧困。
月柱：爲人節儉小氣，會儲存錢財但收入不豐。中年後方有轉機。
日柱：總是辛苦度日，一生變動較大，生活吝嗇、節儉。
時柱：子嗣可能較少或操心困擾，晚年時開花結果，可享辛勞成果。

絕：在四柱上的各別現象

年柱：沒有祖業可得，能自立創業，唯個性急躁激進。

月柱：不善交際，會避開群衆而孤立，心情浮沉，一生多變動。

日柱：夫妻易分離，總是喜新厭舊、花俏風流、衝動急躁。

時柱：對子女完全放任、漠視，與子女互動差，關係冷淡。

胎：在四柱上的各別現象

年柱：出生時値父母變動期，性格開朗，意志較不堅定，易受他人左右。

月柱：青年期工作、事業起伏不定，可能時常變換。

日柱：是一個能言善道之人，易搬弄是非，禍從口出。

時柱：如果是女命懷孕比率高，易生子女，男命依賴心強。

養：在四柱上的各別現象

年柱：一生中受到父母薰陶、培養，與雙親緣分濃厚。

月柱：可能會因異性問題而有所糾葛，會追求婚外情。

日柱：婚姻路途看似美滿、融合。

時柱：晚年時子女孝順也會得到奉養。

例11命盤之十二長生解釋對照如下：

姓名	P11		性別	女
西元	1997 年			
國曆	21	8	5	86
農曆	21	2	4	86
日期	時	日	月	年
主星	正官	日元	正財	正官
天干	丁 火	庚 金 ←合→	乙 木	丁 火
地支（沖：亥—巳；刑：戌—丑；半三合：巳—丑）	亥 水	戌 土	巳 火	丑 土
藏干	甲壬 木水	丁辛戊 火金土	庚戊丙 金土火	辛癸己 金水土
副星	偏財 食神	正官 劫財 偏印	比肩 偏印 七殺	劫財 傷官 正印
十二運星	病 49-64	衰 33-48	長生 17-32	墓 1-16
特星神煞	劫煞 文昌 月破 天狗 孤辰	紅豔 金輿 月德 福德貴人 十靈日 魁罡 華蓋	亡神 學堂 月德合 五鬼	墓庫 天乙貴人

歲	80-89	70-79	60-69	50-59	40-49	30-39	20-29	10-19
大運	癸丑	壬子	辛亥	庚戌	己酉	戊申	丁未	丙午

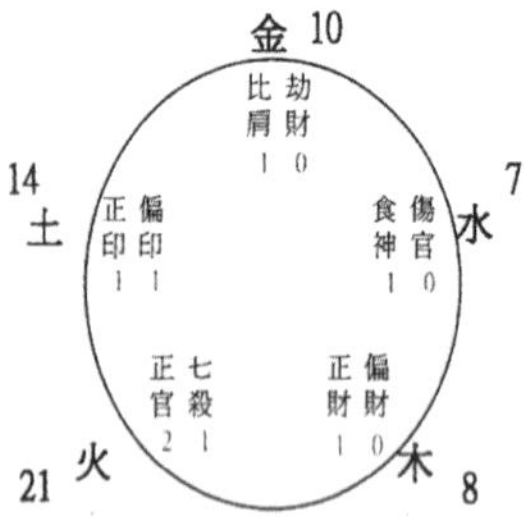

出生後9年4個月又13天交大運

星座：金牛座
忌神：火
喜用神：金土
空亡：申酉寅卯
血型：A
格局：七殺格
命宮：癸丑
胎元：丙申
胎息：乙卯
天運五行：水

年	104 (19歲)	101 (16歲)	98 (13歲)	95 (10歲)	92 (7歲)
干支	乙未 正財 正印	壬辰 食神 偏印	己丑 正印 正印	丙戌 七殺 偏印	癸未 傷官 正印
神煞	歲破	太陰	太歲	福德	歲破
年	105 (20歲)	102 (17歲)	99 (14歲)	96 (11歲)	93 (8歲)
干支	丙申 七殺 比肩	癸巳 傷官 七殺	庚寅 比肩 偏財	丁亥 正官 食神	甲申 偏財 比肩
神煞	龍德	五鬼	太陽	天狗	龍德
年	106 (21歲)	103 (18歲)	100 (15歲)	97 (12歲)	94 (9歲)
干支	丁酉 正官 劫財	甲午 偏財 正官	辛卯 劫財 正財	戊子 偏印 傷官	乙酉 正財 劫財
神煞	白虎	小耗	喪門	病符	白虎

墓：在年柱上的現象

年柱：出生於經濟較小康之家庭，幼年時經濟可能較差。

長生：在月柱上的現象

月柱：青年時期易得長官提攜與扶持，事業會有所發展也能享幸福。

衰：在日柱上的現象

日柱：婚姻運比較弱，異性緣也比較差，成家後比較難得有美滿狀況。

病：在時柱上的現象

時柱：晚年工作或事業多波折，難得清閒。子女健康欠佳、多病。

第十三節「空亡」又是什麼

空亡的意義爲虛無飄渺的意識，表示沒有、不實、消失、滅亡、徒勞無功之意。

八字空亡分年空亡及日空亡兩種、以下表格爲六十甲子中各旬空亡情形

六甲旬空亡表

六甲旬干支										空亡
甲子	乙丑	丙寅	丁卯	戊辰	己巳	庚午	辛未	壬申	癸酉	戌亥
甲戌	乙亥	丙子	丁丑	戊寅	己卯	庚辰	辛巳	壬午	癸未	申酉
甲申	乙酉	丙戌	丁亥	戊子	己丑	庚寅	辛卯	壬辰	癸巳	午未
甲午	乙未	丙申	丁酉	戊戌	己亥	庚子	辛丑	壬寅	癸卯	辰巳
甲辰	乙巳	丙午	丁未	戊申	己酉	庚戌	辛亥	壬子	癸丑	寅卯
甲寅	乙卯	丙辰	丁巳	戊午	己未	庚申	辛酉	壬戌	癸亥	子丑

P12命盤範例

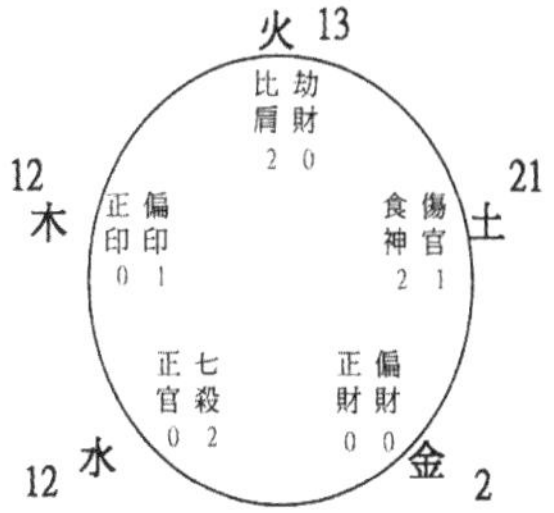

星座：牡羊座
忌神：火木
喜用神：金水
空亡：戌亥午未
血型：AB
格局：食神格
命宮：庚寅
胎元：癸未
胎息：辛卯
天運五行：火

出生後2年5個月又30天交大運

姓名	P12		性別	女
西元	1986 年			
22	12	4	75	國曆
22	4	3	75	農曆
時	日	月	年	日期
傷官	日元	七殺	比肩	主星
己 土	丙 火	壬 水	丙 火	天干
亥 水	戌 土	辰 土	寅 木	地支
甲壬 木水	丁辛戊 火金土	癸乙戊 水木土	戊丙甲 土火木	藏干
偏印 七殺	劫財 正財 食神	正官 正印 食神	食神 比肩 偏印	副星
絕 49-64	墓 33-48	冠帶 17-32	長生 1-16	十二運星
孤辰 天乙貴人 劫煞 福德	華蓋 墓庫 月破 白虎 福星貴	日破 月德貴人 天德貴人 喪門 魁罡	紅豔 學堂 血刃	特星神煞

天干：丙（時）—剋—壬（月）；壬（月）—剋—丙（年）
地支：戌、辰、寅 半三合；戌—沖—辰；亥—合—寅

73-82	63-72	53-62	43-52	33-42	23-32	13-22	3-12	歲
甲申	乙酉	丙戌	丁亥	戊子	己丑	庚寅	辛卯	大運

104 (30歲)	101 (27歲)	98 (24歲)	95 (21歲)	92 (18歲)	年
乙 正印 未 傷官	壬 七殺 辰 食神	己 傷官 丑 傷官	丙 比肩 戌 食神	癸 正官 未 傷官	干支
小耗	喪門	病符	白虎	小耗	神煞
105 (31歲)	102 (28歲)	99 (25歲)	96 (22歲)	93 (19歲)	年
丙 比肩 申 偏財	癸 正官 巳 比肩	庚 偏財 寅 偏印	丁 劫財 亥 七殺	甲 偏印 申 偏財	干支
歲破	太陰	太歲	福德	歲破	神煞
106 (32歲)	103 (29歲)	100 (26歲)	97 (23歲)	94 (20歲)	年
丁 劫財 酉 正財	甲 偏印 午 劫財	辛 正財 卯 正印	戊 食神 子 正官	乙 正印 酉 正財	干支
龍德	五鬼	太陽	天狗	龍德	神煞

以P12命盤爲例：出生年爲丙寅年，查「六甲旬空亡表」該排最後一行戌亥爲空亡
以P12命盤爲例：出生日爲丙戌日，查「六甲旬空亡表」該排最後一行午未爲空亡
命盤四柱中空亡若逢沖合可稍化解空亡之力，但並不能完全使空亡力量全部失去效力。
四柱八字查「空亡」，皆以「年柱」及「日柱」干支來對照查之。

稱年空亡及日空亡

「空亡」乃是十天干配不到地支者，剩餘兩字叫作「空亡」論。

四柱八字中如有空亡，那會使所臨之柱變成「空」而消失。

如年柱空亡：代表幼少年運1～16歲，辛苦、不順、較無祖產可得，或與母早別離。也代表此生在獲得祖先、長輩、父母親以及工作上司的助力會很少，也就是得不到長上的強大幫助，適合外鄉發展，白手起家。

如月柱空亡：代表青年運17～32歲，學業、家庭、事業多阻逆，也代表此生在獲得兄弟姊妹或父母親的助力不大、以及本人內心的特性及創意性全被空亡壓抑，才能無法發揮，與父母、兄弟也較緣薄。

如日柱空亡：代表中年運33～48歲，家庭、事業多阻礙，夫妻難白首偕老，或早別離、

或有損本身之運勢。也代表此生你在外界的表現無法很理想也無法很如願，且配偶的幫助也不大。夫妻緣較薄或婚姻較不順。

如時柱空亡：代表晚運49歲以後多阻礙困頓，老年較孤寂，子息、下屬緣較薄，子女稀少或多生女，本身晚運較孤獨、困乏。也代表此生在事業、家庭、人際關係及子孫、學生、部屬、員工之間的對待無法得到滿意的狀況，互相扶持的助力也不大。

◎如局中三空反而不見得不好，乃空亡物極必反之現象。

◎如柱中有惡神、煞神、忌神落入空亡則可減其凶力。

◎如柱中有吉神、貴人、喜神或用神落空亡時，那吉祥之力將減半。

論十二運星與空亡之各種現象

十二長生該柱位下之地支如爲空亡，就有可能有以下各種現象：

長生十空亡：可能跟親人緣薄且淡，缺乏助力，須自立。

沐浴十空亡：一生中可能較會奔走變動，生活較不安定。

冠帶十空亡：凡事自負容易產生挫折，名譽上也較容易受損。

臨官＋空亡：會為他人擔保而受累，夫妻常會爭吵、奔波。

帝旺＋空亡：與配偶、子女緣薄且淡，且目標易改變，一生成敗兩極。

衰＋空亡：心情常感不安和不踏實，且有神經質，也較感孤獨。

病＋空亡：身體、心態呈病弱狀態，容易受外來因素影響情緒。

死＋空亡：心態純真，因不善交際故一生不宜從商。

墓＋空亡：可能會與人爭吵或不睦，親族也可能會受辱，也會喜新厭舊。

絕＋空亡：為滿足現實物質生活而有計劃去執行。

胎＋空亡：心性起伏大，疑心病很重。

養＋空亡：做事不穩當，住所及職業常變動。

比肩逢空亡：

兄弟姊妹間之緣分薄，或易早別離，或不睦，在未來的合夥事業上較不順利，比較容易吃虧，手足、朋友、同事、同業間少往來較無助力。

劫財逢空亡：

兄弟姊妹間之緣分薄，或易早別離，或不睦，在未來的合夥事業上較不順利，比較容易吃虧，手足、朋友、同事、同業間少往來較無助力。

食神逢空亡：

女命：食神空亡，子女間親情較薄，或多生男孩之兆，或有墮胎之情形，或有流產之慮。

男命：食神逢空亡者，男孩較少，若食神為用神而空亡，則本人不善思考較易出問題，與子女之間關係差。

傷官逢空亡：

男命傷官：空亡，易與子女不和，或經商缺乏貴人之助力。

女命傷官：空亡，易損子息，或較不生男、多生女，婚姻易遭阻擾、波折或有較多之口舌，結婚後與公婆不易溝通，與子息緣分薄，有流產之慮。

正財逢空亡：

正財逢空亡，代表著財務運轉不順暢，一生中身上無大財，但並非無財可帶，只是無權支配，且在未來恐有事業損失或改業之象，而且要防財務被盜而致損失，男命：正財星空亡，比較容易與原配夫人之感情有變卦，離異或分居之象，有再婚或配偶身體病弱之情況發生，不論男女正財空亡，比較容易破財，有財來財去較不易聚財之現象。

偏財逢空亡：

偏財代表父親，逢空亡，代表與父親感情容易變得淡薄，父緣由佳轉差，或父親身體有病弱之象，男命偏財逢空亡，易與原配分離，有再娶、喪偶或妻子有病弱之現象，偏財亦是財務，逢空亡，代表財權旁落，易有破財、破產、事業損失或改業的現象發生，或有財來財去積財不易之現象。

正官逢空亡：

正官對於女性而言，是丈夫，也代表著行政大權，且與學歷及官運有關係。正官空亡，學歷總因意外而有所變化，原本應有的學歷因空亡而受到打斷，總是不能如願。職場上亦升官無望，縱使獲得官位，亦不能長久在位，女命一個正官在月柱或日柱而空亡者，容易和丈夫有生離或死別之象，不在月日兩柱而空亡者，亦易與原配之感情有所變化，有分居可能，若原命正官有兩位以上，其中一個落入空亡，乃離婚再嫁之兆。若原命盤不見正官，而有七殺落入空亡，也是與原配有分離之現象。

七殺逢空亡

如從政為官者，易失敗或失權、失勢，男命七殺逢空亡，不易生兒子，而且其男兒較遲才能說話；女命七殺空亡者，夫緣差，容易有婚變，官殺混雜，其中一官殺逢空亡之女命，對婚姻反而較無波折。

正印逢空亡：

正印亦是母親，逢空亡者，與母親緣分易由佳轉壞，或母親多病痛，若本上正印、偏印兩者俱現，僅偏印逢空亡者，尚不致影響母親或本身學業。正印逢空亡，會有退票或申請文件被駁回之象，正印代表契約、文書、權柄或學術，若逢空亡者，學術上雖有成就，但也要注意與文書有關之權利會喪失，或因而受害，對於簽訂契約、稅金、支票本票類之與文書有關者，均宜小心處理以免受害。

偏印逢空亡；

偏印亦是繼母、祖父母，逢空亡者，與母親或繼母、祖父母緣分易由佳轉壞，或母親多病痛，偏印逢空亡，會有逃避責任的現象，心情不安定，對事情的判斷容易反覆不定，名聲易受損，少貴人相助。

第十四節 本命八字五行分數算法

吉祥坊易經開運中心八字軟體命盤中各五行得分解說表

以下圖行中各五行基本都定為12分，五行共60分

P13 命盤範例

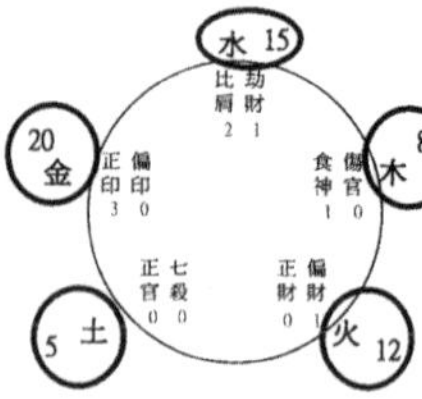

姓名	P13		性別	男
西元	1981 年			
國曆	22	24	5	70
農曆	22	21	4	70
日期	時	日	月	年
主星	正印	日元	劫財	正印
天干	辛 金	壬 水	癸 水	辛 金
地支	亥 水	寅 木	巳 火	酉 金
	←合→（亥寅） ←沖→（亥巳）		←刑害→（寅巳）	←半三合→（巳酉）
藏干	甲壬 木 水	戊丙甲 土 火 木	庚戊丙 金 土 火	辛 金
副星	食神 比肩	七殺 偏財 食神	偏印 七殺 偏財	正印
十二運星	臨官 49-64	病 33-48	絕 17-32	沐浴 1-16
特星神煞	祿神 月破 天德貴人 喪門 劫煞	流霞 文昌 元辰 劫煞 十三靈日 三奇	孤辰 亡神 天乙貴人 白虎	沐浴 天德貴人

歲	77–86	67–76	57–66	47–56	37–46	27–36	17–26	7–16
大運	乙酉	丙戌	丁亥	戊子	己丑	庚寅	辛卯	壬辰

出生後6年3個月又27天交大運

星座：雙子座

忌神：水金

用神：木火土

喜神：

空亡：子丑辰巳

血型：A

格局：偏財格

命宮：庚子

胎元：甲申

胎息：丁亥

天運五行：木

年	104 (35歲)	101 (32歲)	98 (29歲)	95 (26歲)	92 (23歲)
干支	乙 傷官 未 正官	壬 比肩 辰 七殺	己 正官 丑 正官	丙 偏財 戌 七殺	癸 劫財 未 正官
神煞	天狗	龍德	五鬼	太陽	天狗
年	105 (36歲)	102 (33歲)	99 (30歲)	96 (27歲)	93 (24歲)
干支	丙 偏財 申 偏印	癸 劫財 巳 偏財	庚 偏印 寅 食神	丁 正財 亥 比肩	甲 食神 申 偏印
神煞	病符	白虎	小耗	喪門	病符
年	106 (37歲)	103 (34歲)	100 (31歲)	97 (28歲)	94 (25歲)
干支	丁 正財 酉 正印	甲 食神 午 正財	辛 正印 卯 傷官	戊 七殺 子 劫財	乙 傷官 酉 正印
神煞	太歲	福德	歲破	太陰	太歲

以上各五行之得分是由圖六而來的

五行得分一覽表（圖六）

天干在年、月、日、時干時得分狀況

天干	甲木	乙木	丙火	丁火	戊土	己土	庚金	辛金	壬水	癸水
得分	5	5	5	5	5	5	5	5	5	5

在四柱地支藏干中之天干一覽表，如藏干有三字則分主氣、餘氣、雜氣

地支	子	丑	寅	卯	辰	巳	午	未	申	酉	戌	亥
藏干	癸	辛癸己	戊丙甲	乙	癸乙戊	庚戊丙	己丁	乙丁己	戊壬庚	辛	丁辛戊	甲壬

地支藏干在「年、日、時」支時主氣、餘氣、雜氣得分狀況，每個地支分數為8分

地支	子	丑	寅	卯	辰	巳	午	未	申	酉	戌	亥
藏干	癸	辛癸己	戊丙甲	乙	癸乙戊	庚戊丙	己丁	乙丁己	戊壬庚	辛	丁辛戊	甲壬
得分	8	1、2、5	1、2、5	8	1、2、5	1、2、5	3、5	1、2、5	1、2、5	8	1、2、5	3、5

地支藏干在「月」支時主氣、餘氣、雜氣得分狀況，在月支分數為16分

地支	子	丑	寅	卯	辰	巳	午	未	申	酉	戌	亥
藏干	癸	辛癸己	戊丙甲	乙	癸乙戊	庚戊丙	己丁	乙丁己	戊壬庚	辛	丁辛戊	甲壬
得分	16	2、4、10	2、4、10	16	2、4、10	2、4、10	6、10	2、4、10	2、4、10	16	2、4、10	6、10

以上得分直接對應到命盤的干支加總後即可得知：五行分數總分為60分，有了這個分數後我們就可一目了然得知哪一個五行太多、太少。

那什麼是叫八字改運？就是命盤中之五行將其調整平均為原則，也就等於多退少補。

將本命盤中得分最高的五行用奇門遁的方式將它合化成喜用神。

將本命盤中得分最低的五行用奇門遁的方式將它補足叫補喜用神。

以p13命盤為例

金的分數：年天干（辛金5）+時天干（辛金5）+年藏干（辛金8）+月藏干（庚金2）共20分

水的分數：月天干（癸水5）+日天干（壬水5）+時藏干（壬水5）共15分

木的分數：日藏干（甲木5）+時藏干（甲木3）共8分

火的分數：月藏干（丙火10）+日藏干（丙火2）共12分

土的分數：月藏干（戊土4）+日藏干（戊土1）共5分

全部五行加起來共60分

第十五節　胎元、胎息之排法及應用

胎元排法

例如月柱干支爲乙丑月，月干乙進一位爲丙，月支進三位爲辰，故胎元爲丙辰。

胎元之意即受胎之月也。胎元之說法是以正常人之胎期十月爲準，但在實際人之受胎至誕生的胎期，有的提早或延後，或有七月、八月、九月、十月，因此胎元理論與實際往往有出入而不能完全相合。胎元屬先天，乃人於母親腹中未生之時，懷孕時之契機。胎元干支與月柱干支乃同源而出，故其重要性不可不知，其重要性僅次於月柱。

◎胎元之應用：

1．輔助四柱八字來參看，視其爲喜或忌神而決定吉凶。

2．胎月見貴，必有福分；刑衝破害，勞苦艱辛。

3．鬼谷子曰：「胎中如有祿，生在貴豪家；或值空亡中，貧窮起怨差。」

4．以胎元作爲一生富貴貧賤之重要參考，以補四柱之不足。

5．「凡人胎數長，壽必長；胎數短，壽必短。更看納音何如？若胎元與時之干支納音五行相生不刑剋者，主壽。」

6．胎元受胎之月份，其月支所屬之身體器官部位有可能是日後最容易生病之部位。

7．胎元與四柱忌逢沖刑害，若逢沖刑害之情形，爲胎元受損傷，會應驗在胎元所代表身體腑臟部位，或母親在懷孕或生產時有難產或疾病。

8．「胎元『生』命爲吉，『剋』命不利」。如乙丑年生人，納音金，若是乙未月生，（胎元爲丙戌納音土），土生金，即爲胎元生命吉利；若是癸丑月生，得甲辰（胎元納音火），火剋金，即爲剋命不吉。

受胎之月，胎元與命生剋之吉凶，可用作生育兒女優生學，選擇吉月受胎之參考。

9．原命局若無用神可取，可參考胎元取用神。

10．原命局有病缺藥取用，可參考胎元斟酌取用。

胎息（息元）

與日柱干支相合者，即爲胎息。

例如日柱爲甲午，與日干甲相合爲己，與日支午相合者爲未，故己未即爲胎息。

大抵而言，胎元爲先天（受胎之月），胎息爲後天。故有「先天胎元，後天息元」之說法。唯實際使用上，胎元因對四柱八字較有影響，可供論命時之參考；胎息（息元）因傳統古書有此一說，認爲胎息爲受胎之「時」，但實際論命上僅供參考用。

第十六節　八字身強、身弱算最簡單的判斷法

P14爲身弱盤　小於25～30

時	日	月	年	
姓名	P14		性別	女
西元	1972 年			
22	16	4	61	國曆
22	3	3	61	農曆
時	日	月	年	日期
偏財	日元	正印	正官	主星
辛 金	丁 火	甲 木	壬 水	天干
亥 水	丑 土	辰 土	子 水	地支
甲壬 木水	辛癸己 金水土	癸乙戊 水木土	癸 水	藏干
正正 印官	偏七食 財殺神	七偏傷 殺印官	七殺	副星
胎 49-64	墓 33-48	衰 17-32	絕 1-16	十二運星
天乙貴人 驛馬	天德合 月德合 飛刃 墓庫 華蓋 退神	五鬼	天德貴人 月德貴人	特星神煞

天干：丁、壬 合；辛、丁 剋。地支：丑、子 合；辰、子 半三合。

74－83	64－73	54－63	44－53	34－43	24－33	14－23	4－13	歲
丙申	丁酉	戊戌	己亥	庚子	辛丑	壬寅	癸卯	大運

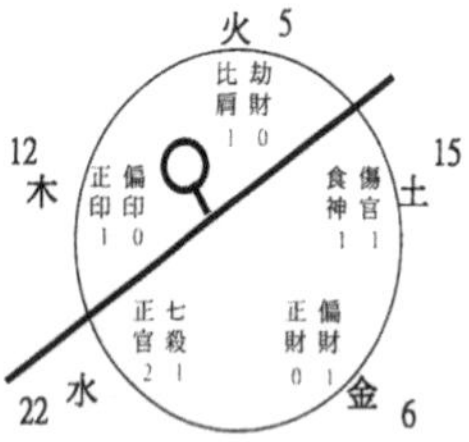

出生後3年11個月又18天交大運

星座：牡羊座
忌神：土水
喜用神：火木
空亡：寅卯申酉
血型：0
格局：傷官格
命宮：壬寅
胎元：乙未
胎息：壬子
天運五行：木

104 (44歲)	101 (41歲)	98 (38歲)	95 (35歲)	92 (32歲)	年
乙 偏印 未 食神	壬 正官 辰 傷官	己 食神 丑 食神	丙 劫財 戌 傷官	癸 七殺 未 食神	干支
龍德	五鬼	太陽	天狗	龍德	神煞
105 (45歲)	102 (42歲)	99 (39歲)	96 (36歲)	93 (33歲)	年
丙 劫財 申 正財	癸 七殺 巳 劫財	庚 正財 寅 正印	丁 比肩 亥 正官	甲 正印 申 正財	干支
白虎	小耗	喪門	病符	白虎	神煞
106 (46歲)	103 (43歲)	100 (40歲)	97 (37歲)	94 (34歲)	年
丁 比肩 酉 偏財	甲 正印 午 比肩	辛 偏財 卯 偏印	戊 傷官 子 七殺	乙 偏印 酉 偏財	干支
福德	歲破	太陰	太歲	福德	神煞

P15 爲身強盤大於25～30

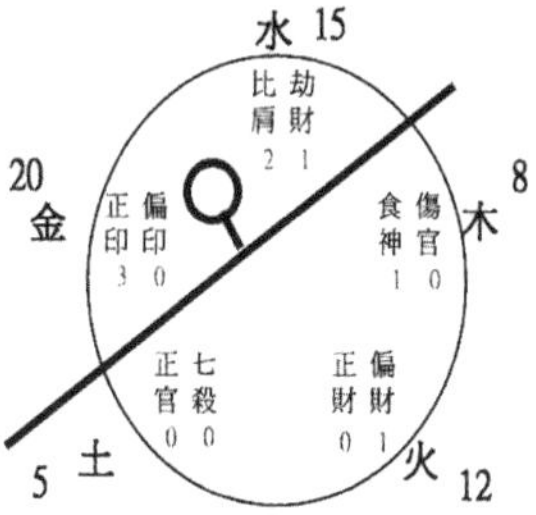

星座：雙子座
忌神：水金
喜用神：木火土
空亡：子丑辰巳
血型：A
格局：偏財格
命宮：庚子
胎元：甲申
胎息：丁亥
天運五行：木

出生後6年3個月又27天交大運

姓名	P15		性別	男
西元	1981 年			
22	24	5	70	國曆
22	21	4	70	農曆
時	日	月	年	日期
正印	日元	劫財	正印	主星
辛 金	壬 水	癸 水	辛 金	天干
亥 水	寅 木	巳 火	酉 金	地支
甲壬 木水	戊丙甲 土火木	庚戊丙 金土火	辛 金	藏干
食神 比肩	七殺 偏財 食神	偏印 七殺 偏財	正印	副星
臨官 49-64	病 33-48	絕 17-32	沐浴 1-16	十二運星
祿神 月破 天德貴人 喪門 劫煞	流霞 文昌 元辰 劫煞 十三靈日 三奇	孤辰 亡神 天乙貴人 白虎	沐浴 天德貴人	特星神煞

地支關係：亥—寅—巳 沖（亥、巳）；亥寅 合；寅巳 刑害；巳酉 半三合

77-86	67-76	57-66	47-56	37-46	27-36	17-26	7-16	歲
乙酉	丙戌	丁亥	戊子	己丑	庚寅	辛卯	壬辰	大運

104 (35歲)	101 (32歲)	98 (29歲)	95 (26歲)	92 (23歲)	年
乙 傷官 未 正官	壬 比肩 辰 七殺	己 正官 丑 正官	丙 偏財 戌 七殺	癸 劫財 未 正官	干支
天狗	龍德	五鬼	太陽	天狗	神煞
105 (36歲)	102 (33歲)	99 (30歲)	96 (27歲)	93 (24歲)	年
丙 偏財 申 偏印	癸 劫財 巳 偏財	庚 偏印 寅 食神	丁 正財 亥 比肩	甲 食神 申 偏印	干支
病符	白虎	小耗	喪門	病符	神煞
106 (37歲)	103 (34歲)	100 (31歲)	97 (28歲)	94 (25歲)	年
丁 正財 酉 正印	甲 食神 午 正財	辛 正印 卯 傷官	戊 七殺 子 劫財	乙 傷官 酉 正印	干支
太歲	福德	歲破	太陰	太歲	神煞

身強及身弱的判斷可用上圖之分數爲基準，準確率達80～90％。

「以正印偏印加比肩劫財爲一組」、「食神傷官加正財偏財加正官七殺爲一組」

正印偏印加比肩劫財這組分數如果超過30分或以上可論定爲身強。

「以正偏印加比劫爲一組」、「食傷加正偏財加官殺爲一組」

正偏印加比劫這組分數如果低於25分或以下大約可論定爲身弱。

PS剛剛說「正印偏印加比肩劫財」這組分數如果超過30分或以上可論定爲身強，但有一種狀況是，這一組加起來只有25分，但命盤中的「月支五行」是跟「日主五行」相同或「月支五行是生日主五行」，則這種狀況也算身強（因爲月令分量較重的關係）

PS如果月令是辰（土中藏木），因三會局的關係辰的五行代表是木（寅卯辰三會木）。

PS如果月令是未（土中藏火），因三會局的關係未的五行代表是火（巳午未三會火）。

PS如果月令是戌（土中藏金），因三會局的關係戌的五行代表是金（申酉戌三會金）。

PS如果月令是丑（土中藏水），因三會局的關係丑的五行代表是水（亥子丑三會水）。

但這種判斷方法不是100％正確尚需配合一些經驗才能更加準確

以P14命盤得知「正印偏印加比肩劫財」這組分數爲17分，所以稱該員爲身弱。

以P15命盤得知「正印偏印加比肩劫財」這組分數爲37分，所以稱該員爲身強。

第十二章

從八字的格局看個性及優缺點

例：P15命盤中格局爲偏財格（爲火是喜用神），請直接看偏財格優點的解釋，如果爲忌神那就看缺點的解釋。

如果是建祿格看「比肩」解釋，陽刃看「劫財」解釋，特殊格局看月支主氣解釋。

比肩格的解釋

優點：1、有強烈的自尊心，雖剛強卻不魯莽、偏激。

2、有自知之明，凡事量力而爲，不做非分之想。

3、富有處事能力，但按部就班不急功好利，臨事不懼，臨危不縮。

4、有操作性，但慢條斯理不急不切，不任意侵犯他人也不容他人侵犯自己。

5、表裡如一，言行一致，感情眞摯，不會忽冷忽熱，對自己充滿信心，堅守崗位，努力以赴。

缺點：1、人緣不佳，人際關係不好，按照自己的意思生活難以相處。

2、易與人爭執，對家人、部屬均不能通情達理，讓人敬而遠之。

3、只知自己硬幹任性，不懂得運用智慧或謀略來爭取別人的合作。

4、求才謀事辛苦勞累、事半功倍。

劫財格的解釋

優點：1、有個性、口才好、社交佳、喜歡出風頭。

2、心思敏捷能臨機應變，善於見風轉舵以適應環境之變化。

3、不重禮俗，想到就做、做了再說，內心絕不壓抑、不思索。

4、富果斷的行動力，如行佳運時往往可以創造出輝煌的事業而成爲大企業家。

缺點：1、具雙重人格，外表牽合、內心鐵齒，自相矛盾、格格不入。

2、性情陰晴不定、翻臉無常、多愁善感、難以相處、嫉妒他人的成就，故易交朋友也易失去朋友。

3、不善於理財又急功近利，野心太大，常不顧一切孤注一擲，所謂「不到黃河不死心，不見棺材不掉淚」之型，導致一敗塗地，使生活陷於困境。

4、對外人慷慨，尤其對異性多情、開朗，對家人吝嗇，故婚後往往因兄弟、朋友之事與配偶鬧意見。

食神格的解釋

優點：

1、文質彬彬、氣質高雅、通情達理、聰明細緻，不善與人爭權奪利，雖會出風頭卻不至鋒芒畢露。

2、思想清新脫俗，喜歡優美又有內涵之事物，注重生活情調，不做不喜歡做的事。

3、感情豐富，對藝術、文藝及歌舞方面有偏好，能專精於一技，比較適合有耐性之工作。

4、有優異的文筆、語言表達能力及藝術方面的欣賞、感受、表現能力。

5、重視家庭佈置、氣氛及飲食之藝術，爲「口福之星、飲食之神」。

缺點：1、自命清高，自負不凡，陶醉在孤芳自賞的世界裡，不能與現實調和。

2、頭腦活動旺盛，想東想西，故常有失眠、腦神經衰弱、頭痛等症狀。

3、在空虛、寂寞時會過度發洩性慾影響健康，尤以女性爲忌。

傷官格的解釋

優點：1、成就慾強、慾望高、主觀強，洋溢活力與戰鬥精神。

2、不受約束、抗拒世俗規範，喜歡無拘無束、自由自在，對藝術獨具慧眼，適合與藝術有關的工作，如服裝設計、裝潢、建築、繪畫、表演、舞蹈、唱歌、詩人、作家及研究創新之工作。

3、善於自我推銷、智謀或藉他人之力，且表達生動、流利，適於經商，得運之時容易致富。

缺點：1、鋒芒太盛、咄咄逼人，常因堅持己見而不惜誇大其詞，以致失言樹敵而不自知。

2、好勝心強、強出風頭、不滿現實、極力掙脫現實之束縛，故常有違反理則之傾向。

3、具叛逆性，喜歡與衆不同引起他人注意、博得他人肯定，作風老大，不容他人異議，唯我獨尊。

4、興趣廣泛，什麼都想學，導致博而不精，喜新厭舊、領悟力強，養成恃才傲物、任性驕橫、一意孤行之習慣。

5、一心想擺脫禮俗束約，導致狂傲乖張、引人反感，爲了達到目的不擇手段、不惜犧牲別人。

6、性急氣短、缺乏耐性，凡事想速成、做出超出本能之事而招致失敗，卻又推卸責任、缺乏反省的處事態度。

正財格的解釋

優點：1、為人守正樸實、腳踏實地、穩紮穩打、量力而為。

2、正直而固執、性情溫和，不喜歡出風頭、嫉惡如仇，厭惡那些不勞而獲、有心機、拐彎抹角之人，能謀善略之人。

3、眼見為信，重視感官察覺，不信邪魔歪道，與神佛較緣薄，為無神論者，主張有形財物之唯物主義者。

缺點：1、對錢財斤斤計較、敏感、重視錢財、患得患失、連對自己之親友亦是如此，讓人覺得冷漠無情難以親近。

2、守本分、量力而為，卻又缺乏變化，無魄力、前瞻性、遠大抱負，故其一生缺少戲劇性的表現與成就，平穩而平淡。

3、有些事會斤斤計較又得失心重，往往因小失大而不自知，事後才後悔不已。

偏財格的解釋

優點：1、做事乾淨俐落、速戰速決，不喜歡拖泥帶水，急躁如風。
2、喜歡詩情畫意之風情，帶俠士之風骨。
3、善於利用機會賺取錢財，常有機緣巧遇獲得意外收穫，事業心重易白手起家獨創事業，在金錢上或女緣上常有戲劇性之離合得失。
缺點：1、因心性慷慨，對金錢不太在意，往往一擲千金養成浪費的習性。
2、喜歡在外逗留找財源，用錢大方、交際圓滑，易得異性歡心，導致家庭風波，因此家業容易被揮霍掉。

正官格的解釋

優點：1、人格高尚、秉公尚義、潔身自愛、服從紀律、有道德觀念。
2、做事光明正大、有板有眼、正直服從、氣質軒昂、易受群衆的信賴與尊重。
3、有管理才華、具領導資質、明辨是非、有識人之能、爲主管人才。
缺點：1、若正官太多，則個性柔弱、猶豫不決、優柔寡斷、缺乏魄力、不善掌握良機，如透年月干時，則其人幼時弱小溫和而怕事。
2、做事缺乏變通性，容易滿足現實，無遠大志向難圖大業。

七殺格的解釋

優點：1、勇於突破環境、開創新機，適於改革性或破壞性之工作。
2、威嚴有權、智略明敏、明察秋毫、綿密細緻、運籌帷幄、善於策劃、領導能力強、能得部屬及子女之敬畏。

缺點：1、謀事採取競爭手段，個性剛倔又行事偏激，導致樹敵招恨。
2、爭強好勝、猜忌多疑、不信任他人，導致孤軍奮鬥、事倍功半、倍極辛勞。

正印格的解釋

優點：1、氣質優雅、智慧聰穎、寬容善良、仁慈聰慧、不計較仇恨，重視學問之充實、品德之修養與精神上之調劑。
2、清高自負、自遠小人、自勵自愛、方正親切、重人情、愛面子。
3、信仰宗教、先知先覺、易得名聲、易掌握權責、常得貴人之提拔、能享現成之福氣。

缺點：1、自視清高，對金錢不重視，本性木訥而不善營謀，有脫離現實不切實際的想法，缺乏應變能力。

2、不善察言觀色、不善鉤心鬥角、不願同流合污。

3、愛面子而打腫臉充胖子，會掩飾自己的過失，嚴重甚至會虛僞詐欺以致觸犯法網。

偏印格的解釋

優點：1、思考細膩、機智靈敏、感覺敏銳、善於臨機應變、優秀之領悟能力、觀察入微、老練能幹、警覺性高且能保守秘密。

2、喜怒哀樂不行於色，能讓異性信賴，奇妙點子特別多。

缺點：1、思想超凡怪異，性格內向多疑，喜歡離群獨處，常有厭惡世俗之心。

2、雖有鬥志卻耐心不足，做事往往三心兩意，以致東不成西不就。

3、雖好學藝卻少有成就、思想奇特、標新立異、喜歡走捷徑、不按部就班，喜歡走旁門左道追求捷徑，往往無事空忙。

4、偏印過重則利己心強烈，過度自我評價，以致雖與人和睦相處，令人有自私、孤僻之感。

第十三章

如何用最簡單的方法來判斷一生之喜用神及忌神

聽說學八字要能準確斷出喜神、用神、忌神、閒神大概沒有3年的經驗，很難斷的很精準，本中心研究一套既簡單又方便，又準確的計算方法來跟讀者分享。首先，我們將四柱八字中的天干，每個字不管在哪一柱都定爲5分，地支中的年、日、時都定爲8分，但月支定爲16分，總分共60分（算分數時要以天干爲計算基準，所以地支要用藏干來計算分數），只要將各五行之得分狀況依經驗之公式來判斷，就可得知用神、喜神、忌神、閒神等等。

以下爲各干支的五行得分一覽表

我們先來瞭解一下天干及地支五行在各柱的得分狀況。

天干在年、月、日、時之得分狀況：

天干	甲木	乙木	丙火	丁火	戊土	己土	庚金	辛金	壬水	癸水
得分	5	5	5	5	5	5	5	5	5	5

在四柱地支藏干中之天干一覽表，如藏干有三字則分主氣、餘氣、雜氣

地支	子	丑	寅	卯	辰	巳	午	未	申	酉	戌	亥
藏干	癸	辛癸己	戊丙甲	乙	癸乙戊	庚戊丙	己丁	乙丁己	戊壬庚	辛	丁辛戊	甲壬

地支藏干在「年、日、時」支時主氣、餘氣、雜氣得分狀況，每個地支分數爲8分

地支	子	丑	寅	卯	辰	巳	午	未	申	酉	戌	亥
藏干	癸	辛癸己	戊丙甲	乙	癸乙戊	庚戊丙	己丁	乙丁己	戊壬庚	辛	丁辛戊	甲壬
得分	8	1、2、5	1、2、5	8	1、2、5	1、2、5	3、5	1、2、5	1、2、5	8	1、2、5	3、5

地支藏干在「月」支時主氣、餘氣、雜氣得分狀況，在月支分數爲16分

地支	子	丑	寅	卯	辰	巳	午	未	申	酉	戌	亥
藏干	癸	辛癸己	戊丙甲	乙	癸乙戊	庚戊丙	己丁	乙丁己	戊壬庚	辛	丁辛戊	甲壬
得分	16	2、4、10	2、4、10	16	2、4、10	2、4、10	6、10	2、4、10	2、4、10	16	2、4、10	6、10

有了以上的資料後，只要將排好的八字命盤用上述之方法套入四柱中，即可得知木、火、土、金、水各五行之得分，有了正確的得分後，就可以用八字取喜用神法之原理來斷定哪個五行是用神、忌神、閒神，此方法簡單明瞭。

命盤中五行分數算法案例說明

案例1

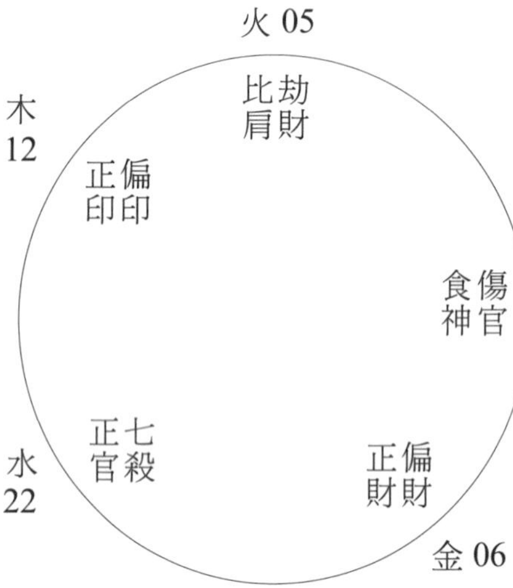

日期	農曆	得分	天干	地支	藏干	得分
年	61	5	壬	子	癸	8
月	3	5	甲	辰	癸乙戊	2 4 10
日	3	5	丁	丑	辛癸己	1 2 5
時	22	5	辛	亥	甲壬	3 5

由案例1：命盤四柱中的天干及地支藏干套上各五行得分表後即可得知五行分數，總分爲60分。

以案例1命盤爲例

火的分數：日干（丁火5）……共5分

土的分數：月支藏干（戊土10）+日支藏干（己土5）共15分

金的分數：時天干（辛金5）+日支藏干（辛金1）共6分

水的分數：年干（壬水5）年支（癸水8）+月支藏干（癸水2）+日支藏干（癸水2）+時支藏干（壬水5）共22分

木的分數：月干（甲木5）+月支藏干（乙木4）+時支藏干（甲木3）共12分

以上火、土、金、水、木、相加共60分

有了這個分數後，我們就可一目了然得知哪一個五行太多、太少，就可以用分數的多或少來定喜用神及忌神或閒神。

一般八字取喜用、忌神之原則大約不離以下大方向

正常命造之取用神，即以「扶抑」、「調候」、「通關」等三種方式。而其中以「扶抑」爲取用神之方法，應用最多。簡述如下：

1．**日干強旺：**且正印偏印多，應取正財偏財爲用神之首要，無財星方可取用正官七殺或食神傷官。

如果比肩、劫財多應取正官七殺或食神傷官星爲首要，若無正偏印方可取用正財偏財。

但強勝於旺，強宜洩，旺宜剋，此點須靈活應用才是。

2．**日干稍弱**：正官七殺過多，應取正印偏印爲用神爲之首要，若無正偏印星方可用比肩劫財。

正財偏財衆多，應取比肩劫財爲用神，若無正偏財星方可用正印偏印。

食神傷官星多，應取正印偏印爲用神，若無正偏印星方可用比肩劫財。

雖然大原則很多人都知道，但一般人對文字的理解力可能沒像數字那麼清析及好判斷，所以我就將以前跟張新彩老師所學的五行分數判斷法靈活應用後，覺得很好記、很好學又很容易懂，建議您不妨試看看。

有了以上的原則，我們即可用各五行的分數來看出強弱，一下子就可看懂，看懂後就可再應用很簡單的公式來判斷命盤中的用神、喜神、忌神、閒神等等。

以案例1命盤爲例

得知「正印偏印加比肩劫財」這組分數爲17分（低於30分），所以稱該員爲身弱。

因身弱喜印、比（可從中選用神、喜神或閒神），因身弱不喜洩、剋、殺，可從中來選忌神或閒神。

該員喜用神爲木、火，忌神爲土、水，而「閒神爲金」因金分數不高不能將它定爲忌神。

案例2

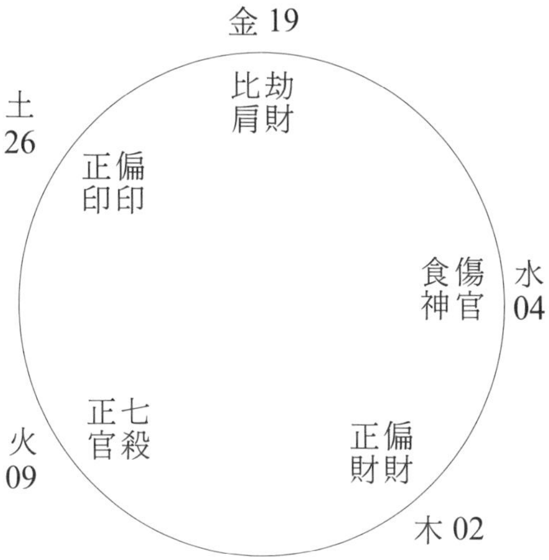

日期	時	日	月	年
農曆	17	6	7	57
得分	5	5	5	5
天干	丁	辛	己	戊
地支	酉	丑	未	申
藏干	辛	辛癸己	乙丁己	戊壬庚
得分	8	1 2 5	2 4 10	1 2 5

由案例2：命盤四柱中的天干及地支藏干套上各五行得分表後即可得知五行分數，總分爲60分。

以案例2命盤爲例

金的分數：日天干（辛金5）+年支藏干（庚金5）+日支藏干（辛金1）+時支藏干（辛金8）共19分

水的分數：年支藏干（壬水2）+日支藏干（癸水2）共4分

木的分數：月支藏干（乙木2）共2分

火的分數：時干（丁火5）+月支藏干（丁火4）共9分

土的分數：年干（戊土5）+月干（己土5）+年支藏干（戊土1）+月支藏干（己土10）+日支藏干（己土5）共26分

以上金、水、木、火、土相加共60分

有了這個分數後，我們就可一目了然得知哪一個五行太多、太少，就可以用分數的多或少來定喜用神及忌神或閒神。

由案例1及案例2很清楚命盤中之各五行得分狀況，既然知道怎麼算分數，那要斷喜神、用神、忌神、閒神就顯得很容易了，也許大家都知道八字分身強、身弱。

身強喜「洩」食神傷官、「剋」正財偏財、「殺」正官七煞；身弱喜「印比」：正印偏印、比肩劫財）。

解說：身強及身弱的判斷可用上圖案例1及案例2之圓形圖分數爲基準，準確率有100%。

A.「以正偏印加比劫爲一組」、「食傷加正偏財加官殺爲一組」

正偏印加比劫這組分數如果超過30分或以上，可論定爲身強。身強者大概可當成忌神

因身強喜洩、剋、殺（可從中選用神、喜神或閒神）、因身強不喜印、比（可從中來選忌神或閒神）。

B.「以正印偏印加比肩劫財爲一組」、「食神傷官加正財偏財加正官七殺爲一組」

正偏印加比劫這組分數如果低於30分以下，大約可論定爲身弱。身弱者「印、比」大概可當喜用

因身弱喜印、比（可從中選用神、喜神或閒神），因身弱不喜「洩、剋、殺」可從中來選忌神或閒神。

C.剛剛說「正偏印加比劫」這組分數如果超過30分或以上，可論定爲身強，如果分數低於30分以下，大約可論定爲身弱，但有一種狀況是，「正偏印加比劫」這一組加起來只有24分，但命盤中的「月支五行」是跟「日主五行」相同或「月支五行是生日主五行」，則這種狀況也算身強（因爲月令分量較重的關係，也稱之爲得時）。

命盤中的「月支五行」對日干五行生剋比重關係如何，如果是木、火、金、水，那請直接判斷，如果是土（辰、戌、丑、未）的話，那我們就必須要瞭解三會局之關係。

PS如果月令是辰，因三會局的關係辰的五行代表是木，（寅卯辰三會木）

PS如果月令是未，因三會局的關係未的五行代表是火，（巳午未三會火）

PS如果月令是戌，因三會局的關係戌的五行代表是金，（申酉戌三會金）

PS如果月令是丑，因三會局的關係丑的五行代表是水，（亥子丑三會水）

所以用這樣的公式，就可以將月支的五行與日干五行做比對而得知一張命盤屬身強或身弱，因此由身強或身弱而來判定喜用神了。

以案例2爲例

解說：A.「以正偏印加比劫爲一組」、「食傷加正偏財加官殺爲一組」正偏印加比劫這組分數如果超過30分或以上，可論定爲身強。身強者大概可當成忌神。因身強喜洩、剋、殺（可從中選用神、喜神或閒神），因身強不喜印、比（可從中來選忌神或閒神），所以該員印、比加起來45分，所以土及金爲忌神。洩、剋分數各爲4分（水）及2分（木）

所以將其定爲用神及喜神，殺五行爲火有9分，它又會生土且該員又出生在夏天不適合用火，所以將火定爲閒神。

但這種判斷方法不是100%正確，但準確率應有80～90％，如能配合一些經驗就能更加準確。

案例3

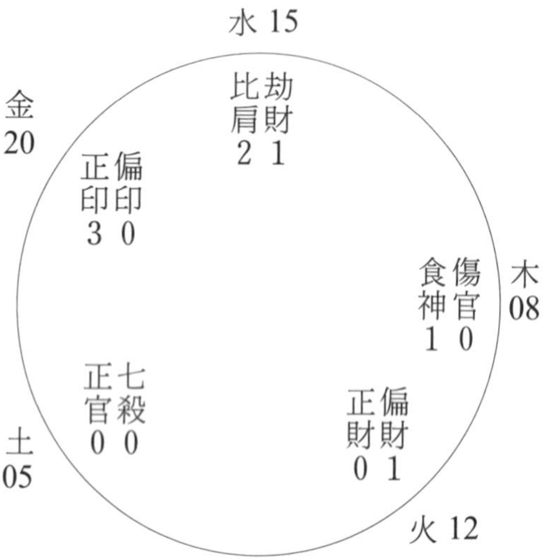

日期	時	日	月	年
農曆	22	21	4	70
得分	5	5	5	5
天干	辛	壬	癸	辛
地支	亥	寅	巳	酉
藏干	甲壬	戊丙甲	庚戊丙	辛
得分	3 5	1 2 5	2 4 10	8

由案例3：命盤四柱中的天干及地支藏干套上各五行得分表後即可得知五行分數，總分爲60分。

以案例3命盤爲例

水的分數：月天干（癸水5）+日天干（壬水5）+時支藏干（壬水5）共15分
木的分數：日支藏干（甲木5）+時藏干（甲木3）共8分
火的分數：月支藏干（丙火10）+日支藏干（丙火2）共12分
土的分數：月支藏干（戊土4）+日支藏干（戊土1）共5分
金的分數：年天干（辛金5）+時天干（辛金5）+年支藏干（辛金8）+月支藏干（庚金2）共20分

以上水、木、火、土、金相加共60分

有了這個分數後，我們就可一目了然得知哪一個五行太多、太少，就可以用分數的多或少來定喜用神及忌神或閒神。

以案例三為例

解說：A.「以正印偏印加比肩劫財為一組」、「食神傷官加正財偏財加正官七殺為一組」

正偏印加比劫這組分數如果超過30分或以上，可論定為身強。身強者大概可當成忌神。因身強喜洩、剋、殺（可從中選用神、喜神或閒神），因身強不喜印、比（可從中來選忌神或閒神），所以該員印、比加起來35分，所以金及水為忌神。洩8分（木）、殺分數為

5分（土），所以將其定爲用神及喜神，剋五行爲火有12分且該員又出生在夏天不適合用火，所以將火定爲閒神。

案例4

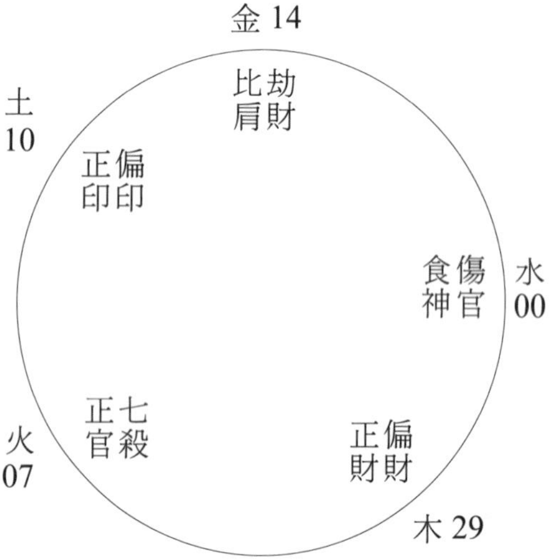

日期	年	月	日	時
農曆	64	9	8	6
得分	5	5	5	5
天干	乙	丙	辛	辛
地支	卯	戌	卯	卯
藏干	乙	丁辛戊	乙	乙
得分	8	2 4 10	8	8

由案例4：命盤四柱中的天干及地支藏干套上各五行得分表後即可得知五行分數，總分爲60分。

以案例4命盤爲例

金的分數：日天干（辛金5）+時天干（辛金5）+月支藏干（辛金4）共14分

水的分數：0分

木的分數：年天干（乙木5）+年支藏干（乙木8）+日支藏干（乙木8）+時支藏干（乙木8）共29分

火的分數：月干（丙火5）+月支藏干（丁火2）共7分

土的分數：月支藏干（戊土10）共10分

以上金、水、木、火、土相加共60分

以案例4爲例

解說：此例符合C.條之原則「正偏印加比劫」，這組分數如果超過30分或以上，可論定爲身強，分數如果低於30分以下，大約可論定爲身弱，但有一種狀況是，「正偏印加比劫」這一組加起來只有24分，但命盤中的「月支五行」是跟「日主五行」相同或「月支五行是生日主五行」，則這種狀況也算身強（因爲月令SH　量較重的關係，也稱之爲得時）。

所以此例爲身強，該員印、比加起來24分，所以金爲忌神，土爲閒神（因土才10分）不算太多。

洩0分（水）、殺分數爲7分（火），所以將其定爲用神及喜神，剋五行爲木有29分，顯然太多了，所以也將定爲忌神。

PS身強喜「洩」食神傷官、「剋」正財偏財、「殺」正官七煞；身弱喜比、印，這是大原則

身強

雖然「身強喜洩、剋、殺」，但其中之一的五行分數超過15分時，該五行就不能稱爲喜用神，而稱爲閒神，低於12分以下才稱喜用神，那印、比其中之一五行如低於8分則不算忌神、而稱閒神。

身弱

雖然「身弱喜印、比」，但其中之一的五行分數超過19分時，該五行就不能稱爲喜用神，因爲已經很高了而稱爲閒神，那洩、剋、殺其中之一五行如低於8分則不算忌神、而稱閒神，而高於13分以上才稱忌神。

經過上述解說後，建議您多算幾個命盤，您就可以很快速斷出喜神、用神、忌神，閒神

了。

那什麼是叫八字改運?就是命盤中之五行將其調整平均爲原則,也就是等於多退少補,這種方法是改運的最簡單方法,且效果不錯。

第十四章

以五行之旺度來判斷性情

此項功能的判斷方法是直接看日元五行（日干），然後直接對應以下之解說。

以上圖P15日元爲壬＝水，由P15圖得知水＝15分，分數區間屬中中，那我們就可直接查水中中（8～16），請看以下解釋

◎水：太弱（7以下）：爲人心胸狹窄、小心眼、輕浮、好投機取巧、有點賣弄小聰明、生性膽小、有點貪心、有點勢利。

中中（8～16）：擁有高智慧，生性聰明、機伶敏捷、反應力絕佳、多才多藝、心思靈巧之人。

太旺（17以上）：心性、情緒不穩定，內心多心思策略，好走旁門左道，不知進退，易陷於聰明反被聰明誤之境。

◎木：太弱（7以下）：爲人看似冷淡、無情，猜疑心也較重，嫉妒心又強，生平如果不學習熱情一點，運氣會不太好喔。

中中（8～16）：爲人蠻理性也很正直，看起來忠厚老實，內心仁慈、善良、富有正義感，會有不錯的運勢。

太旺（17以上）：讓人看起來很固執，個性較剛毅，思想較偏激，做事較無通融

性，按照條理。

◎火：太弱（7以下）：個性消極且頽喪、後知後覺，爲人有點苛薄、少人情味，常常會失神也較無主見，不知禮節，沒大沒小。

中中（8～16）：一生樂觀進取，個性積極開朗，爲人熱情豪爽、禮節周到，一切講信用、重承諾，會有不錯的運勢。

太旺（17以上）：思慮有時欠周詳、個性較急躁也較衝動，爲人比較逞強，常常自以爲是、得理不饒人。

◎土：太弱（7以下）：可能眼光較短視、淺見，個性固執、有點吝嗇，講話較無信用，會貪小便宜，待人接物較無誠信。

中中（8～16）：爲人誠實，個性篤定、忠厚、穩重、可靠、寬宏大量，講話重信用，講義氣，充滿信心，爲人值得信賴。

太旺（17以上）：有時思維欠周詳，做事遲鈍、怠惰、懶散，有點好逸惡勞，沒有責任感，做事隨便、馬虎。

◎金：太弱（7以下）：做事有時會優柔寡斷、軟弱無擔當，會膽怯又畏縮，不懂人情事故，薄情寡義，是非善惡不明。

中中（8～16）：是一個義理分明、勇敢果決、剛毅穩健、魄力十足、英明銳利之人，會有不錯的運勢。

太旺（17以上）：較會有不仁不義的傾向，有時言詞尖銳傷人，個性放縱無節制，常有背信忘義的情況。

第十五章

一生顏色喜忌從哪裡看出來

P16命盤範例

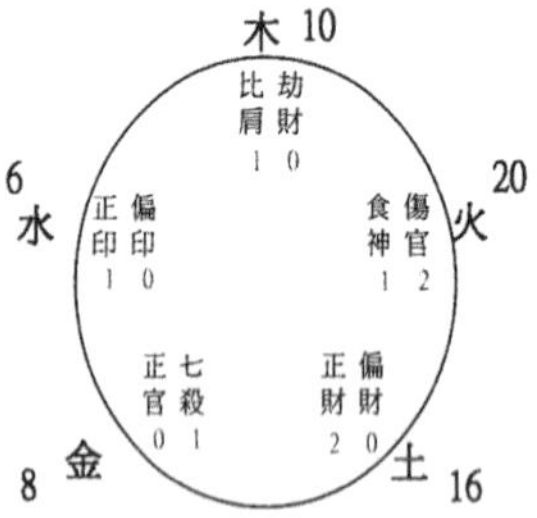

出生後5年5個月又21天交大運

星座：金牛座
忌神：火土
用神：木
喜神：水
空亡：戌亥申酉
血型：0
格局：正財格
命宮：己未
胎元：戊申
胎息：庚寅
天運五行：木

姓名	P16		性別	男
西元	1988 年			
9	20	5	77	國曆
9	5	4	77	農曆
時	日	月	年	日期
七殺	日元	食神	正財	主星
辛 金	乙 木	丁 火	戊 土	天干
巳 火	亥 水	巳 火	辰 土	地支
庚戊丙 金土火	甲壬 木水	庚戊丙 金土火	癸乙戊 水木土	藏干
正財傷官 (正官 正財 傷官)	劫財正印	正官正財傷官	偏印比肩正財	副星
沐浴 49-64	死 33-48	沐浴 17-32	冠帶 1-16	十二運星
天喜 劫煞 天德貴人 金輿 沐浴 驛馬 日破	紅鸞 龍德 元辰 月德合 月破 血刃 福星貴 十靈日	天喜 劫煞 金輿 沐浴 驛馬 日破	羊刃	特星神煞

（天干：乙辛剋、乙丁剋；地支：巳亥沖、亥巳沖）

76-85	66-75	56-65	46-55	36-45	26-35	16-25	6-15	歲
乙丑	甲子	癸亥	壬戌	辛酉	庚申	己未	戊午	大運

104 (28歲)	101 (25歲)	98 (22歲)	95 (19歲)	92 (16歲)	年
乙 比肩 未 偏財	壬 正印 辰 正財	己 偏財 丑 偏財	丙 傷官 戌 正財	癸 偏印 未 偏財	干支
太陰	太歲	福德	歲破	太陰	神煞
105 (29歲)	102 (26歲)	99 (23歲)	96 (20歲)	93 (17歲)	年
丙 傷官 申 正官	癸 偏印 巳 傷官	庚 正官 寅 劫財	丁 食神 亥 正印	甲 劫財 申 正官	干支
五鬼	太陽	天狗	龍德	五鬼	神煞
106 (30歲)	103 (27歲)	100 (24歲)	97 (21歲)	94 (18歲)	年
丁 食神 酉 七殺	甲 劫財 午 食神	辛 七殺 卯 比肩	戊 正財 子 偏印	乙 比肩 酉 七殺	干支
小耗	喪門	病符	白虎	小耗	神煞

用八字來斷一生顏色喜用或忌用，可直接看喜用神、忌神所代表的五行來決定，如果是喜用神那其五行就是對我們最有幫助；如果是忌神，那其五行就是對我們最沒有幫助。

五行顏色代表爲：

木＝綠色、淡青色

火＝紅色、紫色系

土＝黃色、棕色系

金＝白色、銀色系

水＝黑色、深藍色

命盤P16**之喜用神爲木與水**

那表示木＝綠色、淡青色，水＝黑色、深藍色，這一係列的色系最有幫助。

命盤P16**之忌神爲火與土**

那表示火＝紅色、紫色，土＝黃色、棕色，這一系列的色系最沒有幫助。

第十六章

一生中的幸運數字從哪裡得知

P16命盤範例

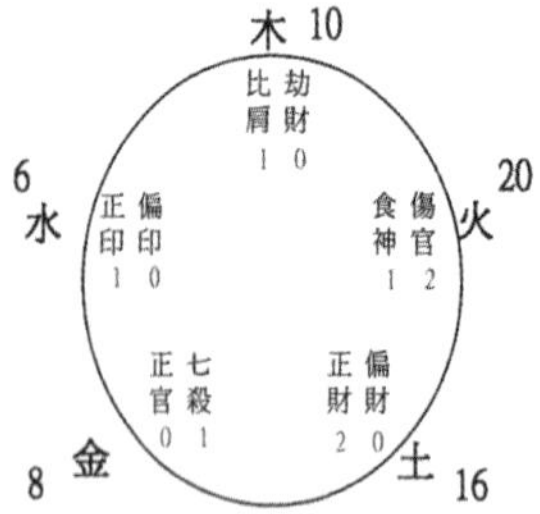

星座：金牛座
忌神：火土
喜用神：木水
空亡：戌亥申酉
血型：O
格局：正財格
命宮：己未
胎元：戊申
胎息：庚寅
天運五行：木

出生後5年5個月又21天交大運

姓名	P16		性別	男
西元	1988 年			
9	20	5	77	國曆
9	5	4	77	農曆
時	日	月	年	日期
七殺	日元	食神	正財	主星
辛 金	乙 木	丁 火	戊 土	天干
巳 火	亥 水	巳 火	辰 土	地支
庚戊丙 金土火	甲壬 木水	庚戊丙 金土火	癸乙戊 水木土	藏干
正官 正財 傷官	劫財 正印	正官 正財 傷官	偏印 比肩 正財	副星
沐浴 49-64	死 33-48	沐浴 17-32	冠帶 1-16	十二運星
金輿 天德貴人 劫煞 天喜 日破 驛馬 沐浴	月德合 元辰 龍德 紅鸞 十靈日 福星貴 血刃 月破	沐浴 金輿 劫煞 天喜 日破 驛馬	羊刃	特星神煞

天干：辛←剋→丁；辛←剋→乙
地支：巳←沖→亥；亥←沖→巳

76-85	66-75	56-65	46-55	36-45	26-35	16-25	6-15	歲
乙丑	甲子	癸亥	壬戌	辛酉	庚申	己未	戊午	大運

104 (28歲)	101 (25歲)	98 (22歲)	95 (19歲)	92 (16歲)	年
乙 比肩 未 偏財	壬 正印 辰 正財	己 偏財 丑 偏財	丙 傷官 戌 正財	癸 偏印 未 偏財	干支
太陰	太歲	福德	歲破	太陰	神煞
105 (29歲)	102 (26歲)	99 (23歲)	96 (20歲)	93 (17歲)	年
丙 傷官 申 正官	癸 偏印 巳 傷官	庚 正官 寅 劫財	丁 食神 亥 正印	甲 劫財 申 正官	干支
五鬼	太陽	天狗	龍德	五鬼	神煞
106 (30歲)	103 (27歲)	100 (24歲)	97 (21歲)	94 (18歲)	年
丁 食神 酉 七殺	甲 劫財 午 食神	辛 七殺 卯 比肩	戊 正財 子 偏印	乙 比肩 酉 七殺	干支
小耗	喪門	病符	白虎	小耗	神煞

用八字來斷一生幸運數字，可直接看喜用神所代表的五行來決定。

喜用神所代表的五行可直接用易經的洛書數字，爲一生最幸運數字代表。

忌神所代表的五行可直接用易經的洛書數字，爲一生最沒幫助的代表。

五行數字代表爲

木＝3、8爲朋木

火＝2、7同道火

土＝5、0同途土

金＝4、9爲友金

水＝1、6共宗水

命盤P16之喜用神爲木與水

表示木＝3、8爲朋木、水＝1、6共宗水，所以一生幸運數字爲3816對其最有幫助。

命盤P16之忌神爲火與土

表示火＝2、7同道火，土＝5、0同途土，所以一生幸運數字爲2750對其最沒幫助。

第十七章

如何看待一生之姻緣桃花及婚姻狀況

如何從八字中判斷出個人一生之姻緣桃花運、婚姻之好壞、何時會結婚或離婚機率，或經由何種管道方式結婚、夫妻之間恩愛與否、彼此觀念是否協調……本單元將來探討。

第一節　首先來談：男命之異性緣及桃花與婚姻

男命正財、偏財星多者，女性緣必佳，若正財、偏財星是命上之喜用神者，則不僅女性緣很好，而且能得到女性之助益，或妻妾較多情、多扶助，若正財、偏財星爲忌神且很旺，則女性緣雖佳，但是得不到女性之助益，反而會因妻妾或異性而破財或惹事，正財、偏財星之位置如在日支、月干、時干，則與異性關係極爲密切，異性緣佳。

P17命盤則有這種現象

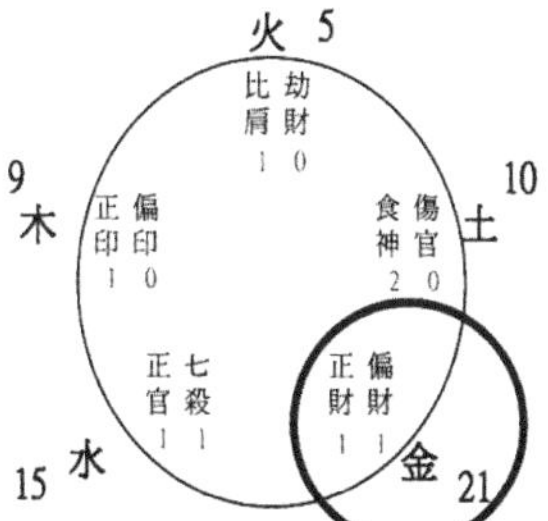

星座：處女座
忌神：金水
喜用神：火木
空亡：申酉申酉
血型：0
格局：正財格
命宮：庚辰
胎元：丙子
胎息：辛丑
天運五行：金

出生後7年7個月又28天交大運

姓名	P17		性別	男
西元	2000 年			
8	15	9	89	國曆
8	18	8	89	農曆
時	日	月	年	日期
七殺	日元	正印	偏財	主星
壬 水	丙 火	乙 木	庚 金	天干 (日–年：剋；時–日：剋；月–年：合)
辰 土	子 水	酉 金	辰 土	地支 (日–年：半三合；時–月：合；時–日：半三合；月–年：合；日–年：刑)
癸乙戊 水木土	癸 水	辛 金	癸乙戊 水木土	藏干
正官 正印 食神	正官	正財	正官 正印 食神	副星
冠帶 49-64	胎 33-48	死 17-32	冠帶 1-16	十二運星
魁罡 華蓋 伏吟	將星 飛刃 白虎 金匱 福星貴	天乙貴人 月德合 桃花	魁罡 華蓋 月德貴人	特星神煞

78-87	68-77	58-67	48-57	38-47	28-37	18-27	8-17	歲
癸巳	壬辰	辛卯	庚寅	己丑	戊子	丁亥	丙戌	大運

104 (16歲)	101 (13歲)	98 (10歲)	95 (7歲)	92 (4歲)	年
乙未 正印 傷官	壬辰 七殺 食神	己丑 傷官 傷官	丙戌 比肩 食神	癸未 正官 傷官	干支
太陰	太歲	福德	歲破	太陰	神煞
105 (17歲)	102 (14歲)	99 (11歲)	96 (8歲)	93 (5歲)	年
丙申 比肩 偏財	癸巳 正官 比肩	庚寅 偏財 偏印	丁亥 劫財 七殺	甲申 偏印 偏財	干支
五鬼	太陽	天狗	龍德	五鬼	神煞
106 (18歲)	103 (15歲)	100 (12歲)	97 (9歲)	94 (6歲)	年
丁酉 劫財 正財	甲午 偏印 劫財	辛卯 正財 正印	戊子 食神 正官	乙酉 正印 正財	干支
小耗	喪門	病符	白虎	小耗	神煞

在命盤四柱中，子、午、卯、酉皆代表桃花星，四柱中之地支見兩顆以上，可知此人一生艷遇多。

此四顆桃花星在四柱地支之中又有區別，如子午卯酉位在年支或月支，叫做牆內桃花，重視生活情趣之享受，大都行於夫妻之間，若子午卯酉在時支者，稱之牆外桃花，較易有感情問題發生。

在診斷男性姻緣桃花及婚姻狀況，大約就看正財偏財、配偶宮（日支）、地支的花（子午卯酉）、神煞的桃花、紅豔煞、孤寡等等的刑、沖、合、害等。

男命桃花：

◎男命偏財透出天干或多見，主多情風流，女緣佳。

◎男命正財偏財多又雜，爲人較好色，身強者有納妾之可能。

◎全局四柱中金與水的五行多者，亦主風流多情。

◎食神太多，亦主風流（食神能生偏財），「荒淫之慾，蓋因食神太多」。

第二節　男命得妻助之一般看法

1、身強、日支坐喜用神者，能得妻助。

2、日支爲喜用神，代表妻子條件佳、賢淑、有助於己、能得妻財、受太太之幫助最大，反之、若爲忌神，代表妻無助於己或夫妻會不和。

3、正財、偏財星爲喜用神，可富且可得妻妾之助，一生又有異性緣。

4、身弱者，日支坐喜用神，亦可得妻助。

5、如果是從格，日支坐喜用神，妻妾幫助亦大。

6、從財格，不管日支坐什麼，均得妻助。

7、日支坐天乙貴人，主對方（女方）背景不錯。

8、正偏財星爲喜用，日主合財星，妻子賢淑、有助於己、能得妻財。

9、食神傷官能生正偏財，無沖、剋，妻子賢淑、有助於己、能得妻財。

10、妻宮合日主，妻子賢淑、有助於己、能得妻之幫助。

11、身強正印偏印旺、財星爲用神見於四柱中、正偏財會來破正偏印，定能得妻妾之助力。

12、日支五行生扶日干，代表夫妻和睦。

13、日支被他支合化成喜用者，代表妻會幫助丈夫成功，妻子能幹。

14、日支坐正官，代表夫妻和諧，妻子端莊賢慧、能相夫教子。

15、日支坐正印，代表妻子溫柔、賢淑有德性，氣質高雅。

16、日支坐正財爲「妻得位」，可得良妻賢內助，凡事以妻爲重，以妻之意見爲主，很聽妻話，聽某嘴、大富貴。

第三節　由男命夫妻宮之坐星看婚姻（以日支之吉凶神及十神來論）

1、財星坐華蓋，妻子很聰明但稍嫌孤獨。

2、財星坐沐浴或桃花，妻妾風流、多情或很會打扮自己。

3、日支爲七殺，妻子性情較暴躁或夫妻之間口角多。

4、日支如逢空亡，會有晚婚、再婚、婚變的命格。

5、四柱正偏財合，妻妾多情，可享齊人之福。

6、日支爲正財星又坐將星者，大概可娶豪門閨秀。

7、日支逢沖，在日常生活中意見可能會不和或處事態度差異過大。

8、從財格之人，必能得妻助。

9、財星透出天干，妻緣較早，正偏財皆透，一生艷福不淺。

10、男命正偏財星爲用神，妻妾大多較貌美、有德性與富有。

11、四柱正財偏財旺，但無比肩劫財者，日常生活可能會不和或意見過大。

12、日支與時支或月支與日支相沖者，夫婦不睦、意見過大、爭鬧不休。

13、財星逢空亡，有再婚之兆（妻子身體須注意），尤其現於日支更顯。

第四節　男命可能會與妻子不合者的命盤條件

1、正偏財星（地支）坐桃花、沐浴或正財被合化成爲忌神者，要防妻子多情與人私通。

2、男命財星（地支）與桃花同柱或正財星被強合者，妻妾可能有外遇。

3、男命正財落空亡，必然與妻子之感情會有所變化甚至分居。

4、四柱之中合太多，妻緣恐生變，命盤合不宜過多。

5、男命比肩、劫財星合正財者，財被爭合，主妻較會受外界所誘惑。

6、命局之日支坐七殺且爲忌神，妻妾性情暴躁、強勢，夫婦不和睦。

7、日支坐偏印者，妻子精明能幹。

8、財星坐長生、帝旺、冠帶者，妻子運佳，妻壽命長。坐、病、死、墓、絕者，妻運多半較差。

9、財星臨天乙、天德、月德貴人、福星等吉神者，多半家世不錯，妻賢慧。反之，若坐惡煞時，生爲平庸之家。

10、日支是忌神者，夫婦不合，日常生活可能會不和或意見過大。
11、日支有六沖者，夫婦不合，日常生活可能會不和或意見過大。
12、月支爲姻緣宮、日支爲夫妻宮，二者相刑或相沖，婚事會不順利、或婚姻較不美滿、或感情不和順。
13、正財偏財星爲忌神，會因妻妾破財，或受妻所連累，或因情色破財惹災，難得異性之助。
14、八字財星旺者，妻妾掌權，本身風流多情、慷慨瀟洒，妻子不從夫。
15、八字財星不現者，妻緣較差，大男人主義或夫妻之間不易溝通。
16、八字財星弱，或被比肩劫財剋破，或財星伏藏不現者，會刑剋妻子，或妻體弱多病，或夫妻較不合。
17、日支坐偏財，爲心在外面，妾佔妻位、喧賓奪主。心中有妾無妻、金屋藏嬌、娶小老婆、三角戀愛，家庭易生感情糾紛。
18、財星落空亡不合化，主會喪偶、離婚、夫妻別離之可能。
19、財星在命局逢沖剋，代表夫妻常爲小事爭吵、爭執。

20、財星坐桃花、咸池、沐浴、紅艷者，妻美多情慾、慾望大，若財星又被他柱字合去、恐妻與人有染私通、妻有外遇。

21、日支坐七殺者，妻子個性剛強，若爲忌神，妻較兇悍，若被沖剋，則對妻子較不利。

22、日支坐比肩劫財者，也主傷妻財，若又是忌神，夫妻會不和或有離異可能。

23、日支坐傷官者，妻子美貌、多才多藝、生性聰明，但可能會管教子女。

24、日柱落空亡，會與妻離異、分居、再婚、夫妻緣破損，且本身中年運亦不佳，一生多阻逆、困難。

25、命中正財、偏財俱現，較風流也易犯桃花，婚前女友多，婚後可能較有外遇，金屋藏嬌或娶小老婆之可能。

26、財星愈近日主，妻緣愈密切，夫妻緣厚；反之，愈遠離日主，妻緣往往較差，夫妻緣分淺。

27、命局正印偏印旺、正財偏財弱者，婆媳多意見不和。

28、比肩、劫財旺而多者，晚婚爲宜。

29、財星爭合日主，較可能二次婚姻，若爲忌神，妻妾會爭風吃醋、爭寵吵鬧、不得安寧。

30、命局財星有兩顆以上，其中一顆落空亡，恐有婚變、喪偶、再婚之可能。

31、日支或財星坐孤辰、寡宿者，主妻子孤獨、寂靜，與親朋關係較疏遠，相互助力少。

32、日支與月支、日支與時支相沖者，夫婦多不和。

33、八字全陽或全陰者，會刑剋妻子，妻乏助力，與子女間親情淡。

第五節　來談談：女命之異性緣及桃花與婚姻狀況

女命之異性緣及桃花與婚姻是要看正官、七殺，如果正官、七殺星多，男性緣必佳，正官、七殺星是命中喜神及用神，不僅男性緣佳，可得良緣，若官殺星是忌神，則男性緣雖佳，但助益較少，甚至會因男性而吃虧，若官殺星之位置是在日支、月干、時干時，則與男性之關係密切，男性緣佳，受男性之影響力亦大，官殺星若是喜神，能接近日主或合日主，又坐下十二運之長生、冠帶、建祿、帝旺者，丈夫必有發展，婚姻幸福，能得丈夫之疼愛。

P18命盤範例

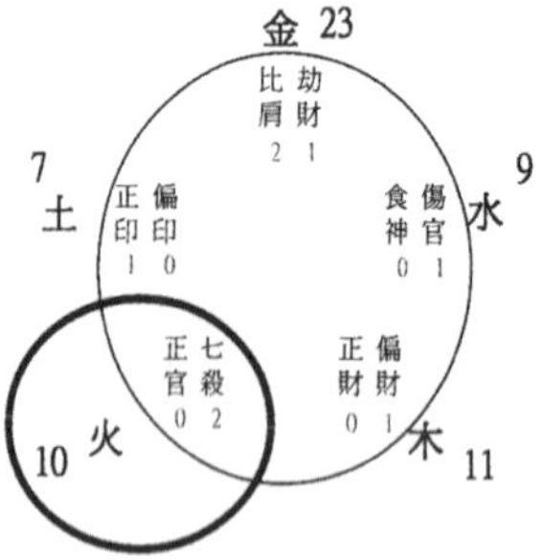

星座：處女座
忌神：金
喜用神：水木火
空亡：戌亥寅卯
血型：A
格局：正印格
命宮：辛亥
胎元：己亥
胎息：丙寅
天運五行：火

出生後2年11個月又7天交大運

姓名	P18		性別	女
西元	1987 年			
17	30	8	76	國曆
17	7	7	76	農曆
時	日	月	年	日期
七殺	日元	正印	七殺	主星
丁 火 ←剋→	辛 金 ←剋→	戊 土	丁 火	天干
酉 金 ←沖→	亥 水 ←半三合→	申 金 ←害→	卯 木	地支
辛 金	甲壬 木水	戊壬庚 土水金	乙 木	藏干
比肩	正財 傷官	正印 傷官 劫財	偏財	副星
臨官 49-64	沐浴 33-48	帝旺 17-32	絕 1-16	十二運星
祿神 月德合 災煞 歲破 紅豔	血刃 沐浴 金輿 白虎 孤鸞 十靈日	天德合 劫煞	將星 流霞 月德合	特星神煞

73-82	63-72	53-62	43-52	33-42	23-32	13-22	3-12	歲
丙辰	乙卯	甲寅	癸丑	壬子	辛亥	庚戌	己酉	大運

104 (29歲)	101 (26歲)	98 (23歲)	95 (20歲)	92 (17歲)	年
乙 偏財 未 偏印	壬 傷官 辰 正印	己 偏印 丑 偏印	丙 正官 戌 正印	癸 食神 未 偏印	干支
五鬼	太陽	天狗	龍德	五鬼	神煞
105 (30歲)	102 (27歲)	99 (24歲)	96 (21歲)	93 (18歲)	年
丙 正官 申 劫財	癸 食神 巳 正官	庚 劫財 寅 正財	丁 七殺 亥 傷官	甲 正財 申 劫財	干支
小耗	喪門	病符	白虎	小耗	神煞
106 (31歲)	103 (28歲)	100 (25歲)	97 (22歲)	94 (19歲)	年
丁 七殺 酉 比肩	甲 正財 午 七殺	辛 比肩 卯 偏財	戊 正印 子 食神	乙 偏財 酉 比肩	干支
歲破	太陰	太歲	福德	歲破	神煞

二、女命桃花：

◎、子午卯酉四字全，亦主感情韻事多，見三字者（需含日時）亦是多情慾。

◎、八字水多、地支又多合，表多情多慾、處處留情。

◎、八字多合，外緣好又多情，就怕日主弱，會意志不堅受騙、難以把持。

◎、日主坐沐浴，亦主多情、多慾，見合、刑、沖更應驗。

◎、女命時支坐桃花，一般以多情慾來論。

◎、正官、七殺同現或過多時，會有好色、淫亂的情形。

◎、七殺旺、食神制殺無力（七殺帶桃花主淫亂、七殺又合桃花更驗），主一生感情豐富，生活較雜亂。

◎、正官七殺混雜、食神傷官亦混雜，無法克制自己的行為、貪慾。

◎、八字中水太旺或缺水者，皆主性慾較衝動。

◎、驛馬貴人同柱，「終究落風塵」，驛馬多逢合，女命運勢較不佳。

第六節　女命在命盤中如何看感情婚姻

1、以宮位來看，日支看「配偶」，月支看「姻緣」。

2、日干為我，日支為丈夫，丈夫的十神是正官。

3、正官論丈夫，命中無正官者，以七殺論丈夫。

4、日支正官為喜神用神，則夫妻和睦相處多恩愛，如為忌神，夫妻可能意見多，比較會爭吵。

5、日支相合（月日或日時支合），宜晚婚，早婚恐會有破敗。

6、日支本為喜用神與他支合化為忌神者，夫緣較差，婚姻會有障礙，如合化為喜用神，則代表夫助妻成功，丈夫能幹，日支為忌神又與他支合化成喜用神者，婚姻也能幸福美滿，如仍合化為忌神，則婚姻不美。

7、女命正官、七殺星為喜用神，夫妻感情佳。

8、女命有正官而不見七殺，或正官、正印齊透天干，夫妻生活美滿。

9、女命日主合正官，而正官為喜用神，夫妻感情融洽。

10、身強、正官、七殺爲用神，能得夫助，則夫妻和睦相處。

11、身強、日支坐正官、七殺或正財星者，則夫妻和睦相處，可得夫助力。

12、正官與日主合，正官爲喜神用神，則夫妻和樂相處、幸福美滿。

13、日支爲喜用神，丈夫人品好、條件佳、家中富貴，或出身好，能得丈夫疼愛、關心、照顧，丈夫也能有好發展。

14、正官星爲喜用神，可嫁良夫，丈夫有助於己，可得倚靠，夫貴己亦貴。

15、正官星來合日主又爲喜用神，表示丈夫疼愛有加。

16、正官星近貼日主，夫緣頗佳，能得夫之照顧。反之，遠離日主或不見官星，表示夫妻緣分較差。

17、正官星坐長生、帝旺、冠帶者，夫運較強，夫也較長壽。若坐衰、病、死、墓、絕者，表夫運較差，夫身體抵抗力較差。

18、女命日支與月支合，表示丈夫與家人相處較融洽。

19、日支坐正偏財星者，多半有幫夫運，對丈夫有助力。

第七節　女性婚姻不佳的命格條件有哪些

1、日支或正官七殺逢六沖、六害，夫妻之間問題多。
2、日支爲偏印因會洩正官又爲忌神，得不到好姻緣。
3、正官、七殺混雜，丈夫性情不穩定。
4、地支辰、戌、丑、未爲官殺又逢墓庫運。
5、正官、七殺星爲忌神，不宜早婚，較難得到好姻緣。。
6、身旺、日支爲傷官，表夫妻不合，又爲忌神，婚姻易出狀況。
7、身弱，正官、七殺強，容易受夫暴力加身。
8、七殺坐羊刃，丈夫性情較凶暴又無愛心。
9、身強傷官透出天干（天干也有傷官）一樣不得夫助。
10、身弱日支坐忌神（財、官、食傷）一樣不得夫助。
11、身弱傷官透出天干亦不得夫助。
12、不論身強或身弱，官殺混雜太多，大運又走到傷官運或官殺運，離婚機率高。

13、食神、傷官與正官、七殺同柱或緊貼，亦主婚姻運不佳宜小心。

14、日支逢沖刑，夫妻常會因事爭執，婚姻不穩定，夫妻會有分居的傾向，夫多病。如又坐絕者，夫運更差或夫妻早早就別離。

15、正官星或日支落空亡時，女命容易再婚，夫早亡或夫婦易別離。

16、女命正官爲忌神者，夫妻感情不佳，丈夫不疼愛。

17、女命命局正官、七殺混雜，必主丈夫性情不定、易怒。

18、女命日支坐偏印而爲忌神者，夫妻不和，一樣不得夫助。

19、女命日支有六沖者，夫婦不和，一樣不得夫助。

20、女命日主弱，正官、七殺重，結婚後爲家庭犧牲，丈夫有暴力傾向。

21、正官星爲忌神，表丈夫無助，會爲夫所累，先生無法倚靠，夫妻不和。

22、官殺混雜或太多者，異性緣雖佳，但感情較複雜又不專，而且多波折，婚前男友較多；婚後容易被引誘，心情浮動、有外遇機率、多情慾、三角戀愛，易生家庭風波或會再婚，當然能晚婚爲宜。

23、正官星被他柱字合住，會與人爭丈夫，本身也容易失寵。

24、正官星被沖剋，夫運差，丈夫身體弱，婚姻不穩固，夫妻會有別離。

25、正官星坐沐浴、桃花、咸池，男英俊多情慾也風流，感情不專，可能在外會拈花惹草。

26、正財、偏財俱現，卻都被合住，容易成為第三者。

27、正官星或日支坐帝旺、羊刃，先生脾氣較性急且會較暴躁。

28、女命最怕見傷官，傷官太旺若無制化，皆主妨夫運或有凌駕丈夫傾向，若命見正財（洩）正印（剋）者，反可富貴長壽。

29、食傷太多或印星太旺者，皆宜晚婚較會有好姻緣。

30、官星坐驛馬者，所嫁之丈夫為外地人，先生在外經營事業發展較多。

31、命局正官有兩顆以上，其中一顆落空亡，恐有婚變、夫早逝、二度婚姻。

32、八字桃花星多者，除了容易犯桃花外，談戀愛之次數也多。

33、日支透天干多者，異性緣比較好，男女朋友亦多。

34、命局官星、食傷皆現，常和先生吵鬧或意見不和。

35、命局正官、七殺、比劫俱見，表戀愛、婚姻必多不順生波折或三角戀愛。

36、女命偏印多而旺，生產較困難，或有產厄，子女星較弱。

37、女命財多而旺（財生官殺），易犯桃花外遇，若印星又無力者，結婚後與公婆無交集，若印星旺，和婆媳易不和，常起爭執。

38、七殺又坐桃花，表一生情慾及濫桃花多。

39、命局地支子、午、卯、酉佔三字或四字者，多情慾、有姿色、性較開放，易犯桃花或有外遇產生。

40、日支坐七殺者，夫妻怕會不和，婚前與男友會有性行爲，自己性急脾氣又壞，對丈夫比較凶。

41、日支坐偏印者，應以晚婚居多。

42、日支多合者，不宜早婚，否則婚姻恐會多變化。

43、女命日支與月支相同（伏吟）或相沖，婚事恐易遭家人反對，多波折、阻擾。

44、女命貴人不宜太多（如天乙貴人），多則外緣極佳，外緣接觸多、交際頻繁，反而擔誤家務事或疏於丈夫、兒女。

45、女命八字純陽純陰者，易對丈夫、子女不滿，晚年獨居機會高。

第八節　一生中的什麼時候是戀愛之時機

1、以日支爲基準，凡流年與日支成三合、半三合、六合、六沖或三會時，就容易碰到戀愛之機會，尤其是對沖之流年更是有機會好好把握。

2、日支是寅、申、巳、亥者，對談戀愛最有心得也比較敢。

3、八字帶桃花、紅鸞者，戀愛次數比較多，如桃花逢沖，尤其特別激烈。

4、男命逢正財或偏財星之流年，女命逢正官或七殺之流年，比較有機會談戀愛。

5、女命如果是身弱，桃花運容易發生在子、午、卯、酉年。

6、日支逢歲運會、合、沖之時，主會有戀愛、喜事、婚姻之機會。

第九節　一生中之什麼時候是結婚之時機

1、流年逢天乙貴人而無被沖剋，亦有成婚之跡象。

2、流年是喜神用神之年，也有婚嫁之機會。

3、大運及流年均與原命有合，容易成婚、再加干透出或與原局同，則機會更高。

4、大運天干與原命天干五合、大運地支與原命地支六合或三合，在此大運結婚機會極高。

5、流年天干與原命天干五合、流年地支與原命地支六合或三合者，當年結婚機會極大。

6、命、歲、運三者之地支能會成「三會局」、「三合局」或「半三合」者，主當年有成婚之機會，同居也算，如已婚者，再遇合局，恐會有外遇之現象。

7、大運之天干與原命合、大運之地支與流年合，當年結婚機會極大。

8、大運之地支與原命合、大運之天干與流年合，當年結婚機會極大。

9、流年之天干與原命合、流年之地支與大運合，當年結婚機會極大。

10、流年之地支與原命合、流年天干與大運合，在這一年結婚機會極大

11、女命之大運或流年與原命同走官殺爲喜神，則易於該大運或流年成婚。

12、男命大運或流年與原命同走財星爲喜神，則易於該大運或流年成婚。

第十節　看日支的透干，再決定用什麼方式表達自己，以找尋對象

1、日支多透天干者，一生戀愛機會多，異性朋友也比較多。

2、日支全不透天干者，一生戀愛機會較少，宜經由他人介紹較易成功。

3、日支暗藏之透出在年干，則應多接觸大環境，如參加團體活動或利用戶外郊遊方式等多接觸大衆就比較有機會。可能透過長輩介紹，較容易找到對象。

4、日支暗藏透出在月干者，如果透過兄弟朋友介紹比較容易找到對象。

5、日支藏干透出在日干者，可能需自我主動積極表達，就會有人欣賞。

6、日支暗藏透出在時干者，可儘量在工作上或技術上表現自己的能力，就會有人喜歡或來接近您。

7、日支藏干透出在時干者，可經由晚輩介紹較容易成功。

第十一節　以日支十神特性論配偶之性情爲何

以日支之十神論配偶之性情，十分可靠。

1、日支爲比肩者：行事穩健、做事果斷、有理性且主動，但容易形成孤僻與他人較不投緣，有時會流於自私自利。

2、日支爲劫財者：具有冒險患難、堅忍奮鬥之精神，積極進取，有時易衝動、脾氣較火暴，有時也會自滿、自以爲是。

3、日支爲食神者：個性溫文隨和，爲人寬容厚道，心地仁慈善良，但有時易隱藏缺點裝斯文，流於固執心態。

4、日支爲傷官者：看起來就是聰明能幹的樣子，很有才氣，很活潑、善辯，但有時會很任性、叛逆，且很自傲的樣子。

5、日支爲正財者：一生勤勞節儉，凡事任勞任怨，做事很踏實且保守，但容易苟且偷安、得過且過，有時也會有怠惰行爲。

6、日支爲偏財者：個性慷慨、多情，動作敏捷、機伶，很重視友誼，但心態易虛榮，行爲較浮華，會有投機與浪費現象。

7、日支爲正官者：爲人正派、正直，也能負責盡職，做事能循規蹈矩，但也易墨守成規，流於刻板、嚴肅現象，最好能親和一點。

8、日支爲七殺者：個性較偏激，處事較積極，脾氣較倔強又嫌暴躁點，但也容易有叛逆、違規，流於極端霸道之現象。

9、日支爲正印者：爲人聰穎、仁慈，個性穩重、敦厚，總能逆來順受，但缺乏進取之精神，流於消極現象。

10、日支爲偏印者：一生精明幹練、機靈、冷靜有理智，但容易有孤獨冷漠、不近人情的現象。

第十八章

如何從命盤中看出六親緣分及助力

P19 命盤範例

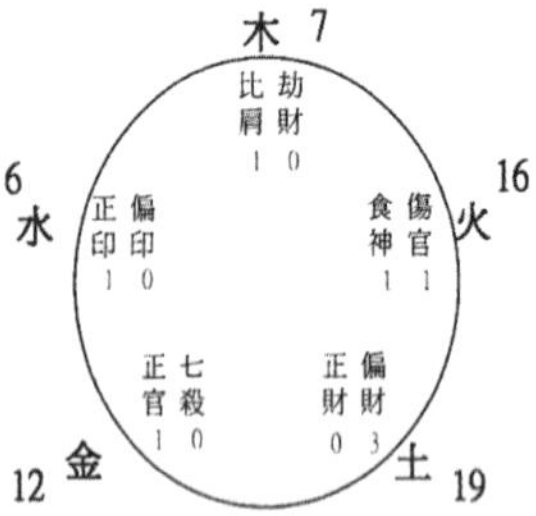

出生後5年8個月又11天交大運

星座：金牛座
忌神：火土
喜用神：木水
空亡：戌亥申酉
血型：0
格局：偏財格
命宮：乙卯
胎元：戊申
胎息：己卯
天運五行：木

姓名	P19		性別	男
西元	1988 年			

17	19	5	77	國曆
17	4	4	77	農曆
時	日	月	年	日期
正印	日元	傷官	偏財	主星
癸 水	甲 木	丁 火	戊 土	天干
酉 金	戌 土	巳 火	辰 土	地支
辛 金	丁辛戊 火金土	庚戊丙 金土火	癸乙戊 水木土	藏干
正官	傷正偏 官官財	七偏食 殺財神	正劫偏 印財財	副星
胎 49-64	養 33-48	病 17-32	衰 1-16	十二運星
流飛桃 霞刃花	華歲 蓋破	亡文劫天 神昌煞喜	日金 破輿	特星神煞

剋
剋
合
沖
半三合
害
合

76–85	66–75	56–65	46–55	36–45	26–35	16–25	6–15	歲
乙丑	甲子	癸亥	壬戌	辛酉	庚申	己未	戊午	大運

104 (28歲)	101 (25歲)	98 (22歲)	95 (19歲)	92 (16歲)	年
乙 劫財 未 正財	壬 偏印 辰 偏財	己 正財 丑 正財	丙 食神 戌 偏財	癸 正印 未 正財	干支
太陰	太歲	福德	歲破	太陰	神煞
105 (29歲)	102 (26歲)	99 (23歲)	96 (20歲)	93 (17歲)	年
丙 食神 申 七殺	癸 正印 巳 食神	庚 七殺 寅 比肩	丁 傷官 亥 偏印	甲 比肩 申 七殺	干支
五鬼	太陽	天狗	龍德	五鬼	神煞
106 (30歲)	103 (27歲)	100 (24歲)	97 (21歲)	94 (18歲)	年
丁 傷官 酉 正官	甲 比肩 午 傷官	辛 正官 卯 劫財	戊 偏財 子 正印	乙 劫財 酉 正官	干支
小耗	喪門	病符	白虎	小耗	神煞

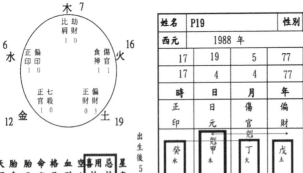

第一節　論祖上：看年柱

1、年柱為正財、正官、正印又為喜用神，坐下貴人，祖上顯耀。

2、年柱為七殺、劫財、傷官、偏印又為忌神，坐下有煞神、羊刃，又逢刑、沖、破、空亡，表示祖業較少不富裕或少年時跟祖上緣分較薄。

第二節　論父母：看月柱

1、宮位：月柱。父母在代表父母，父母不在看兄弟。

2、月干為父親、兄弟。月支為母親、姐姐。

3、父親以偏財代表。母親以正印代表。（印星有時亦代表父母）

4、月柱為喜神用神，青年時期（16～32歲）如意順遂、家境佳、父母多助力。

5、月柱為忌神，青年時期（16～32歲）較不順、錢財不算富裕、父母助力較少。

6、月干為喜用神，父親、兄弟多助且緣分厚；反之，為忌神，父兄無助且緣薄。

7、月支為喜用神，母姐多助且緣厚；反之，為忌神，母姐無助且緣薄。

8、月柱如有正財、正官、正印、食神，父母可得富貴顯榮，家業興隆。
9、偏財星為喜神用神，與父親緣厚，感情良好。
10、正印為喜神用神，與母親緣厚，感情良好。
11、比肩劫財旺，或比肩劫財近剋偏財，得祖產機會不多。
12、命中傷官、正印同柱或貼近，多半與母親不和，或求取功名亦常不順心。
13、年柱、月柱形成天剋地沖，與父母緣分差。
14、命盤中見四比肩劫財，比較會刑剋父親。見四財星，比較會刑剋母親。
15、月柱落空亡，與兄弟姐妹互動少無助力，或早別離。
16、偏財落空亡，父親運勢較差，或體弱病多，或早別離。
17、正印落空亡，母親運勢較差，或體弱病多，或早別離。
18、年柱或月柱生、合日柱，得父母之疼愛。
19、正印星透出天干，母親管家掌權、發號司令。偏財透出天干，父親管家掌權、發號司令。
20、年比肩、月正官，在家中可能為長子或長女。

21、年劫財、月無正官或正印，在家中可能為弟妹。

22、日主與偏財緊貼或有沖剋，與父親較難溝通。

23、年柱或月柱干支相生，父母祥和、家人和睦。但相剋者，父母會有不和。

24、財星或印星坐驛馬，表示父或母在外經營打拼，較少在家。

第三節　論兄弟：看月柱

1、兄弟之間之情況如果從八字中看來若無幫助反而有害，則做父母的宜盡量讓他們分開，少在一起，避免吵架而傷到感情。

2、若八字中比肩、劫財是忌神，表示兄弟不宜走得太近，否則易有爭執，若分開稍遠一點，不牽涉金錢關係，感情反而會較好。

3、以宮位看：月柱代表父母、兄弟，月干爲父兄，月支爲母姐。

4、比肩看兄弟間之情況。劫財看姐妹間之情況。

5、月柱爲喜神用神，兄弟姐妹條件尚佳，成就較高。反之，如爲忌神，則兄弟姐妹條件較差，對自己助力不多。

6、比肩、劫財坐死、墓、絕者，一生運勢較弱難發展，且成就不會很高。

7、比肩、劫財爲桃花星者，兄弟姐妹好酒色、風流、慷慨。

8、比肩、劫財坐吉神，如天乙貴人、天德貴人、月德貴人、福星、天赦、三奇、祿神等，代表時運際遇佳，一生比較容易成功、發達、富貴。

9、比肩、劫財爲喜用神者，一生能得兄弟姐妹或朋友之助力，有益於我。

10、比肩、劫財爲忌神者，易受兄弟姐妹或朋友之拖累，或小人暗害。

11、比肩、劫財爲喜用神又來合日柱，兄弟間能同心協力共創事業。

12、月柱之天干及地支生扶日主，能得兄弟姐妹幫助。

13、比肩、劫財坐長生、臨官、帝旺者，兄弟姐妹皆能有成就。

14、月柱坐長生、祿、貴人、吉神、喜用神等者，兄弟成就較高，或能富或得貴。

15、月柱或比肩劫財落空亡，兄弟姐妹不合無共識，對自己助力少。

16、比肩、劫財來沖剋刑合喜用神，一生常受兄弟姐妹所連累，或爲兄弟姐妹之事操心。

17、比肩、劫財爲喜用者，可與手足同輩或友人做合夥事業，若爲忌神者，不宜與手足或友人合夥。

18、比肩、劫財坐將星者，兄弟姐妹能富貴得財、得權。

第四節　論子女：看時柱

望子成龍、望女成鳳是身爲父母者的希望，男命以七殺看兒子，男命以正官看女兒，女命以傷官看女兒，女命以食神看兒子。在看子女時如能用官殺爲主、食傷參看較可精確論斷。

1、時支或食傷逢刑、沖，會爲子女操煩或子女不和睦。

2、時支或食傷爲用神，表子女賢孝，子女有助力、有福氣。如爲忌神，子女較不聽話，得到子女助力少。

3、時支或食傷：

坐紅鸞或天喜：子女面貌秀氣。

坐空亡：子女恐有損傷或會離散。

坐長生：子女可長壽。

坐華蓋：子女聰明但較孤獨，子女緣薄。

坐天月德貴人：子女孝順，心地慈祥。

坐貴人：子女面貌秀氣、聰明，可富貴。

坐墓、死、絕：子女多疾病。

坐帝旺、臨官：子女大都可榮華富貴。

坐孤辰、寡宿：子女較孤獨，少子、子較不長進，子助力少。

4、男命多食神傷官，有子孫不旺現象，傷官極旺，對長男不利。

5、女命傷官坐空亡，可能會子少或子孫星弱。若有貴神或逢合不論。

6、男命四柱全陽或全陰：表一生乃孤獨之命，宜多行善可以改善先天運命。

女命四柱全陽：生子機會多。女命四柱全陰：生女機會多。

陽日陽時：生男機會多。陽日陰時：先生男後生女機會多。

陰日陰時：生女機會多。陰日陽時：先生女後生男機會多。

7、男命食神為用神坐空亡，子有先天病之憂慮。逢合不論。

女命食神為用神坐空亡，獲子較遲也難養，子有先天病之慮。逢合不論。

8、食神傷官為喜神用神或時柱為喜用，表示子女孝順也得力。

9、食神傷官或時柱為忌神，表易受子女之拖累，主兒女易生事，本人晚年也較孤獨。

10、食神傷官若逢空亡，表兒女有所損傷或會離散。

11、時柱逢孤辰寡宿者，子息較不長進且無助力。

12、食神坐空亡者，子女學五術算命或學佛皆能有所成就。

13、食神傷官遭沖剋表示子女容易受傷或子孫星不顯。

14、女命時支逢三合、六合、對沖的流年，比較容易懷孕，如先生之時柱又爲喜用時，懷孕機率更高。

15、時柱爲喜用，主子女孝順，得享子女之福，晚年榮華可期。

16、命局中用神爲食神或傷官，表示子女對我們的助力較大。

第五節　子少或無子或子不得力者

1、日主弱，命盤滿局都是食神或傷官者。

2、男命四柱干支全陽者，子息星弱。

3、女命四柱干支全陰，子息星弱。

4、命局正印偏印太多，會剋子息星或子女星不顯。

5、命局正財偏財、正官七殺太旺，也表示子息弱。

6、食神傷官星不遭沖剋者，一生必定有子。

7、七殺過重而無制者，亦可能子息弱。

8、時支或食神傷官星與孤辰、寡宿同柱者，是孤單命，或少子，或子不得力。

9、日主旺，正偏印重、食神傷官少或無正偏財，主子女少或較難有子女。

10、時柱或子女星落空亡，子女中可能有早夭者或懷孕中流產，子女體弱多病，易發生意外，或子息少，多生女不生男。

11、時柱或子女星逢沖剋刑，子女較多災疾，或與子女多不和，或子女叛逆不聽話，或不易得子。

12、日柱與時柱相生，父慈子孝、家庭和樂、相處融洽。

13、子女星坐驛馬者，子女活潑好動，在家待不住，往外地發展，常在外較少在家。

14、七殺過旺時，子女成員不多。

15、時柱或子女星坐桃花、咸池、沐浴等桃花星時，主子女風流。

16、時柱爲華蓋加逢刑沖剋，晚年孤獨或子女不在身旁。

17、八字不見子女星，逢行正官七殺、食神傷官、用神之歲運，可得子。

18、食神傷官爲喜用又臨長生者，子多而福祿多壽。

19、正官七殺旺、食神傷官重，須待行印星之年或官殺之年方能得子。

20、正官七殺重，在食神歲運較有機會生子。

21、正官七殺輕，在財星歲運較有機會生子。

22、正官七殺輕、食神傷官輕，在印星歲運較有機會生子。

第六節　判斷子女有多少之方法

一生中會有幾個子女，在現代社會已無多大意義，用八字來斷也沒太大意義，節育觀念已深植人心，但仍有衆多來論命之客人會問：一生會有幾個子女？所以特別把判斷方法列，下以便做爲有興趣者參考。

應該會有子：

1、食神或傷官重，有印星爲用神，並無財星，表有子。

2、有食神或傷官，無官星，表會有子。

3、正官七殺旺，有印星，逢財星，會爲子操勞。

4、無食神或傷官，有印星，子多。

有可能無子喔：

1、男四柱全陽、女四柱全陰，有可能子女星不顯。

2、命盤滿局多食神或傷官，有可能子女星不顯。

3、食神或傷官逢沖剋，有可能子女星不顯。

4、七殺過重、無制，有可能子息星不顯。

5、財官過旺，有可能子息星不顯。

6、女命滿局正偏印剋食神傷官、無財星，對生兒育女的磁場較弱。

7、多食神或傷官，無大運助日主子病或少、生產不順。

孩子可能會比較多：

1、有食神或傷官、無正偏印星，子女較多。

2、食神或傷官輕、無正偏印星、有正官七殺，子必多。

3、支藏食神或傷官、無正偏印星、比劫多，子必多。

4、傷官旺，無財、印，子多而強。

5、官星強，食神或傷官無沖、剋，有子。

孩子可能會比較少：

1、多正印偏印、無財星可「制印」，子較少。

2、食神或傷官輕、多印星，子女少。

3、有傷官、劫財、官星坐空亡，一生須靠自己。

第七節　論此生的外交機運狀況

論外交之判斷，一般都以驛馬星為主。

1、命盤上見驛馬星之人，一生有多次旅遊運，驛馬逢三合則不準。

2、四柱驛馬星並見財星於命局上者，應該是商人，為事業常至外地打拼。

3、四柱驛馬星但不見正偏財，一般多為公職人員或為他人之事而出差。

4、命帶驛馬星、八字用神無傷者，一生有多次出國運或遠行機會。

5、如果驛馬星在寅，流年走到申，寅申沖，則會有換職業之現象。

6、驛馬星在寅，流年也是寅時，則此年有遠行或搬家之現象。

7、驛馬星若是忌神又逢沖，會有車禍刑傷之厄，要小心。

8、驛馬星逢羊刃又逢沖，則容易有刀傷。

9、四柱地支逢沖之時，大都較易有遠行或遷移、搬家之現象。

10、八字之中傷官、食神星多者，一生主多變動。

11、八字之中沒有傷官，但五行水多或食神多者，亦主多變動。

12、年月支對沖，主年少即早出家門，適合遠離出生地發展。

第十九章
論此生的貴人在哪一方

P20命盤範例

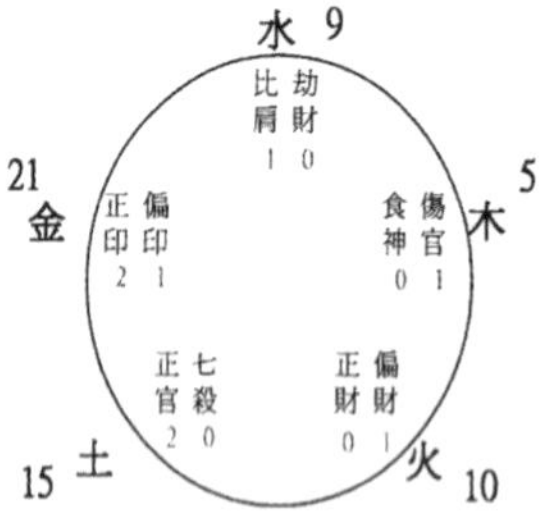

出生後9年3個月又6天交大運

星座：雙子座
忌神：土
喜用神：水
空亡：戌亥戌亥
血型：AB
格局：偏財格
命宮：戊寅
胎元：壬申
胎息：丁巳
天運五行：金

姓名	P20		性別	男
西元	1985 年			
17	2	6	74	國曆
17	14	4	74	農曆
時	日	月	年	日期
正官	日元	正印	傷官	主星
己 土	壬 水	辛 金	乙 木	天干
酉 金	申 金	巳 火	丑 土	地支
辛 金	戊壬庚 土水金	庚戊丙 金土火	辛癸己 金水土	藏干
正印	七殺 比肩 偏印	偏印 七殺 偏財	正印 劫財 正官	副星
沐浴 49-64	長生 33-48	絕 17-32	衰 1-16	十二運星
沐浴 血刃 白虎 金匱 桃花	學堂 血刃 龍德 天喜	劫煞 天乙貴人 天德貴人 五鬼	金輿 月德合	特星神煞

天干：辛←剋→乙；壬←剋→乙
地支：酉←半三合→巳；申←合→巳；巳←半三合→丑；酉←半三合→丑

80-89	70-79	60-69	50-59	40-49	30-39	20-29	10-19	歲
癸酉	甲戌	乙亥	丙子	丁丑	戊寅	己卯	庚辰	大運

104 (31歲)	101 (28歲)	98 (25歲)	95 (22歲)	92 (19歲)	年
乙 傷官 未 正官	壬 比肩 辰 七殺	己 正官 丑 正官	丙 偏財 戌 七殺	癸 劫財 未 正官	干支
歲破	太陰	太歲	福德	歲破	神煞
105 (32歲)	102 (29歲)	99 (26歲)	96 (23歲)	93 (20歲)	年
丙 偏財 申 偏印	癸 劫財 巳 偏財	庚 偏印 寅 食神	丁 正財 亥 比肩	甲 食神 申 偏印	干支
龍德	五鬼	太陽	天狗	龍德	神煞
106 (33歲)	103 (30歲)	100 (27歲)	97 (24歲)	94 (21歲)	年
丁 正財 酉 正印	甲 食神 午 正財	辛 正印 卯 傷官	戊 七殺 子 劫財	乙 傷官 酉 正印	干支
白虎	小耗	喪門	病符	白虎	神煞

方法㈠

用八字來斷此生的貴人在哪一方，可直接看命盤的喜用神所代表的五行來決定貴人在哪一方。

以下建議是以本人住宅區域或辦公室爲中心

如果喜用神爲木，那貴人方爲東方。

如果喜用神爲火，那貴人方爲南方。

如果喜用神爲土，那貴人方爲中部。

如果喜用神爲金，那貴人方爲西方。

如果喜用神爲水，那貴人方爲北方。

方法㈡

可用出生年的天干爲基準

甲戊庚牛羊：甲年、戊年、庚年出生之人貴人在東北方、西南方。

乙己鼠猴鄉：乙年、己年出生之人貴人在北方、西南方。

丙丁豬雞位：丙年、丁年出生之人貴人在西北方、西方。

六辛逢馬虎：辛年出生之人貴人在南方、東北方。

壬癸兔蛇藏：壬年、癸年出生之人貴人在東方、東南方。

命盤P19之喜用神爲木與水

如果喜用神爲木，那貴人方爲東方。

如果喜用神爲水，那貴人方爲北方。

命盤P19之出生年爲戊干

甲戊庚牛羊：甲年、戊年、庚年、出生之人貴人在……東北方……西南方。

由此可知該員之貴人方爲上述之建議方位。

命盤P20之喜用神爲水

如果喜用神爲水，那貴人方爲北方。

命盤P20之出生年爲乙干

乙己鼠猴鄉：乙年、己年出生之人貴人在……北方……西南方。

由此可知該員之貴人方爲上述之建議方位。

第二十章 論此生選哪一種行業最有發展潛力

以喜用神所屬之五行來選擇行業，大部分命相界都能認同，以下是依喜用神之五行分別闡述各五行之行業之分類：

以命盤P14來論喜用神爲木火，所以喜用行業就可參考以下屬木跟屬火的建議

●命中喜神用神爲木者：與木材或植物或文教有關之行業

如文具、書店、出版社、文化事業、家具、木器、木材、建材、裝潢、園藝、花草、盆栽、竹器製品、茶葉、紙業、書籍、作家、教師、素食品、宗教文物、香料、公教、政治、軍警、公務界、藥物、醫療等業。

●命中喜神用神爲火者：與能量有關之行業

諸如與高熱能之行業或產品有關如油、酒、瓦斯、工廠、修護、食品、自助餐、熱食，以及光亮性如燈飾業、照相業、煙火業、泡棉業等易燃業，理燙髮美容、化粧品、服飾、百貨、電機、印刷、燃料等，電器產品、吃的、發電業等。

●命中喜神用神爲土者：大概與土地或房地產仲介有關

企管顧問、設計、秘書、代理商、工程承包、營建、不動產、土地買賣、瓷器、農作物產品、代書、仲介、介紹業、管理、水泥、大理石、防水業。

●命中喜神用神為金者：大概與金融類、機械鐵器有關

如金屬加工、刀具、機械、汽車、珠寶、銀樓、電子、電器、財務、銀行、保險、信託、五金類、工具、模具、寶石、鑄造、研磨、科技、武術、民意代表等有關行業。

●命中喜神用神為水者：大概與大眾傳播、服務業有關

記者、演藝事業、外交、業務、交通業、搬家業、運輸業、航空、船運公司、旅行社、旅遊業、海鮮、漁業、冷凍、冷飲、玩具、音響、航海、清潔業、攤販、自由業等較不固定、不安定、多變化、流動性，或者與水液體有關之行業。

第一節　以下是以喜用神中的十神來選行業

以命盤P14來論，喜用神爲木火，以木只有五分，含「比肩、劫財」之行業就是這輩子最適合的行業。

◎比肩：比肩個性有點孤立不受拘束心性，適合於自由業、服務業、合夥事業。

◎劫財：天生具有勤勞刻苦之特性，可從事外銷、武市、流動事業、競爭激烈、指揮者等之行業。

◎食神：食神修養好有寬宏度量，有精神、待人和氣，適合於服務業、業務、才藝，適合靠藝術及才華而成功。

◎傷官：表達力極佳有才氣，適合於律師、辯論、教授、畫家、音樂家、節目主持人、文教、出版社、代書。

◎正財：具有理財能力，精打細算，適合做生意或在商業界發展，宜於金融、財政、店舖類之經營，正財者，大都從事於較靜態性之工作或事業。

◎偏財：具理財能力，重情義、慷慨，外交手腕極佳，適合於商業活動，即經商、推銷、貿易、股票、金融等較屬活潑性。

◎正官：具有管理能力，負責任心，易擔任掌權之事業，也很適合直接管理部下，故宜從事政治、公教、司法人員、記者、公司主管之行業。

◎七殺：七殺具有耐力、幹勁、不服輸等性格，適於從事外科醫生、領導指揮者，或具有競爭與破壞性質之工作，或對未知事情做判斷性之工作。

◎正印：正印仁慈寬容，適合文書、行政、文教、學術、宗教、文學家、清高性之工作，正印格人大都靠自己之學術而成功者居多。

◎偏印：偏印之心性精明幹練、領悟力高，適合於研究工作、宗教類、醫卜、星相、設計、武術、幕僚等較特殊之行業，以及偵探等類之工作可。

以下是用喜用神中的十神簡單統計來選行業

用　神	一生中最適合之行業別
比肩爲用	自由業、服務業、合夥業、老闆。
劫財爲用	旅館、酒吧、舞廳、當舖、旅遊、觀光、招待、貿易。
食神爲用	銷售、保險、外務、才藝、仲介業、掮客。
傷官爲用	各項才藝、藝術、演藝、廣播、律師。
正財爲用	工商、工廠、門市、批發、一步一腳印之行業
偏財爲用	投機業、股票、證券、房地產、金融。
正官爲用	政治界、公職、民意代表
七殺爲用	警界、運動、軍警、司法、特技、生化醫療。
正印爲用	教育、宗教、文化、學術界、圖書、慈善事業
偏印爲用	演藝界、科技、醫療、律師、設計業、五術、宗教。

第二節　以其他條件論此生行業別

1、正財偏財為喜用神，又有食神傷官來生財，一生適合經商發展。

2、正財合日主，表示財緣佳，財來就我，一生勤於事業。

3、有食神傷官生財，表能力，有商業頭腦、眼光獨特，最適合經商。

4、從財格之人，事業心重，從財格之男女，皆適宜經商。

5、天干正財正官正印並透干、日主又不弱，行大運時名利雙收。

6、大運之第一、二柱是行傷官運或財星運者，往往會早出社會打拼。

7、財官印並透之人，是為掌權之命也。

8、七殺星多透出天干為忌神時，不宜合夥事業，生平慎防小人，可能會耗財。

9、身弱命中七殺多而通根，怕被管，上班最好，也不宜做生意。

10、正印、偏印皆透出天干，容易身兼兩種職業。

11、偏印底下坐華蓋，很適合讀醫科，做醫生、命理諮商師亦可。

12、身強（正偏印、比劫）加起來超過30分，命盤有傷官生財條件，最適合經商。

13、食神傷官爲喜用神，適合經商，尤其是有關藝術、古玩方面之生意更佳。

14、財星坐驛馬或是同柱爲用神，可從事國際貿易、旅遊等行業，可以發財。

15、食神與印星兩旺者（因有才華又有名利），最適合教師之職業。

16、七殺與偏印同柱者，適宜從事不受時間、空間限制之學者，如五術類、山、醫、命、卜、相，或藝術家。

17、命帶食神者，也很適合從事食品業或品嘗師之行業。

18、命帶天醫者，可以從事醫科可成爲良醫、名醫，或和醫療有關行業。

19、食神生財者，在金融業任職，或以技術行業作生意都很好，作飲食業也易發揮其特色。

20、有正官配印，或殺印相生者，大都能成爲高級職員或高級公務員。

21、偏印爲副業之星，偏印格常兼作兩種以上行業，正偏印雜者，更有此傾向。

22、如華蓋、文昌、空亡與正印同柱者，容易於文化界或宗教界有所成就。

23、正印星坐墓運者，也容易在文化界、宗教界取得好名聲。

24、偏印旺之人較易有靈異體質，適宜從事通靈或神職、宗教之行業。

25、命中劫財是忌神者，常被親友倒債、倒會，錢少借人家爲妙。
26、食神又有文昌、華蓋者，對任何事都好奇，可成爲興趣廣泛之文學家。
27、正財格之人正直，不適於投機性事務，及有賭博性或須決策性之工作。

第三節　一生適合什麼樣工作及位階

一般人想踏入社會前，大都會思考自己要選擇哪種行業，才能發揮本身具有之才華，以下就用八字之基本架構及選擇行業之原理優勢來提供公司或個人在選擇行業時之參考。

●最適合當經理人或下決策之人：

1、命盤中有食神且能制七殺者。

2、七殺爲喜用神者。

3、正財生七殺爲喜用神者。

4、傷官生偏財又爲喜神用神者。

●一生較適合會計財務之人：

1、有正官正印相生之人適合財務工作。

2、財星坐金匱或將星之人適合掌管財務。

3、財旺但身弱且無傷官之人適合財務。

4、正財格且以正財爲用之人適合財務性質。

●一生較適合外務員、業務擴展之人才：

1、命局中有食神制七殺者。

2、命局中有傷官剋七殺者。

3、命局中有七殺、陽刃兩全者。

4、偏財爲喜神用神，又有傷官來生財星，且不逢破壞者。

5、七殺爲喜神用神，又有偏財生七殺者。

6、偏財爲喜神用神，又有食神生正偏財者。

7、偏財旺、喜用神爲比肩者。

●一生較適合文職幹部者：

1、命局中有七殺被合只留正官者皆適合。

2、命局中有財官相生者皆適合。

3、命局中有官印相生者皆適合。

4、命局中有以正官爲用神、以正印爲用神者皆適合。

●一生較適合從事研究人員者：

1、命局中有帶華蓋之人皆適合。
2、命局中格局是偏印格之人皆適合。
3、命局中是身弱且是傷官生正財者皆適合。
4、命局中是身弱且食神生正財者皆適合。
5、命局中是以偏印爲喜神用神者皆適合。

● **一生較適合幕僚人員：**

1、財官相生或官印相生爲喜用之人。
2、日主坐長生之人皆適合。
3、日主坐建祿之人皆適合。
4、生於申（七）月之人皆適合。
5、生於戌（九）月之人皆適合。

第二十一章

論個人此生的最佳房屋座向在哪一方

P21命盤範例

体檢天干：丙

体檢地支：卯

体檢宅命：震命

用神：金水

忌神：火木

血型：0

空亡：子丑辰巳

6	5	4	9 3	8 2	7 1	流年
甲寅56	甲辰46	甲午36	甲申26	甲戌16	甲子 6	3
乙卯57	乙巳47	乙未37	乙酉27	乙亥17	乙丑 7	4
丙辰58	丙午48	丙申38	丙戌28	丙子18	丙寅 8	5
丁巳59	丁未49	丁酉39	丁亥29	丁丑19	丁卯 9	6
戊午60	戊申50	戊戌40	戊子30	戊寅20	戊辰10	7
己未 1	己酉51	己亥41	己丑31	己卯21	己巳11	8
庚申 2	庚戌52	庚子42	庚寅32	庚辰22	庚午12	9
辛酉 3	辛亥53	辛丑43	辛卯33	辛巳23	辛未13	0
壬戌 4	壬子54	壬寅44	壬辰34	壬午24	壬申14	1
癸亥 5	癸丑55	癸卯45	癸巳35	癸未25	癸酉15	2
子丑	寅卯	辰巳	午未	申酉	戌亥	空亡

姓名	P21		性別	女
西元	1979 年			
8	30	3	68	國曆
8	3	3	68	農曆
時	日	月	年	日期
七殺	日元	劫財	傷官	主星
壬 水 (←剋→日)	丙 火 (←合→時)	丁 火	己 土	天干
辰 土 (←半三合→日)	申 金 (←害→月)	卯 木	未 土 (←半三合→月)	地支
癸乙戊 水木土	戊壬庚 土水金	乙 木	乙丁己 木火土	藏干
正正食 官印神	食七偏 神殺財	正 印	正劫傷 印財官	副星
49-64	33-48	17-32	1-16	歲運
事業家庭 人際關係 子孫學生 部屬員工	本 人 外在個性	兄弟 姊妹 父親 朋友同輩	祖先 父親 上司長輩 上流人士	由天干看
事業家庭 人際關係 子孫學生 部屬員工	配偶 創業機運	本人 內在特性	母親 祖先 上司 長輩	由地支看

男女手掌命卦法

女歸八艮
男歸二坤
碰到五黃

女由八艮順數

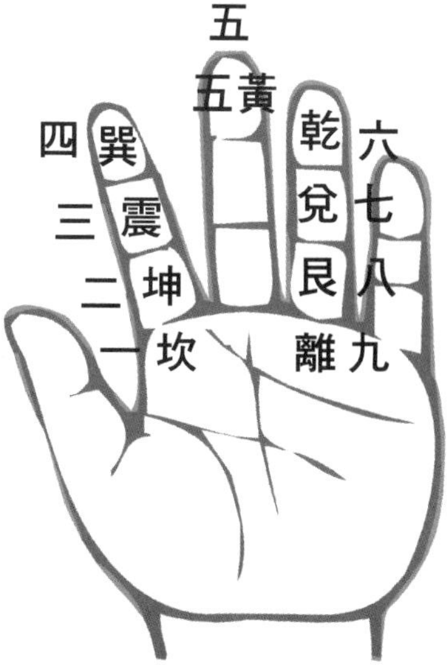

男由七兌逆數

簡易陽宅概略　自己動手改陽宅

我們常聽說：「一命、二運、三風水、四積德、五讀書。」以上除了命不能改以外，要改變運勢尚有太多的機會，以生活角度來看，平日我們所處的環境（陽宅）處處是風水，若把「風水」兩個字先擺放一邊，我們還是發現日常生活中，許多事仍擺脫不了這兩個字，很奇妙吧！例如：家中的沙發太暗沉，那麼擺個亮麗的抱枕，或放一盆綠色植物來襯托它；或者家中牆壁髒舊、剝落，感覺家中沒有生氣，於是重新粉刷改變家中的氣氛，這些不舒服的感覺就是所謂的氣場、磁場。

尤其是買二手屋要搬進去之前，請先擇日將整棟屋子重新粉刷一遍，以迎接新氣象，因前屋主是因某些原因才將房子賣出，粉刷之後可將穢氣清除，所以說風水風水最終目的還是在幫人們創造一個良好的舒適環境。

在介紹適合本命所居住的房子是一項相當重要的學問。如何挑選對自己最有助力的房子，可依自己本命出生年對照就可知道該如何挑房子了。

坎命之人：（男）16、25、34、43、52、61、70、79、88、97年生

(女)12、21、30、39、48、57、66、75、84、93年生

最吉方：座東南向西北。次吉方：座北向南。吉方：座東向西、座南向北。

坤命之人：(男)15、21、24、30、33、39、42、48、51、57、60、66、69、75、78、84、87、93、96年生

(女)13、22、31、40、49、58、67、76、85、94年生

最吉方：座西南向東北。次吉：座西北向東南。吉方：座西向東、座東北向西南。

震命之人：(男)14、23、32、41、50、59、68、77、86、95年生

(女)14、23、32、41、50、59、68、77、86、95年生

最吉方：座北向南。次吉方：座東南向西北。吉方：座南向北、座東向西。

巽命之人：(男)13、22、31、40、49、58、67、76、85、94年生

(女)15、24、33、42、51、60、69、78、87、96年生

最吉方：座南向北。次吉方：座東向西。吉方：座北向南、座東南向西北。

乾命之人：(男)11、20、29、38、47、56、65、74、83、92年生

（女）17、26、35、44、53、62、71、80、89、98年生

最吉方：座西向東。次吉方：座東北向西南。吉方：座西南向東北、座西北向東南。

兌命之人：（男）10、19、28、37、46、55、64、73、82、91年生

（女）18、27、36、45、54、63、72、81、90、99年生

最吉方：座西北向東南。次吉方：座西南向東北。吉方：座東北向西南、座西向東。

艮命之人：（男）18、27、36、45、54、63、72、81、90、99年生

（女）16、19、25、28、34、37、43、46、52、55

最吉方：座東北向西南。次吉方：座西向東。吉方：座西北向東南、座西南向東北。

離命之人：（男）17、26、35、44、53、62、71、80、89、98年生

（女）20、29、38、47、56、74、83、92年生

最吉方：座東向西。次吉方：座南向北。吉方：座東南向西北、座北向南

由上表對照，如購買新屋時可由自己年次擇優參考之。

現代人身處都市叢林（高樓大廈臨立），要選明堂（大門口）寬闊，玄武（後背）有靠，青龍（房屋左邊）、白虎（房屋右邊）環繞有情，實非易事，所以居家室內環境成為首要問題。

大門：分外大門及內大門，外大門主貴人臨府，古人云：「外門大招得外財糧，內大門主闔家平安。」外財進來是否留得住那就得看內大門了

萬物有形就有靈，有些年輕人喜歡在門上貼上各種可愛的小飾品，或磁鐵娃娃，或動物造型貼紙，貼久了或破損未撕下，對家中成員身體會有不好的影響。

大門在風水裡相當的重要，所謂厝「四兩」，門「千金」，整個大地之氣皆由門進來，財也從大門來，在門口貼一些奇奇怪怪的飾品，財神會不想甚至不敢進來你家，還是讓你家大門保持原來素淨的樣子。鞋櫃最好擺放在外面而且擺放整齊，裡面放些粗鹽吸穢氣，一個月換一次，讓你的腳丫子天天都足爽。若是鞋子亂擺在門口不收整齊，會形成跑路煞，阻礙家中的財運。

浴室、廁所：最好保持乾爽，不要整天都濕濡濡，最理想的是讓窗戶能夠通氣，否則

裝個抽風機，再來可選擇種一盆土種黃金葛，和放一杯粗鹽（30公克），再裝上門簾，因黃金葛可釋放芬多精，粗鹽，吸收穢氣，一吸一放，廁所中不好氣降至最低。

廚房和客廳：「客廳要明亮」，這句話點出了陽宅及住家環境的重要，古人說：「明廳暗房。」即是此理，客廳是屋相的心臟，不可有陰暗的感覺。再來是廚房，於風水的角度，最好能夠明確的分隔，主要是希望能阻隔廚房的油煙；避免油煙充斥整間房屋，嚴重影響屋子的「氣」，導致居住成員身體健康受到影響，此外廚房屬陰，客廳屬陽，陰陽之間也必須有所區隔，否則家中男、女主人容易有磨擦。

文昌位（書桌）：可分爲固定文昌、流年文昌或個人文昌，固定文昌在東南方，以流年96年文昌在西方，個人文昌需要個人年次換算查詢，書房內要光線充足，空氣要流通，書桌盡量面向牆壁（較能專心），如果文昌位在廁所旁邊也比較不好，小孩房間格局不大，不要把書桌放在房門口有沖煞的地方即可。

床位：跟每一個人息息相關，人工作一整天需要休息，恢復體力，有一些房子的構造很奇怪（如套房、加蓋房），從大門進去第一眼看到的不是客廳的沙發而是床舖，有一句諺語：「先見床夫妻房事比較忙。」夫妻均會比較容易犯桃花，尤其是女主人會常思淫慾，這種房子也叫做「退財房」，家運、事業漸漸退敗，錢財存不起來。

床頭不要靠近廁所，尤其是馬桶的位置，床鋪上方，不要有横樑，背後不要有窗戶，這會影響個人的智慧，頭腦混淆不清，房間以柔和為訴求，天花板不要太花俏，床頭要靠牆，人睡在龍邊，龍邊主貴人，以祈求天天有貴人相助。

所謂福地人居，善為至寶一生用，心為良田百世耕，希望每一個人一雙手能勤做善事，一顆心能夠有義，一輩子都能夠歡喜自在，每個人都能風生水起好運來。

以P21命盤得知，該女是68年次查表即可知為震命。

震命之人：（男）14、23、32、41、50、59、68、77、86、95年生

（女）14、23、32、41、50、59、68 77、86、95年生

最吉方：座北向南。次吉方：座東南向西北。吉方：座南向北、座東向西。

第二十二章

論個人此生的讀書運及考試運如何

望子成龍、望女成鳳是每個身爲父母的人對於子女之期望與寄託，身爲父母者都期望每個子女都擁有高學歷、好成就，但有些家長總是不能如願，有些子女適合讀書，有些子女適合經商創業，如能用子女的命盤看出未來的學業走向，依其本命所具有之才華、心性、志向來開拓自己之人生是最好不過了。

學歷與考試運從命盤如何看

以命盤P21論學業大概都看食傷、官殺及印星之喜忌關係。

第一節　論學歷

1、學業與正官七殺星及正印偏印及調侯星有很密切之關係（看官殺、印星）。

2、正官星爲學歷星，若在命中爲喜用，則學歷必高，如命中無正官星，七殺星亦可權用，如七殺星爲用神且有力、學歷必高且學業成績優秀。

3、命局中正官星被合者（爭合），好玩對讀書沒興趣。

4、正財太旺或很貼近日主者，也較討厭讀書。

5、正官爲用神而落空亡，學歷易因意外變化而受挫折中斷。

6、正官七殺過旺爲忌神，對讀書易生厭惡，但如有印星轉化，反而喜歡讀書。

7、求學過程如走喜神用神運，讀書比較輕鬆。

8、正印星代表文書星，也代表知識來源，不論身強身弱，命中帶印星之人，較喜歡讀書、閱覽文集，如又透天干者，更喜歡讀書。如果以印爲喜用更佳，學歷必不低，如命局無印者，想必知識來源不廣，較不喜歡讀書。

9、命帶貴神如文昌、學士、華蓋、六秀，且不落空亡或剋破者，易得高學歷。

第二節　論考試

考試可分升學考試與就業考試，以下是判斷考運之心得：

1、流年天干地支與本命四柱有合者，且合化成喜用神者，考試易成功。
2、逢正官之流年大運，且是喜神，則最易考上。
3、身弱走正官正印相生之流年大運，考試易考取。
4、大運雖不好，但流年好，考取之機會亦大。
5、大運好、流年不好，可考上學校，但學校或科系較不理想。
6、大運好、流年亦好，可順利考上理想學校與科系。
7、走喜神用神運勢，考試能順利，原局若用神又透天干，成績更佳。
8、身旺且正官又透天干而為喜用者，功課雖平平，考試確容易考上。
9、考試流年逢文昌貴人、八座、三台、將星等貴人時，也較容易考取。
10、男命走正偏財星大運，女性走官殺星歲運，容易因與異性交往而影響學業及考試。

第二十三章

如何從命盤中看出這輩子的財運及投資運

人們常說：「人無橫財不富。」財是養命之源，每個人並非一輩子都能順利地賺錢、您這輩子會不會有錢或適不適合經商，或只能乖乖工作一輩子，也許我們能從八字得知，何時會有發財機會、何時會破財、該往哪方面去發展等等。

以命盤P22論財運及投資運大概都看食神、傷官星及財星之喜忌關係。

P22命盤範例

姓名	P22		性別	男
西元	1964 年			
國曆	7	14	4	53
農曆	7	3	3	53
日期	時	日	月	年
主星	正財	日元	正官	傷官
天干	丙 火	癸 水	戊 土	甲 木
地支	辰 土	巳 火	辰 土	辰 土
藏干	癸乙戊 水木土	庚戊丙 金土火	癸乙戊 水木土	癸乙戊 水木土
副星	比食正 肩神官	正正正 印官財	比食正 肩神官	比食正 肩神官
十二運星	養 49-64	胎 33-48	養 17-32	養 1-16
特星神煞	伏吟 寡宿	天喜 劫煞 天乙貴人 血刃 日貴 孤鸞	伏吟 寡宿	寡宿

天干：癸←合→戊；戊←剋→甲
地支：辰←刑→辰（時、月）；巳←刑→辰（日、年）；辰←刑→（年）

歲	78-87	68-77	58-67	48-57	38-47	28-37	18-27	8-17
大運	丙子	乙亥	甲戌	癸酉	壬申	辛未	庚午	己巳

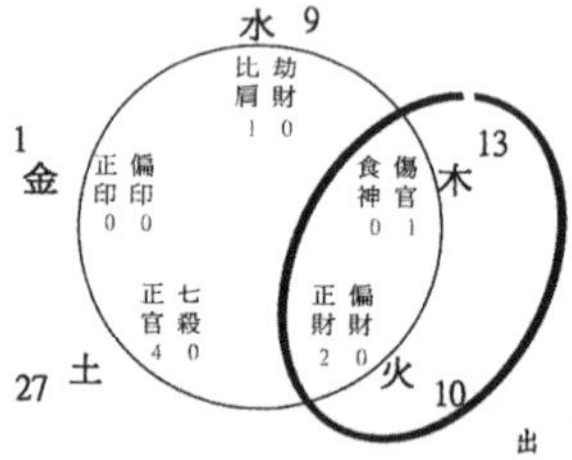

出生後7年2個月又4天交大運

星座：牡羊座
忌神：金水
用神：木火土
喜
空亡：寅卯午未
血型：A
格局：從勢格
命宮：癸酉
胎元：己未
胎息：戊申
天運五行：火

年	104 (52歲)	101 (49歲)	98 (46歲)	95 (43歲)	92 (40歲)
干支	乙 食神 未 七殺	壬 劫財 辰 正官	己 七殺 丑 七殺	丙 正財 戌 正官	癸 比肩 未 七殺
神煞	太陰	太歲	福德	歲破	太陰
年	105 (53歲)	102 (50歲)	99 (47歲)	96 (44歲)	93 (41歲)
干支	丙 正財 申 正印	癸 比肩 巳 正財	庚 正印 寅 傷官	丁 偏財 亥 劫財	甲 傷官 申 正印
神煞	五鬼	太陽	天狗	龍德	五鬼
年	106 (54歲)	103 (51歲)	100 (48歲)	97 (45歲)	94 (42歲)
干支	丁 偏財 酉 偏印	甲 傷官 午 偏財	辛 偏印 卯 食神	戊 正官 子 比肩	乙 食神 酉 偏印
神煞	小耗	喪門	病符	白虎	小耗

第一節　一生中比較會有錢之八字條件特徵

1、以食神、傷官二星（食傷能生財）之賺錢本領較強，偏財其次，七殺再次之。

2、如食神為用神，賺的是正財，傷官為用神，賺的是偏財。

3、如食神為用神，有良好的表現很容易使錢財滾滾而入。

4、如傷官為用神，較會運用各種謀略管道來賺大錢。

5、命上正財、正官星俱現，財生官旺、官星不洩財，必富。

6、身強、財也旺時，命局上食神、傷官或官殺星可以生財必富。

7、身強、印旺，而財星（五行）得局，且食傷微弱者（藏干雜氣），可富。

8、身強、比肩劫財旺，無財星、印星，而有食傷星也可富。

9、身強、印旺、官星衰微，而財星（五行）得令亦可富。

10、身弱財旺，而無官星洩財氣、印星剋食傷，但有比劫星也主富。

11、喜神用神是財星，出現於日支、月干、時干為最佳，最有發財的機會。

12、年月柱干支見財星，又無刑沖者，可富，財星得月令（有氣）最佳。

13、八字內必須有偏財、傷官、食神、七殺全者，最具有發財條件。

14、八字內具有正財、正官，爲也有發點發小財之機會。

15、八字具有正印、偏印、比肩、劫財同現者，發財機會較小

16、正財、偏財爲喜用神者，一生較有發財機會。

17、正財、偏財與日干親密者，一生較有發財機會。

18、正財、偏財星帶天乙貴人或月德貴人者，較有貴人相助而發財。

19、正財與正官均與日干十分密切者，是很愛錢之人，容易把握賺錢機會。

第二節　一生中的財富哪裏來如何從八字看出

1、年柱爲忌神，年支、月支相沖，這種人較不易得祖產，適合外鄉發展爲宜。

2、年支及時支三合、六合，或六沖且均爲喜用，或合成喜用神，則出國遠離家鄉大發展。

3、年天干地支爲喜神用神，較易得到祖產機會或受長輩提攜而得財。

4、日支透出年干爲喜用神，易娶有錢老婆，嫁粧不少，會因結婚後而發財。

5、年、月兩柱皆忌神者，較無法得到祖蔭，長輩助力少，這輩子可能要白手起家。

6、身弱（印比加總16分以下）走比肩劫財運，可因合夥發財。

7、時柱爲忌神，而大運走好運，是可以投資的，最好與朋友合夥，但自己不要當負責人。

8、年干、月干均出現正財者，容易從他人手中或事業中獲得一筆大財富。

第三節　一生中的發財與破財時機如何從八字看出

1、流年大運逢歲破、破碎、大耗之年，很容易就破財。

2、若是身強之人，行比肩劫財運會破財，走正偏財運會有發財機會。

3、若是身弱走財運時可能會破財（過路財神），走正偏印運時可能會發財。

4、專旺格，逢財星流年大運時會大破財，若是從格之人，行從運能發財，若財星沖合日支，則會因妻而破財或因錢財生事。

沖合時支，則會因子女或事業而破財。

沖合月支，則易因爲人擔保或信貸及倒會而破財。

5、若是從財格，行比劫運歲易破財，行財運可發財。

6、若是身強流年大運地支合化財局，可賺錢發財。

7、行忌神之大運、忌流年沖合時支，會因事業關係發生變化而破財。

8、若是身弱財星旺、比肩劫財爲用、命流年大運合成比劫局，則發大財。反之是身強、財爲喜用神、命歲運合成比肩劫財局，則會破財。

第四節　一生中比較會沒錢之八字條件特徵

1、八字命盤中財星少見或無力，或局上財星被剋，身上沒錢。

2、財星爲用神，或財星生助用神，卻遭搶合，或破壞者，爲錢奔波而無所得。

3、正偏財星爲忌神，而用神爲印星，又被財星近貼剋破者，主無財。

4、正財與正官都遠離日干或被沖破者，會是一個沒有錢財觀念的人。

5、比肩、劫財、正印、偏印與日干親臨之人，對錢財都不太重視。

6、官殺旺而取印星爲用，而財星得局、財生官又剋印者，主貧困。

7、日主弱、財星重比肩劫財輕、食神傷官亦重者，亦主財不多。

8、日主旺、財星輕、喜食神傷官，而正偏印又多者，亦主財來財去。

9、七殺多現，則因受錢之約束，會對錢財較重視。

10、食神、傷官親臨日干者，則喜歡追求浪漫的格調以及花錢的樂趣，對於錢財並不很看重。

第五節　以命局中之喜用神在四柱中之情況論財富

以命盤P22論財富狀況可以看喜用神在哪一柱來論，甲木（傷官在年柱）、丙火（正財在時柱）、巳火（正財在日柱）、辰土（正官在年、月、時柱）請看以下各柱解釋

1、**用神爲比肩劫財：**

◎在年柱：少年時期生活困苦，可能出生於清寒家庭，青年後，因本身之辛勤努力，當可彌補先天財運之不足，並可稍微擁有積蓄，但生活不宜奢侈、浪費。

◎在月柱：內心追求財富慾望很強烈，但缺乏技巧及方法，以致很難如心意，即使得財，往往因手足或朋友關係而將財務耗損，財運不佳，難脫貧困。

◎在日柱：缺乏理財的觀念，看來配偶會有愛花錢的習慣，常有入不敷出之窘境，故應斟酌收入情況養成儲蓄習慣，或能投資不動產，以備中年後之不時之需。

◎在時柱：一生常爲錢財所困擾，往往辛苦努力，但所得及收穫卻不大，宜規劃後再行動。

2、**用神爲食神傷官：**

◎在年柱：年輕時即可發財致富，在少年時易少年得志，但在中年之後恐有走下坡之勢，且會逐漸陷入缺錢之困境，所以應未雨綢繆，年輕時多存點錢，或投資不動產，以備晚年不時之需。

◎在月柱：由於收入不錯，對生活品質很享受，所以相對支出亦大，可稱爲「過路財神」，如流年歲運逢財星時可發財。

◎在日柱：在步入中年之後，財運相對旺盛，但容易因財多而招妒喔。

◎在時柱：一生財運佳、眼光好，具有商業頭腦，也懂得節約爲美德，流年運忌逢「印星」來沖，可能會阻斷財源，更會有虛擲浪費之事。

3、**用神爲正財偏財星：**

◎在年柱：可能生於富有家庭，少年時期衣食不虞匱乏，且成人後可得父母財產或相助，可享豐裕之生活，但忌比劫、印星之歲運來壞財。

◎在月柱：一生大概不愁衣食，可以過著富裕的物質生活，一生擅於理財及懂得賺錢之道。

◎在日柱：配偶可能出於豪門之家，在金援方面助益較大，但忌流年大運比肩、劫財、印星來耗財，導致失財情況。

◎在時柱：壯年之後財運旺盛，如歲運走食傷運之助，更能獲意外財富せ。

4、用神為正官七殺：

◎在年柱：有可能出生於公務員（官職）之家，一生注重名譽，賺錢之機會也多。

◎在月柱：一生重名譽，比較淡泊財利，並不會汲汲營營想賺錢，流年大運如逢印星，會更為顯著。逢食神、傷官，則反為金錢所誘，重視錢財。

◎在日柱：有不錯之偏財運，工作順遂，但最忌揮霍無度而成一場空。

◎在時柱：壯年之後財運步入佳境，累積錢財，喜歲運逢財，更增財利。

5、用神為正印偏印星：

◎在年柱：先天財運較差，雖很辛勤工作但收入中等，應屬清寒家庭出身，先天上父母親助力不多。

◎在月柱：財運不是很好，要時常設法節約及儲蓄，以免支出過多而陷困境，忌流年大運行食神、傷官運，有破財之虞。

◎在日柱：收入可能不豐宜勤儉，避免不必要之浪費，如大運流年逢正官、七殺，就有獲得改善機運。

◎在時柱：在此看來財運實在不佳、宜開源節流，到晚年方可儲蓄而得財。

第二十四章

如何從八字中看出這輩子的「大運狀況」

P23命盤範例

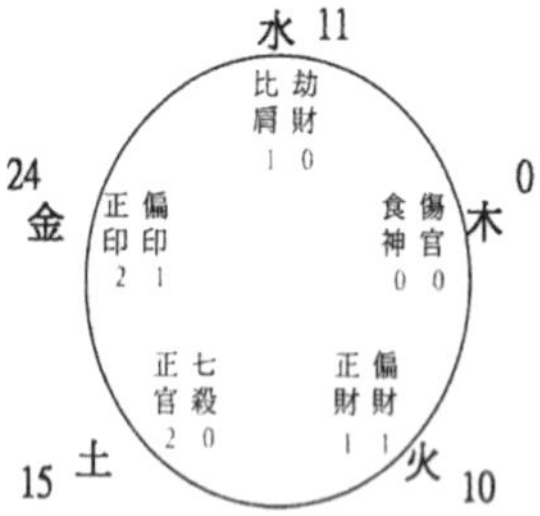

星座：獅子座
忌神：水金
喜用神：木火
空亡：辰巳申酉
血型：A
格局：偏印格
命宮：庚子
胎元：丁亥
胎息：丁未
天運五行：土

出生後7年1個月又27天交大運

姓名	P23	性別	女
西元	1961 年		

時	日	月	年	日期
18	17	8	50	國曆
18	7	7	50	農曆
正官	日元	偏財	正印	主星
己 土	壬 水	丙 火	辛 金	天干
	←剋→ (日–月)	←合→ (月–年)		
	←害→ (日–年)			
酉 金	午 火	申 金	丑 土	地支
←半三合→ (時–年)				
辛 金	己丁 土火	戊壬庚 土水金	辛癸己 金水土	藏干
正印	正官 正財	七殺 比肩 偏印	正印 劫財 正官	副星
沐浴 49-64	胎 33-48	長生 17-32	衰 1-16	十二運星
沐浴 血刃 白虎 金匱	將星 飛刃 月德 桃花 貴人	學堂 元辰 龍德 天喜 孤辰 隔角 驛馬	金輿	特星神煞

78-87	68-77	58-67	48-57	38-47	28-37	18-27	8-17	歲
甲辰	癸卯	壬寅	辛丑	庚子	己亥	戊戌	丁酉	大運

104 (55歲)	101 (52歲)	98 (49歲)	95 (46歲)	92 (43歲)	年
乙 傷官 未 正官	壬 比肩 辰 七殺	己 正官 丑 正官	丙 偏財 戌 七殺	癸 劫財 未 正官	干支
歲破	太陰	太歲	福德	歲破	神煞
105 (56歲)	102 (53歲)	99 (50歲)	96 (47歲)	93 (44歲)	年
丙 偏財 申 偏印	癸 劫財 巳 偏財	庚 偏印 寅 食神	丁 正財 亥 比肩	甲 食神 申 偏印	干支
龍德	五鬼	太陽	天狗	龍德	神煞
106 (57歲)	103 (54歲)	100 (51歲)	97 (48歲)	94 (45歲)	年
丁 正財 酉 正印	甲 食神 午 正財	辛 正印 卯 傷官	戊 七殺 子 劫財	乙 傷官 酉 正印	干支
白虎	小耗	喪門	病符	白虎	神煞

每一個大運有十年的光陰，天干管上五年、地支管下五年，但在看大運吉凶時，以所管的權轄十年中天干佔40％的重要性，另外佔地支佔60％的重要性。

批八字、大運原則上是要看那一「大運」，就直接看那一「大運」的天干地支，再看天干所代表的十神是什麼，且該天干五行是喜用神或是忌神、如果是喜用神就請對照下列該十神之優點，如果是忌神請看該十神之缺點，也等於該大運期間會發生之現象會如同該十神所敘述情況，解釋好時請把握，解釋不好時請預防。

第一節　要斷某大運吉凶時，請直接看命盤之大運干支

1、大運天干地支爲喜用神者，主該運期爲吉，一切均安。
2、大運爲忌神者，主該運期爲凶，小心行事爲宜。
3、大運非爲喜用神或忌神時，主該運期爲平平，最好須配合流年運來推論。
3、大運天干地支爲一喜一忌時，該大運論吉凶參半（須參酌命盤有無合化……等）。
4、大運沖年柱：表示會離家出外或與父祖輩緣薄或別離，與父母或長輩意見較不合，有時又會爭吵。

大運沖月柱：表示環境可能會有所變動或職位異動，青年期生活起伏大，情緒靜不下來，與家人易有爭執。

大運沖日柱：表示會有家庭不和諧的現象，夫妻易爭吵、鬧意見或分離，配偶健康差或本人健康運勢也較差。

大運沖時柱：表示子女可能遠行在外，難得在身旁，與子女聚少離多，子女身體狀況較差，也主該大運不佳。

5、大運天干地支來沖剋命局中忌神，爲藥去病，以吉運來論。

6、大運來合化命局中忌神，或合化爲喜用神，代表該運會反凶爲吉。

7、大運來沖剋命局用神，大致會有反吉爲凶，須留意。

8、被大運干支所刑剋沖害之柱，該柱所代表六親事物，或該干支之十神，必會被破壞而應驗凶災或疾難或破財。

9、大運落空亡時，行喜神用神運，變平常或減吉。行忌神運，可減凶運之力量，仍以凶論，宜防破敗。

10、何謂大運之「截腳運」，就是大運地支剋天干。如喜水運，遇壬午大運、天干五行被地支五行截腳破壞，這樣對本大運會有扣分。

11、大運一般喜行長生、臨官、帝旺之運，做事較積極也容易有發達的運勢。忌行衰、病、死、墓、絕之運，易逢破敗、災疾、困逆之事連連。行沐浴運，易犯桃花酒色之事。行冠帶、胎、養之運，主平安快樂。

12、大運干支與命局四柱其一之干支形成天剋地沖，該運必多凶險、破敗、破財。

第二節　以該大運走之干或支各代表是哪個十神會有什麼現象

請參考以下解釋

該大運走比肩、劫財時：

走比肩、劫財運時所發生之事情大多會與妻子、父親、兄弟姊妹、同儕朋友間的關係，以及本身之思想、決策、言行有關，如何計劃、會賺錢否或會破財否等方面有關。

◎**比肩的特性如為喜神請看優點，如為忌神請看缺點：**

優點：本大運中帶有獨立自主、重視朋友的個性，有分享性，想到就做，心胸大、較不貪心，有個性，花錢阿沙力，替朋友出面且堅持己見，個性剛健、獨立心旺盛，較自我主張的特性。易得兄弟、朋友之幫助，較有佔有慾，也有開創事業之雄心，財運亨通，合夥事業會有成功的機會。

缺點：本大運中帶有自尊心強、不容許他人侵犯，易被激怒，易發生對長上無禮、破財之事、合夥失利、錯誤叢生、衝動、心情煩躁、為人海派、較不思索。易受朋友、兄弟牽累，或為兄弟、朋友之事煩惱，男人與配偶容易發生衝突或配偶易生病，或婚姻不順，或影響父親健康與運氣，容易樹敵抱怨、徒勞無功，易與朋友發生口舌、衝突、誤會等等。

◎劫財的特性如為喜神請看優點，如為忌神請看缺點：

優點：本大運中帶有獨立自主、心胸大主動性、不重視慾望、重朋友的特性，意志堅強、剛毅穩健、活力充沛，易得兄弟、朋友、同業之助，運勢佳、凡事水到渠成，有擴充事業之念頭、野心。

缺點：本大運中帶有自尊心強、不可被侵犯、沒耐心易被激怒、魯莽無計劃性、常有投機心態、易破財、易衝動、心急切晃神、不把事情放心上、不重視財物、想到什麼就做什麼、為人海派、和朋友共享財物、替朋友出面，一生中損財連連的特性。合夥易失利，易遭手足、朋友、同業之拖累或小人之陷害或侵犯他人，夫妻易因錢財糾紛或合夥事業理念不同易拆夥，事業不順遂，易與朋友、兄弟發生衝突，容易因判斷錯誤而損失。

該大運走食神、傷官時：

走食傷運所發生之事情大都屬於內心才華方面、計劃、理想抱負、文藝、技術方面有關，跟子女、學生、部屬、性慾、訴訟、婚姻、田宅、名譽等有關。

◎**食神的特性如為喜神請看優點，如為忌神請看缺點：**

優點：本大運中帶有斯文、友善、有氣質、聰明才智較能發揮、歡喜心、主動、溝通、計劃、心思細膩、有經營理念、有足夠動能、有賺錢的能力的特性、凡事能按條理走、較有口福且口感特好。對事務之企劃、設計及文藝等能有較高之效率，男女皆易有感情事，個性變得溫和、心胸開闊，較具同情心、施捨心，有計劃、喜創新，較易得部屬或子女之協助。

缺點：本大運中帶有率直、隨便、會自我推銷、容易感情用事、無心機、不服輸、太直率、好奇心重、好幻想、濫同情、不夠細心、口無遮攔、易鑽牛角尖、身體容易疲勞。易有感情問題、理想多而實現少、女亦不利丈夫之運氣與健康、易有感情糾紛或失戀、口舌是非及爭執多、煩憂、有志難伸、名譽也易受損或受傷害。

◎**傷官的特性如為喜神請看優點，如為忌神請看缺點：**

優點：本大運中帶有聰明好動、有想像力、志氣遠大、創意多、新鮮感增加、有自信、理解力佳、善交際、有主見、創新、敏感、具高度觀察分析能力、反應快、多樣性、易溝通。思路清晰、易出好點子、能有突出創作或發明、名望升高、會較傲氣、喜歡說話、幽默增加、很有同情心、易得部屬幫助。

缺點：本大運中帶有愛面子、驕傲、自滿、自我主張、易有官非甚或刑訟坐牢、易有感情因素而產生糾紛，較會自我推銷、言詞犀利，喜自我主張且不易妥協、重名聲、愛慕虛榮、好勝心強、善變、猜疑的特性，重感情、過分感情用事，女人容易對丈夫不滿，男人對事業工作不滿意，易以不正當手段求財而惹官非，任性、身邊多小人是非、說話傷人、得罪他人、易受子女或部屬之連累、或為部屬或子女事而煩憂等等。

該大運走正財、偏財時：

走財星運所發生事情大都與工作、商業、交易、買賣、金錢、父親、妻子、婚姻、物質享受、衣物、田宅、財產、貸款、物質慾等有關。

◎正財的特性如為喜神請看優點，如為忌神請看缺點：

優點：本大運中帶有愛玩、愛熱鬧、有異性緣也很有賺錢機會、做事穩重、重視未來、賺錢機會多、工作較穩定、重視家庭生活、好溝通的特性。男命喜成熟的女人、菩薩心腸，自己有時也希望旁邊的人擁有。財運好，未成家者易有戀愛，財源上穩定、事業多利，喜歡掌握、想擁有、有企劃能力、重視未來，但心性上會較現實、功利心重、慾望較高，易購置不動產。

缺點：本大運中帶有放不開、在乎自己、想富裕會為財所困、可能會因財而生災、易惹禍上身、閒不住、缺乏恆心、想支配一切、較現實、重利益、只管自己、不易滿足、物慾重開銷大、易有意外破財或金錢糾紛、母親健康或運氣受影響、或為財辛苦奔波、不小心會破財事業失敗、在商場上交易不順、易損失財產。

◎偏財的特性如為喜神請看優點，如為忌神請看缺點：

優點：本大運中帶有好動、對金錢不重視、很大方、不貪財、放得開、人緣佳、有行動力、不重利、不現實、正常上班者也易多方面投資、錢來的快去的也快、善理財、賺錢比人快、流失也快的特性。本大運財運好、賺錢機會多、男性女生緣佳、未成家者易有戀愛、財源上較穩定、事業運不錯、能勤儉持家、現實、功利心重、重視享受、慾望較高、易購置財產。

缺點：本命中帶有不重視錢財、不在乎、不執著、好動、不怕財物受損、感情不專常有困擾、喜歡把一生當成賭注、男人喜歡看妹妹、交際手腕好、心中常抱大事業夢想也喜歡投機性工作的特性。一生開銷大、不知節制、易有意外破耗或財務糾紛、妻子健康或母親健康或運氣受影響、沒耐心、會因財而生災，甚至惹禍上身，或爲財愁苦、商場交易不順心，易損失財產，男性也易因女性破財宜小心。

該大運走正官、七殺時：

走官殺運所發生事情大都與權利、職位、名譽、工作、壓力、上司、子女、官司、小人、女性之丈夫與情人等有關。

◎正官的特性如爲喜神請看優點，如爲忌神請看缺點：

優點：本大運中帶有注重名聲、爲人忠心、順從、有理性、誠實、重聲望、守法、有責任感、守成、遵守禮法、重視地位、頭腦好、工作事業穩定、有光明正大的心態、理性守信守法、會有好名氣，是人人心中的好朋友，在職位或官位上較易高升、考試較易上榜、官訟較易勝訴、易得長官提拔、未婚女性較易有戀愛及婚嫁緣。

缺點：本大運中帶有不積極、不易有功名、爲人愛面子、無魄力優柔寡斷、發展受阻、要求多、是非多，或會有名譽上之毀損、降職、失職、與上司不合、考試落榜、求職不順遂、受上司之責備、連累等。女性易失戀或婚姻不順等煩惱與困擾。

◎七殺的特性如爲喜神請看優點，如爲忌神請看缺點：

優點：本大運中帶有很積極、有責任感、有個人領導風格，但常以較突然之方式出現、表現亦較強勢、萬丈雄心、充滿毅力與勇氣，在事業、權利、升遷等方面，大都經過努力奮鬥與競爭而達成。

缺點：本大運中帶有容易自責、易被毀謗、被壓迫、心情鬱悶會想不開、不服輸、易緊張、不被信任、具破壞性、強權、做事強勢、具傷害性、猜疑、會與朋友對峙不歡而散、生活有壓力、有著爲人不是懦夫的特性。易遭意外刑傷、開銷大錢財耗損、外力競爭激烈、行事較衝動容易演變成作奸犯科、與人發生爭執、事業易失敗、易週轉失靈、女性易有失戀或婚姻上煩惱。

該大運走正印、偏印時：

走印星運所發生之事情大多與外在之「貴人」、心理層面「宗教」、學習、求知慾、文書、契約、母親、長輩、老師、信用等。

◎正印的特性如為喜神請看優點，如為忌神請看缺點：

優點：本大運中帶有權力象徵、好名聲、有智慧、有貴人、被尊重、慈悲心、慈祥、寬厚、易滿足、信任、穩重、對宗教投入、有修養、待人親切、包容心但喜掌權、易得父母長輩及貴人之助力、生活事業或學業安定平順、名望提升、對宗教感興趣，呈現無私、寬大、慈愛之心性，易有創業現象、職位穩定。

缺點：本大運中帶有好管閒事、多勞碌、不適合開創性的工作及心軟以及母親疏於照顧，自己的特性像「哲學家、文藝家」，母親身體及運氣較差，自己考試、謀職皆較不順而多波折，名聲受損，事業、職位不安定容易發生因判斷錯誤而受害，或受騙之事，或破財、敗業，女命較易發生與子女之間多煩、多憂之現象。

◎偏印的特性如為喜神請看優點，如為忌神請看缺點：

優點：本大運中帶有教育我、會安慰人家、點子多、反應快、較沒意見的特性，容易獲得長輩或貴人之協助，事業較安定，文筆流利、學業平順、願望順遂、事事亨通、副業易有成就、易接近宗教或文學，但會較孤獨，喜歡靜靜思考，可多利用創造力開發新業務、新產品以生財。

缺點：本大運中帶有愛插嘴雞婆、容易刺激人家、同情心少、孤僻、不喜煩雜、抽象化、行事被動、粗心大意、較孤獨、欠缺熱情、喜怒不流露在外、較不易贊同別人的想法的特性，不易得長輩上司之助益，又易與長輩與顧客發生誤會，工作、事業，甚至財務皆不順遂，易有損失，易蒙不白之冤、事事多阻滯、有志難伸、孤立無援、女命較易爲子女之事傷神。

以命盤P23看該員之大運走38～47歲，大運天支爲庚子，庚金爲忌神，子水也是忌神，所以查看十神吉凶時就要看缺點部分，庚金之十神爲偏印，子水之十神爲劫財，那就請看偏印與劫財的缺點部分就是在這十年大運裏比較會發生的現象，好的請保持，壞的請事先預防。

第二十五章

如何看出來這輩子中每年運勢

如何

所謂流年，就是從八字中看出每一年的運勢現象，雖是稱流年但也要參看大運干支，有一些老師認爲大運比流年重要，以大運爲主、流年爲輔。但又有老師持相反意見，認爲流年比大運重要，照本人經驗，大運、流年重要性各佔一半才公平，因爲有些命造大運雖非喜用運，但只因流年逢喜用，往往在那一兩年間即發展不錯賺大錢。

推論流年之吉凶時，必須將流年、大運、命局四柱干支，三者合起來看，查其間之喜、忌、生、剋、沖、合、刑、害等，以推論此年之吉凶。

P24命盤範例

姓名	P24		性別	女
西元	1971 年			
18	28	4	60	國曆
18	4	4	60	農曆
時	日	月	年	日期
偏印	日元	劫財	偏印	主星
辛 金	癸 水	壬 水	辛 金	天干
酉 金	未 土	辰 土	亥 水	地支
辛 金	乙丁己 木火土	癸乙戊 水木土	甲壬 木水	藏干
偏印	食神 偏財 七殺	比肩 食神 正官	傷官 劫財	副星
病 49-64	墓 33-48	養 17-32	帝旺 1-16	十二運星
隔角 災煞 天狗	華蓋 墓庫 飛刃 白虎 十靈日	寡宿 月德貴人 天德貴人 紅鸞 魁罡	流霞	特星神煞

（地支：酉—未 合；未—亥 半三合）

73-82	63-72	53-62	43-52	33-42	23-32	13-22	3-12	歲
庚子	己亥	戊戌	丁酉	丙申	乙未	甲午	癸巳	大運

出生後2年7個月又1天交大運

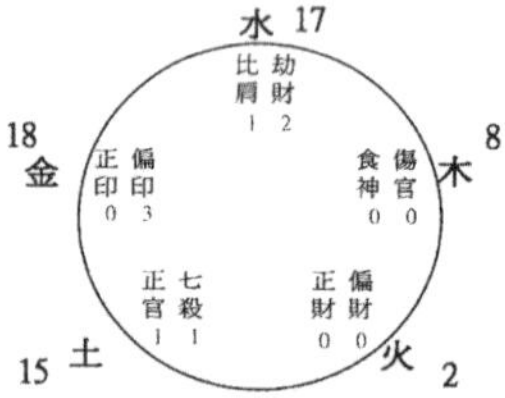

星座：金牛座
忌神：水金
用神：木
喜神：火
空亡：寅卯申酉
血型：A
格局：正官格
命宮：辛卯
胎元：癸未
胎息：戊午
天運五行：金

104 (45歲)	101 (42歲)	98 (39歲)	95 (36歲)	92 (33歲)	年
乙未 食神 七殺	壬辰 劫財 正官	己丑 七殺 七殺	丙戌 正財 正官	癸未 比肩 七殺	干支
白虎	小耗	喪門	病符	白虎	神煞
105 (46歲)	102 (43歲)	99 (40歲)	96 (37歲)	93 (34歲)	年
丙申 正財 正印	癸巳 比肩 正財	庚寅 正印 傷官	丁亥 偏財 劫財	甲申 傷官 正印	干支
福德	歲破	太陰	太歲	福德	神煞
106 (47歲)	103 (44歲)	100 (41歲)	97 (38歲)	94 (35歲)	年
丁酉 偏財 偏印	甲午 傷官 偏財	辛卯 偏印 食神	戊子 正官 比肩	乙酉 食神 偏印	干支
天狗	龍德	五鬼	太陽	天狗	神煞

流年診斷原則與重點

以流年天干地支與大運天干地支及四柱任何一柱形成刑沖或合害之現象，則該柱所主之十神及六親等事項，就會依喜忌產生吉凶，所以在分析流年運時就從人、事、物方面去探討及解釋或該注意事項。

以下爲診斷流年時必須考慮的一些重要條件與依據：

1、流年走喜神用神者，該年則主吉，一切都比較順利。

2、流年走忌神者，該年則主凶，一切都比較不順心如意。

3、流年天干地支一喜一忌。論吉凶參半。

4、流年與大運並臨（如甲年逢甲運），吉凶之力加倍，吉年更吉、凶年增凶。

5、流年逢「伏吟」、「返吟」爲大凶，一切都比較不那麼順利。

6、流年天干沖剋日干，如爲官殺之年，宜防災禍官訟，尤其身弱者須加留意。

7、日干沖剋流年天干，如爲行財星之年，若命局行喜用神，其年有進財機會。若身弱財旺，反主破財消災。

8、命、運（大運）、歲（流年）三者形成三刑，其年多凶，一切都比較不那麼順利。

9、命、運、歲三者形成刑沖皆見，亦主變動、一切都比較不那麼順利，其年多凶。

10、命、運、歲三者干支多合，主事多延遲被合住、或易發生感情糾紛，或外遇，或犯桃花，或犯小人。若爲喜用神，則表示暗中有貴人相助。

11、合煞，即流年干支與日柱干支、天地合（如甲子日逢己丑年），主閉氣阻塞。

12、流年、大運兩者形成天干同、地支沖（如甲申年逢甲寅運），吉或凶依據喜忌狀況而論，但必主變動、搬家、出國、出遠門、職位調動。

13、流年、大運兩者形成天剋地沖（如乙丑運逢己未年），其年多凶多變，流年若爲忌神更驗，凡事操煩不順利。

14、流年來沖剋命局忌神稱爲「藥」去病，該流年以吉論，有貴人相助。

15、流年來沖剋命局用神，該流年以凶論。

16、流年來合住命局忌神，或合化爲喜用神，反凶爲吉，該流年以吉論。

17、流年來合住命局用神，或合化爲忌神，反吉爲凶，該流年以凶論。

19、命局以食神、傷官爲用神時，忌流年、大運走正官、七殺。犯之主官司、吵架、口舌、破財、意外災禍。

命局以官殺爲用神，忌流年、大運走食傷。犯之主官司、吵架、口舌、破財、意外災禍。

20、流年爲喜用神，被命局某字沖、剋或合住，本來吉而變平平。

21、流年爲忌神，被命局某字沖、剋或合住，則會減其凶力。

22、流年落空亡，吉者減吉、凶者減凶。

23、喜用神所在之柱，逢流年、大運沖剋屬不吉，一切都比較不那麼順利。

24、日干合流年天干，或流年天干合日主天干皆以不吉論，代表有志難伸，會有感情困擾，或會身有疾病，或被拖累破財，或犯官非訴訟。

以命盤P24看該員95年走丙戌「正財、正官」，丙戌都爲命盤中喜用神，所以在95年應該會有不錯的運勢，也請查閱大運十神中的「正財、正官」的優點解釋，好的請保持，壞的請事先預防，除了十神吉凶外尚需考慮流年干支與大運干支及本命四柱所產生的刑沖合害等因素，才能準確論斷該流年吉凶。

請查上一單元大運十神解釋

◎正財的特性如為喜神請看優點，如為忌神請看缺點：

優點：本年中帶有愛玩、愛熱鬧、有異性緣也很有賺錢機會、做事固定、規劃未來願景、賺錢機會多、工作較穩定、較有家庭責任、容易溝通的特性。菩薩心腸、自己所擁有的，也希望旁邊的人擁有。財運好、男子未成家者易有戀愛、財源穩定、事業多利、喜歡掌握、想擁有、有企劃能力、重視未來，但心性上會較現實、功利心重、慾望較高、易購置不動產。

◎正官的特性如為喜神請看優點，如為忌神請看缺點：

優點：本年中帶有重名聲、為人忠心、順從、有理性、誠實、重聲望、守法、有責任感、守成、遵循禮法、重地位、頭腦好、工作事業穩定、有光明正大的心態、理性守信守法、會有好名氣、是人人心中的好朋友、在職位或官位上較易高升、考試較易上榜、官訟較易勝訴、易得長官提拔、未婚女性較易有戀愛及婚嫁緣。

以命盤P24看該員96年走丁亥「偏財、劫財」，丁為命盤中喜用神，所以在96年上半年應該會有不錯的運勢，但亥為命盤中忌神，所以在96年下半年運勢就不是很好，同時請查閱大運十神中的「偏財、劫財」的優點及缺點解釋，好的請保持，壞的請事先預防，除了十神吉凶外尚需考慮流年干支與大運干支及本命四柱所產生的刑沖合害等因素，才能準確論斷該流年吉凶。

請查上一單元大運十神解釋

◎偏財的特性如為喜神請看優點，如為忌神請看缺點：

優點：本年中帶有好動、不看重錢財、花錢不心疼、不貪財、放得開、人緣佳、有行動力、不重利、不現實、正常上班者也易多方面投資、錢來的快去的也快、善理財、賺錢比人快、流失也快的特性。本大運財運好、賺錢機會多、男性女性緣佳、未成家者易有戀愛、財源上較穩定、事業運不錯、能勤儉持家、現實、功利心重、重視享受、慾望較高、易購置財產。

◎劫財的特性如為喜神請看優點，如為忌神請看缺點：

缺點：本年中帶有自尊心強、不可被侵犯、易被激怒、魯莽無計劃性、有投機心態、易破財、易衝動、心急切、不把事情放心上、不重視財物、想到什麼就做什麼、爲人海派、和朋友共享財物、替朋友出面、一生中損財連連的特性。合夥易失利，易遭手足、朋友、同業之拖累或小人之陷害或侵犯他人，夫妻易生糾紛或合夥事業易拆夥、事業不順，易與朋友、兄弟發生衝突，容易因判斷錯誤而損失。

第二十六章

如何從命盤看出來何時會有官非訴訟

如果您常常東家長、西家短，就有可能會惹上官訟是非，有些人一生官非不斷，又有些人也會無緣無故被牽連官非，以現今社會有太多事情無緣無故就會惹出一大堆不在預料中之事、八字之官非看法，大體可從八字看出，以下之八字條件比較會有官非訴訟，請多注意。

1、八字命帶隔角者（神煞），男命、女命常常有口角官訟或牢獄之災。

2、流年十二宮神煞，流年逢五鬼、官符之流年，該注意官非訴訟。

3、傷官星逢正官、七殺星沖剋之流年，因言行而生官非訴訟。

4、身弱，正官、七殺旺之人、一生較易惹官非，如再行官殺運時，須特別留意官非。

5、流年、大運與原局有刑有沖並見，讓全局不安不穩者，該注意官非刑傷。

6、偏印逢沖之流年，也該注意官非訴訟。

7、正官、七殺星逢食神、傷官星沖犯之流年，也會有官非訴訟發生。

8、身弱，正官、七殺旺（16分以上），逢正偏財之大運與流年，該注意官非訴訟。

9、用神正官、七殺逢傷官之大運或流年，該注意官非訴訟。

10、命帶隔角之柱，逢沖動之流年，該注意官非訴訟。

11、原局有傷官見正官（爲禍百端），流年又見傷官來剋正官，表該年是非特別多。

12、身強以正官、七殺爲用神，遭傷官流年來沖破者，也要特別注意官非訴訟。

13、正官、七殺混雜，行財運時，有可能破財又會犯官司，身弱者更可能犯之。

第二十七章

如何從命盤中看出來何時會犯意外血光

我們常聽說：「花無百日紅、人無千日好。」可見能一生不逢意外血光者實在不多，但是有些人身體硬朗，有些人渾身是病、提不起勁，然而八字學卻可從出生之年、月、日時來診斷此人一生之健康狀況，甚至何時會有什麼病或需開刀手術，以下就比較會有意外血光之條件簡述：

1、八字中命帶流霞、羊刃、血刃等凶煞多者，較易流血開刀之災。

2、比肩劫財太旺，又無食神傷官洩氣者，也容易受傷。

3、命局四柱中有「巳酉丑申」全，因有「兩個金」或四柱帶有二字或三字，大運流年走到時，表該年運較易犯血光、開刀等血光之災。

4、身強流年逢羊刃之年，容易發生口角、衝突而使身體受傷。

5、流年與原局合出變成忌神時，也可能見紅喔。

6、反吟、伏吟及忌神之流年大運並臨時，也可能見血光。

7、八字天干地支同出現有傷官、七殺、羊刃，比較容易傷殘。

8、八字食神過旺，或傷官旺，身上易受傷留下傷痕。

9、流年走傷官運，本命局又有傷官見官為禍百端，表該流年不順心之事特別多。

10、原命盤中金木五行過多，又不見水星來通關，也易見血光或生大病。

11、歲運與原局有下列情況之一者，主該歲運有凶災之兆，易見血光。

(1)三干剋一干、一干剋三干。

(2)三支沖一支、一支刑三支。

(3)四支合一支、四干合一干。

12、原命盤地支有二支或三支沖一支，流年再跟它對沖者，易見血光。

13、流年與日支成反吟並透年天干，也易遭遇車禍、開刀之厄。

14、原命盤逢大運流年雙沖，亦易遭遇車禍，也會有流血之災。

15、身強逢羊刃之流年或沖羊刃之流年，易見車禍或血光。

16、日柱天干地支同受沖剋，易見血光、易傷殘或小兒痲痺。

17、年柱日柱同時空亡時，表示有先天性殘疾。

18、日主坐長生，沖破長生之年，恐有傷或殘，有意外發生。

19、流年與日柱反吟、伏吟，亦易有車禍，容易有流血事件。

20、原命盤五行偏少或偏多，逢流年大運沖剋，亦容易發生凶禍，易見血光。

21、壬水年剋丙午日生之人，恐有雙眼受損傷或失明之虞。

22、命局傷官爲忌神，又行傷官流年大運時，易見血光，必會傷身。

23、命局身旺、有羊刃，逢沖剋太歲，會有難以預防之災，或容易受傷有血光。

24、喜神用神遭沖剋，易有受傷、車禍、流血之事發生，尤其流年大運同時又出現沖剋用神之五行，該年主有疾病或傷害發生。

第二十八章 該如何避掉流年12宮神煞的影響力呢？

P25命盤範例

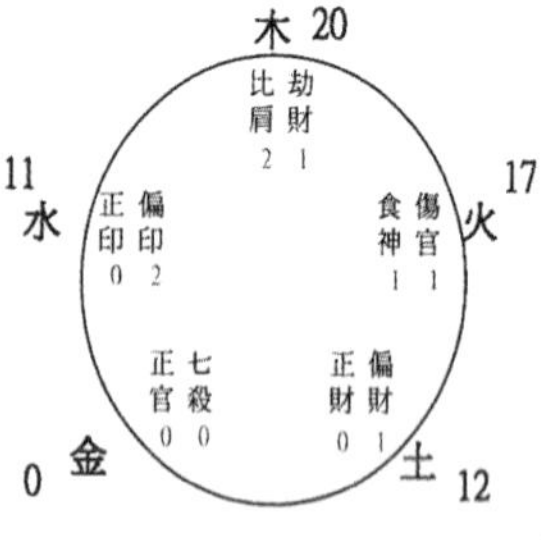

星座：巨蟹座
忌神：木水
喜用神：土金
空亡：辰巳寅卯
血型：AB
格局：傷官格
命宮：辛亥
胎元：丁酉
胎息：己酉
天運五行：金

出生後9年9個月又12天交大運

姓名	P25		性別	女
西元	1962 年			
21	5	7	51	國曆
21	4	6	51	農曆
時	日	月	年	日期
劫財	日元	食神	偏印	主星
乙 木	甲 木	丙 火 ←剋→	壬 水	天干
亥 水	辰 土	午 火 ←半三合→	寅 木	地支
	←合→			
甲壬 木水	癸乙戊 水木土	己丁 土火	戊丙甲 土火木	藏干
比肩 偏印	正印 劫財 偏財	正財 傷官	偏財 食神 比肩	副星
長生 49-64	衰 33-48	死 17-32	臨官 1-16	十二運星
學堂 天德貴人 劫煞 福德 亡神	十靈日 華蓋 金輿 喪門	紅豔 月德貴人 五鬼 金匱 隔角 血刃	驛馬 祿神 天德合	特星神煞

80-89	70-79	60-69	50-59	40-49	30-39	20-29	10-19	歲
戊戌	己亥	庚子	辛丑	壬寅	癸卯	甲辰	乙巳	大運

104 (54歲)	101 (51歲)	98 (48歲)	95 (45歲)	92 (42歲)	年
乙 劫財 未 正財	壬 偏印 辰 偏財	己 正財 丑 正財	丙 食神 戌 偏財	癸 正印 未 正財	干支
小耗	喪門	病符	白虎	小耗	神煞
105 (55歲)	102 (52歲)	99 (49歲)	96 (46歲)	93 (43歲)	年
丙 食神 申 七殺	癸 正印 巳 食神	庚 七殺 寅 比肩	丁 傷官 亥 偏印	甲 比肩 申 七殺	干支
歲破	太陰	太歲	福德	歲破	神煞
106 (56歲)	103 (53歲)	100 (50歲)	97 (47歲)	94 (44歲)	年
丁 傷官 酉 正官	甲 比肩 午 傷官	辛 正官 卯 劫財	戊 偏財 子 正印	乙 劫財 酉 正官	干支
龍德	五鬼	太陽	天狗	龍德	神煞

十二歲建神煞是跟著每個人、每年在變，總共有十二神煞，十二年輪一次，有一些人命格不佳又碰到凶神時，該員該年就很不順利，以下是各十二神煞走到時會發生的一些現象，請參考之。

●太歲：太歲當頭坐、無福便有禍，防車關、刀傷、金屬之傷，小人容易近身，宜安奉太歲祈安自吉，外出遠行盡量避免。

【宜：安奉太歲星君保平安】

●太陽：太陽高照，貴人扶持、休管閒事控制脾氣、以免口舌是非破財、莫爭口舌之非、孕婦忌爬高、小孩易跌倒、防夫妻不睦遠行有財利。

【宜：祈福土地公、太陽星君】

●喪門：喪門入宮來，探病不宜、並忌喪事、犯喪孝、探病帶災、防小人設計、心情浮沈不安、事事要小心、以免發生意外、要防平地掀起千層浪、凶多吉少要注意。

【宜：祈福三官大帝、觀音大士】

●太陰：宜防酒色破財，忌代印作保、易生事煩憂、風波、需防暗中小人陷害、受連累、女士則較能平安順利、但宜防身體欠安。

【宜：祈福太陰星君】

●五鬼：五鬼入宮，易無故生煩閒事莫管、易官訟、破財，小人近身，恐生怪病，此年中以制五鬼官符，逢凶化吉，不然多事端破財、合夥事業不利，常有口舌、官非之災，防劫財暗害，有利考運。

【宜：祈福文昌帝君、玄天上帝】

●小耗：會為小事破財、不利與人合夥生意、防盜賊偷竊財物損失、勿探病或見大體，但因有月德貴人扶持，多積善果可逢凶化吉。

【宜：祈福天上聖母、財神爺】

●歲破：歲破即沖太歲，諸事不利、謀事不遂、心神不定、貪急功近利、外出遠行宜避免、凡事忍耐、守分守己、自可無憂，忌動土，如完婚易破緣、大耗、災煞，有大破財之象或意外事生（女性尤忌歲破之年）。

【宜：安奉太歲君、祈福三寶佛】

●龍德：忌獨斷獨行，親人失和，但因紫微入宮貴人高照、喜事重重、貴人提拔、遠行有財利可得、生意興隆、財利大好、一切事事如意。

【宜：祈福紫微君】

●白虎：忌車關、防小人暗害，白虎入宮易傷人，喜、喪事盡量避免、血光災病、外傷生痛、孝服或其他不測凶事，女人有喜則吉、無喜則憂，宜防朋友失信、倒會或借錢不還。

【宜：祈福南斗星君】

●福德：福德入歲運，萬事吉祥、忌口舌是非、惹官司，如有所求事，早晚敬拜福德正神以招財利市、求之皆應，盡可能少管閒事，否則易生口舌是非。

【宜：祈福福德正神、財寶天王】

●天狗：天狗星入命，出外易水土不合、夜行不利、有損傷、有車關、犯喪門、多煩勞心、病痛流血之憂、有利考試運。

【宜：祈福天上聖母、二郎神君】

●病符：此年勿探病、勿食喪家食物、身體易不安、謀事難如意、保守舊業爲宜、免致浮沈不定而損財、要防小人，勿使身體疲勞過度爲宜。

【宜：祈福神農大帝、藥師佛】

從P25命盤中可看出95年十二宮神煞走白虎，請查閱白虎的解釋然後用什麼方法來解煞最好，請參考用之

從P25命盤中可看出96年十二宮神煞走福德，請查閱福德的解釋然後用什麼方法來解煞最好，請參考用之

從P25命盤中可看出97年十二宮神煞走天狗，請查閱天狗的解釋然後用什麼方法來解煞最好，請參考用之

從P25命盤中可看出98年十二宮神煞走病符，請查閱病符的解釋然後用什麼方法來解煞最好，請參考用之

從P25命盤中可看出99年十二宮神煞走太歲，請查閱太歲的解釋然後用什麼方法來解煞最好，請參考用之

第二十九章

八字犯太歲或沖太歲或空亡如何解運？

運用奇門遁八字「轉運金牌法」來解太歲、空亡之凶運，有效喔！

流年犯太歲之補運法：

因每年都會有不同的人犯太歲，什麼是犯太歲呢？

例如95年屬狗年，那11、23、35、47、59、71、83、95年次（狗）都算是犯太歲。

◎**在這段期間逢太歲降臨，就如同俗語所說：「太歲當頭坐，無端必有禍。」**

所以凡事小心爲要，防車關、刀金之傷，小人容易近身，宜安奉太歲祈安自吉，外出遠行宜避免，破財損失、是非官司請多注意。

因狗年地支是「戌」，建議您可以用半三合的字「午」或六合的字「卯」之轉運金牌來將太歲合掉，這樣一來太歲的力量將減弱，對您的行運比較會有幫助。

PS：請用本書所附之八字軟體，檢查看看您今年有無犯太歲喔！

例如96年屬豬年，那12、24、36、48、60、72、84、96年次（豬）都算是犯太歲。

◎**在這段期間逢太歲降臨、就如同俗語所說：「太歲當頭坐，無端必有禍。」**

所以凡事小心爲要，在今年要注意意外血光、破財損失、是非官司。

因豬年地支是「亥」，建議您可以用半三合的字【卯」或六合的字「寅」之轉運金牌來將太歲合掉，這樣一來太歲的力量將減弱，對您的行運比較會有幫助。

以下以此類推，如懶得換算請用本書所附之軟體算算看就可一目了然。

流年歲破（沖太歲）之補運法：

例如95年屬狗年，那05、17、29、41、53、65、77、89年次（龍）都算是沖太歲。

◎在這段期間逢歲破降臨，就如同俗語所說：「太歲當頭坐，無端必有禍。」所以凡事小心爲要，在今年要注意意外血光、破財損失、是非官司。

因沖狗年的地支是「辰」，建議您可以用半三合的字「子」或六合的字「酉」的轉運金牌來將沖太歲的字合掉，這樣一來就不會有事來干擾太歲了，日後對您的行運比較會有幫助。

PS：請用本書所附之八字軟體，檢查看看您今年有無犯太歲喔！

例如96年屬豬年，那06、18、30、42、54、66、78、90年次（蛇）都算是沖太歲。

◎在這段期間逢歲破降臨，就如同俗語所說：「太歲當頭坐，無端必有禍。」

所以凡事小心爲要，在今年要注意意外血光、破財損失、是非官司。因沖豬年的地支是「巳」，建議您可以用半三合的字「酉」或六合的字「申」的轉運金牌來將沖太歲的字合掉，這樣一來就不會有事來干擾太歲了，日後對您的行運比較會有幫助。

以下以此類推，如懶得換算請用本書所附之軟體算算看就可一目了然。

第三十章

本命八字空亡補運法（很重要）

「空亡」代表運勢減半、助力消失、阻力增加，如不將其合掉或沖掉，此生在某方面將有遺憾產生，空亡分本命年空及日空亡，如何轉運？

P26命盤範例

姓名	P26		性別	女
西元	1958 年			
9	2	5	47	國曆
9	14	3	47	農曆
時	日	月	年	日期
比肩	日元	正印	劫財	主星
己 土	己 土	丙 火	戊 土	天干
巳 火	卯 木	辰 土	戌 土	地支
庚戊丙 金土火	乙 木	癸乙戊 水木土	丁辛戊 火金土	藏干
傷劫正官財印	七殺	偏七劫財殺財	偏食劫印神財	副星
帝旺 49-64	病 33-48	衰 17-32	養 1-16	十二運星
隔驛龍紅角馬德鸞 孤辰	進將元桃神星辰花	紅歲豔破	魁月罡破	特星神煞

（卯—辰：害；辰—戌：沖；卯—戌：合）

79-88	69-78	59-68	49-58	39-48	29-38	19-28	9-18	歲
戊申	己酉	庚戌	辛亥	壬子	癸丑	甲寅	乙卯	大運

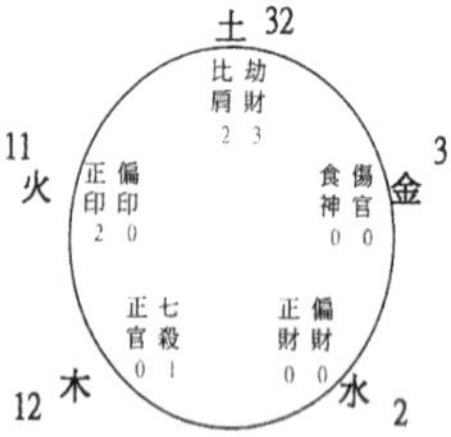

出生後8年10個月又29天交大運

星座：金牛座
忌神：土火
喜用神：金水木
空亡：辰巳申酉
血型：AB
格局：七殺格
命宮：己未
胎元：丁未
胎息：甲戌
天運五行：木

104 (58歲)	101 (55歲)	98 (52歲)	95 (49歲)	92 (46歲)	年
乙 七殺 未 比肩	壬 正財 辰 劫財	己 比肩 丑 比肩	丙 正印 戌 劫財	癸 偏財 未 比肩	干支
福德	歲破	太陰	太歲	福德	神煞
105 (59歲)	102 (56歲)	99 (53歲)	96 (50歲)	93 (47歲)	年
丙 正印 申 傷官	癸 偏財 巳 正印	庚 傷官 寅 正官	丁 偏印 亥 正財	甲 正官 申 傷官	干支
天狗	龍德	五鬼	太陽	天狗	神煞
106 (60歲)	103 (57歲)	100 (54歲)	97 (51歲)	94 (48歲)	年
丁 偏印 酉 食神	甲 正官 午 偏印	辛 食神 卯 七殺	戊 劫財 子 偏財	乙 七殺 酉 食神	干支
病符	白虎	小耗	喪門	病符	神煞

◎在本命的四柱地支中逢空亡，該柱所代表的現象及事物所有好事、壞事都減半，個人的思維較混亂，壓力也會比較重，凡事都施展不開。

1、如果您的命盤「年柱」空亡，代表此生得自長輩、父母親以及工作上司的助力會很少，也就是得不到長上的強大幫助。

建議您可以用一個「」字的轉運金牌來將空亡合掉或沖掉，這樣一來空亡的力量將減弱，對您的行運會有幫助。

2、如果您的命盤「月柱」空亡，代表此生在兄弟姊妹或父母親的助力不大，以及本人內心的特性及創意性全被空亡壓抑，使得才能無法發揮。

建議您可以用一個「」字的轉運金牌來將空亡合掉或沖掉，這樣一來空亡的力量將減弱，對您的行運會有幫助。

3、如果您的命盤「日柱」空亡，代表此生你在外界的表現無法很理想也無法很如願，且配偶的幫助也不大，如果要改變此情況，建議您可以用一個「」字的轉運金牌來將空亡合掉或沖掉，這樣一來空亡的力量將減弱對您的行運會有幫助。

4、如果您的命盤「時柱」空亡，代表此生在事業、家庭、人際關係及子孫、學生、部屬、員工之間的對待無法得到滿意的狀況，且相互的助力也不大，如果要改善此情況，建議您可以用一個「」字的轉運金牌來將空亡合掉或沖掉，這樣一來空亡的力量將減弱，對您的行運會有幫助。

PS：請用本書所附之八字軟體，檢查看看您本命四柱有無空亡喔！

從P26命盤中可看出月柱空亡

由命盤得知你的「月柱」空亡，代表此生得自兄弟姊妹或父母親的助力不大，以及本人內心的特性及創意性全被空亡壓抑，使得才能無法發揮。

從P26命盤中可看出時柱空亡

由命盤得知你的「時柱」空亡，代表此生在事業、家庭、人際關係及子孫、學生、部屬、員工之間的對待無法得到滿意的狀況，且相互的助力也不大。

本命八字流年空亡補運法

◎如果在今年期間逢空亡，代表所有好事都減半，助力也消失怠盡，個人的思維也較混亂，生活壓力也會比較重，如有此現象，建議您可以用一個「」字的轉運金牌來將空亡合掉或沖掉，這樣一來空亡的力量將減弱，對您的行運比較會有幫助。

PS：請用本書所附之八字軟體，檢查看看您今年歲運及四柱有無空亡現象喔！

第三十一章

轉運金牌「奇門遁八字」運用原理與法則

「四柱八字」爲先天落土時本身所帶來的，所以命不能改。

但世上一切能改變現狀的俗稱「運」，確定是可以改變的。

當您發現本身八字結構不佳或運途不順時，是可以用奇門遁八字方式來改變原本的磁場，運用去強補弱、洩、藥、通關的原理來達到改運的效果，學八字的人都知道：

八字中有十神：有五神是正神、有五神是偏神。

正神是：比肩、食神、正財、正官、正印。

偏神是：劫財、傷官、偏財、七殺、偏印。

以四柱八字原理，命盤中的正神或偏神都是好的，而有錯的是正神、偏神。過多「偏旺」或過少「偏枯」對命造本身就不好，會影響流年、大運之走勢，那如何才能改變命造不佳的狀況呢？建議您可以運用奇門遁八字的原理來開運、改運。

八字命造有太多組合，所以會產生很多很多現象，以下就針對幾種人人都關心的現實問題來解盤，如果不好時要怎麼來處理呢？

運用轉運金牌的原理：有好幾種狀況，解法也有多種方法。

本單元先就十種問題一一闡述。

第一節　八字中有過多的正神（三個以上）

以P27命盤爲例，我們可以一目了然看出五行中的金「正官」有三顆，似乎已過多了，也代表是命中的忌神，所以能運用奇門遁八字「轉運金牌」的作用、原理將其中一個合掉，那鐵定對命照本身具有很大的幫助，如發生在其他正神原理、道理一樣，所以只要您懂此原理，將可運用八字奇遁來趨吉避凶了。

正官的特性如爲喜神請看優點，如爲忌神請看缺點：本命造因正官太多缺點就顯現無遺，所以需看缺點部分，優點部分就會少很多

優點：命中帶有重名聲、爲人忠心、順從、有理性、誠實、重聲望、守法、有責任感、守成、頭腦好、作事業穩定、有光明正大的心態、理性守信守法、會有好名氣、是人人心中的好朋友、在職位或官位上較易高升、考試較易上榜、官訟較易勝訴、易得長官提拔、未婚女性較易有戀愛及婚嫁緣。

缺點：本命中帶有不積極、不易有功名、爲人愛面子、優柔寡斷、難有發展、要求多、是非多或會有名譽上之毀謗、降職、失業、與上司不合、考試落榜、求職不順、

受上司之責備、連累等。女性失戀或婚姻不順等煩惱與困擾。

解：可用三會、三合或半三合或六合或六沖之方法，將其中一個正官作處理，讓它不會過旺，就可由忌神變喜神、由凶轉吉，優點就會顯現，缺點就會減低。

P27命盤

姓名	P27		性別	女
西元	1978 年			
國曆	17	19	9	67
農曆	17	17	8	67
日期	時	日	月	年
主星	正印	日元	正官	偏財
天干	癸水	甲木	剋 辛金 合	戊土
地支	酉金	刑 申金	酉金	午火
藏干	辛 金	戊壬庚 土水金	辛 金	己丁 土火
副星	正官	偏財 偏印 七殺	正官	正財 傷官
十二運星	胎 49-64	絕 33-48	胎 17-32	死 1-16
特星神煞	飛刃 六厄 勾絞 紅鸞 桃花 流霞	喪門	飛刃 六厄 勾絞 紅鸞 桃花 流霞	紅豔

歲	74 | 83	64 | 73	54 | 63	44 | 53	34 | 43	24 | 33	14 | 23	4 | 13
大運	癸丑	甲寅	乙卯	丙辰	丁巳	戊午	己未	庚申

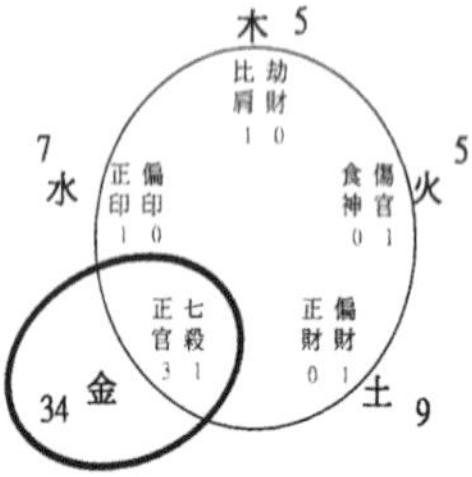

出生後3年9個月又15天交大運

星座：處女座
忌神：金
用神：木水
喜神：
空亡：子丑午未
血型：A
格局：正官格
命宮：癸亥
胎元：壬子
胎息：己巳
天運五行：火

104 (38歲)	101 (35歲)	98 (32歲)	95 (29歲)	92 (26歲)	年
乙 劫財 未 正財	壬 偏印 辰 偏財	己 正財 丑 正財	丙 食神 戌 偏財	癸 正印 未 正財	干支
太陽	天狗	龍德	五鬼	太陽	神煞
105 (39歲)	102 (36歲)	99 (33歲)	96 (30歲)	93 (27歲)	年
丙 食神 申 七殺	癸 正印 巳 食神	庚 七殺 寅 比肩	丁 傷官 亥 偏印	甲 比肩 申 七殺	干支
喪門	病符	白虎	小耗	喪門	神煞
106 (40歲)	103 (37歲)	100 (34歲)	97 (31歲)	94 (28歲)	年
丁 傷官 酉 正官	甲 比肩 午 傷官	辛 正官 卯 劫財	戊 偏財 子 正印	乙 劫財 酉 正官	干支
太陰	太歲	福德	歲破	太陰	神煞

第二節　八字中有兩個（相同）或以上的偏神

以P28命盤爲例，我們可以一目了然看出五行中的水「傷官」有兩顆，五行中的土「偏印」有三顆是乎已過多了，代表有傷官、剋官以及梟印奪食（偏印剋食神）的現象、所以能運用奇門遁八字「轉運金牌」的作用、原理將其中一個合掉，那鐵定對命造本身具有很大的幫助，如發生在其它偏神原理、道理一樣、所以只要您懂此原理，將可運用八字奇遁來趨吉避凶了。

傷官的特性請看缺點部分

缺點：命中帶有愛面子、驕傲、自滿、自以爲是、易有官非甚或刑訟坐牢、易有感情因素而產生糾紛、較會自我推銷、喜自我主張且不易妥協、重名聲、虛榮心強、好勝心強、猜疑的特性、過分感情用事、女人容易對丈夫不滿、男人對事業不順、易以不正當手段求財而惹官非、任性、多小人是非、易得罪他人、易受子女或部屬之連累、或爲部屬或子女事而煩憂等等。

偏印的特性也請看缺點部分

缺點：命中帶有愛插嘴、容易刺激人家、孤僻、抽象化、較被動、粗心、較孤獨、較冷淡、喜怒不形於色、容易否定別人的想法與作法的特性、不易得長上之助益、又易與長輩或顧客發生誤會、事業甚至財務皆不順遂、易有損失、易蒙不白之冤、事事多阻滯、有志難伸、孤立無援、女命較常會爲子女之事操煩。

解：可用三會、三合或半三合或六合或六沖之方法將其中一個偏神處理掉，讓它不會造成傷害，那原命局的殺傷力就不會那麼大了。

P28命盤

姓名	P28		性別	女
西元	1964 年			
23	27	12	53	國曆
23	24	11	53	農曆
時	日	月	年	日期
偏印	日元	七殺	偏財	主星
戊 土	庚 金	丙 火	甲 木	天干
子 水	戌 土	子 水	辰 土	地支
癸 水	丁辛戊 火金土	癸 水	癸乙戊 水木土	藏干
傷官	正劫偏 官財印	傷官	傷正偏 官財印	副星
死 49-64	衰 33-48	死 17-32	養 1-16	十二運星
陽血白金 角刃虎匱	華紅金歲 蓋豔輿破 十魁 靈罡 日	陽血白金 角刃虎匱	日流 破霞	特星神煞

（天干：庚↔甲 剋；庚↔丙 剋；戊↔甲 剋。地支：戌↔辰 沖；子↔辰 半三合；子↔辰 半三合）

78-87	68-77	58-67	48-57	38-47	28-37	18-27	8-17	歲
戊辰	己巳	庚午	辛未	壬申	癸酉	甲戌	乙亥	大運

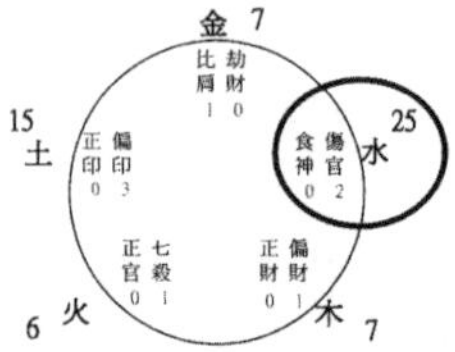

出生後6年6個月又11天交大運

星座：山羊座
忌神：水
用神喜神：金土
空亡：寅卯 寅卯
血型：AB
格局：食神格
命宮：戊辰
胎元：丁卯
胎息：乙卯
天運五行：火

104 (52歲)	101 (49歲)	98 (46歲)	95 (43歲)	92 (40歲)	年
乙 正財 未 正印	壬 食神 辰 偏印	己 正印 丑 正印	丙 七殺 戌 偏印	癸 傷官 未 正印	干支
太陰	太歲	福德	歲破	太陰	神煞
105 (53歲)	102 (50歲)	99 (47歲)	96 (44歲)	93 (41歲)	年
丙 七殺 申 比肩	癸 傷官 巳 七殺	庚 比肩 寅 偏財	丁 正官 亥 食神	甲 偏財 申 比肩	干支
五鬼	太陽	天狗	龍德	五鬼	神煞
106 (54歲)	103 (51歲)	100 (48歲)	97 (45歲)	94 (42歲)	年
丁 正官 酉 劫財	甲 偏財 午 正官	辛 劫財 卯 正財	戊 偏印 子 傷官	乙 正財 酉 劫財	干支
小耗	喪門	病符	白虎	小耗	神煞

第三節　八字中有缺正神者可補上一個正神（很重要）

以P29命盤爲例，我們可以一目了然看出五行中缺水「正財」、五行中缺木「正官」。所以如能運用奇門遁八字「轉運金牌」的作用、原理將其正財與正官補上，那鐵定對命造本身具有很大的幫助，如發生在其他正神原理、道理一樣，所以只要您懂此原理，將可運用八字奇遁來趨吉避凶了。

◎如果能適時補上正財，那正財的優點就會顯現出來。

優點：命中帶有愛熱鬧、有異性緣也很有賺錢機會、做事穩重、重視未來、賺錢機會多、工作較穩定、較有家庭責任、好溝通的特性。男命有女人緣也有菩薩心腸、自己所擁有的也希望旁邊的人擁有、財運好、未成家者易有戀愛、財源穩定、事業多利、喜歡掌握、想擁有、有企劃能力、重視規劃、但心性上會較現實、功利心重、慾望較高、易購置不動產。

◎如果能適時補上正官，那正官的優點就會顯現出來。

優點：命中帶有重名聲、爲人忠心、順從、有理性、誠實、重聲望、守法、有責任感、守成、重地位、頭腦好、事業穩定、有光明正大的心態、理性守信守法、會有好名氣、是人人心中的好朋友、在職位或官位上較易高升、考試較易上榜、官訟較易勝訴、易得長官提拔。如果在命局中發現缺了某一正神，以致行運走到時也無法完全發揮其特性及好運的力道，所以能適實補上喜用之正神，那對其行運會有很大的幫助喔。

P29命盤

姓名	P29		性別	男
西元	1957 年			
11	24	10	46	國曆
11	2	9	46	農曆
時	日	月	年	日期
傷官	日元	傷官	偏印	主星
庚 金	己 土	庚 金	丁 火	天干
午 火	巳 火	戌 土	酉 金	地支
己丁 土 火	庚戊丙 金 土 火	丁辛戊 火 金 土	辛 金	藏干
比肩 偏印	傷官 劫財 正印	偏印 食神 劫財	食神	副星
臨官 49-64	帝旺 33-48	養 17-32	長生 1-16	十二運星
祿神 桃花 福德 紅鸞 流霞	血刃 白虎	魁罡	將星 學堂 文昌	特星神煞

（地支：巳—酉 半三合；午—戌 半三合；戌—酉 害）

76-85	66-75	56-65	46-55	36-45	26-35	16-25	6-15	歲
壬寅	癸卯	甲辰	乙巳	丙午	丁未	戊申	己酉	大運

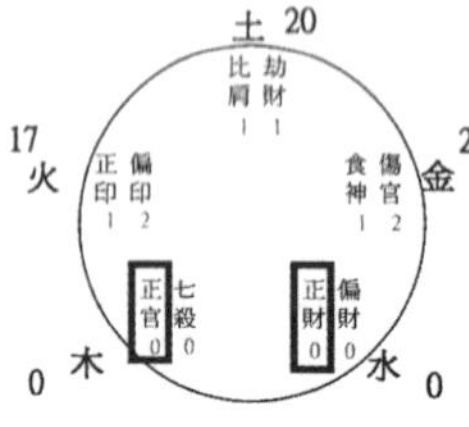

出生後5年2個月又7天交大運

星座：天蠍座
忌神：土火
喜用神：水木
空亡：辰巳戌亥
血型：B
格局：偏印格
命宮：壬子
胎元：辛丑
胎息：甲申
天運五行：火

104 (59歲)	101 (56歲)	98 (53歲)	95 (50歲)	92 (47歲)	年
乙 七殺 未 比肩	壬 正財 辰 劫財	己 比肩 丑 比肩	丙 正印 戌 劫財	癸 偏財 未 比肩	干支
天狗	龍德	五鬼	太陽	天狗	神煞
105 (60歲)	102 (57歲)	99 (54歲)	96 (51歲)	93 (48歲)	年
丙 正印 申 傷官	癸 偏財 巳 正印	庚 傷官 寅 正官	丁 偏印 亥 正財	甲 正官 申 傷官	干支
病符	白虎	小耗	喪門	病符	神煞
106 (61歲)	103 (58歲)	100 (55歲)	97 (52歲)	94 (49歲)	年
丁 偏印 酉 食神	甲 正官 午 偏印	辛 食神 卯 七殺	戊 劫財 子 偏財	乙 七殺 酉 食神	干支
太歲	福德	歲破	太陰	太歲	神煞

第四節　空亡影響本命表運勢最大，如何運用轉運金牌來改變

以P30命盤為例，我們可以一目了然看出四柱地支都呈現空亡的狀況，所以能運用奇門遁八字「轉運金牌」的作用、原理將其空亡處理掉，那鐵定對命造本身具有很大的幫助。

1、由命盤得知你的「年柱卯」空亡，代表此生來自長輩、父母親以及工作上司的助力會很少，也就是得不到長上的強大幫助；

2、由命盤得知你的「月柱辰」空亡，代表此生來自兄弟姊妹或父母親的助力不大，以及本人內心的特性及創意性全被空亡壓抑、使得才能無法發揮；

3、由命盤得知你的「日柱巳」空亡，代表此生你在外界的表現無法很理想也無法很如願，且配偶的幫助也不大。

4、由命盤得知你的「時柱卯」空亡，代表此生在事業、家庭、人際關係及子孫、學生、部屬、員工之間的對待無法得到滿意的狀況，且相互的助力也不大。

解：可用三會、三合或半三合或六合或六沖之方法，將其空亡處理掉，讓它不會將運勢罩住，那在行運上就能有所發揮。

P30命盤

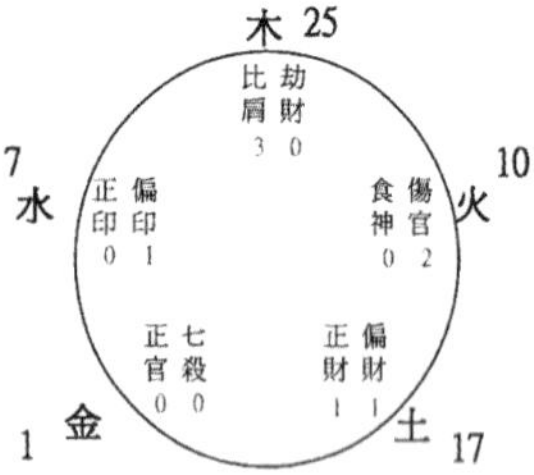

星座：金牛座
忌神：木
喜用神：火金
空亡：辰巳寅卯
血型：A
格局：偏印格
命宮：辛酉
胎元：丁未
胎息：庚申
天運五行：金

出生後8年9個月又13天交大運

104 (53歲)	101 (50歲)	98 (47歲)	95 (44歲)	92 (41歲)	年
乙 比肩 未 偏財	壬 正印 辰 正財	己 偏財 丑 偏財	丙 傷官 戌 正財	癸 偏印 未 偏財	干支
五鬼	太陽	天狗	龍德	五鬼	神煞
105 (54歲)	102 (51歲)	99 (48歲)	96 (45歲)	93 (42歲)	年
丙 傷官 申 正官	癸 偏印 巳 傷官	庚 正官 寅 劫財	丁 食神 亥 正印	甲 劫財 申 正官	干支
小耗	喪門	病符	白虎	小耗	神煞
106 (55歲)	103 (52歲)	100 (49歲)	97 (46歲)	94 (43歲)	年
丁 食神 酉 七殺	甲 劫財 午 食神	辛 七殺 卯 比肩	戊 正財 子 偏印	乙 比肩 酉 七殺	干支
歲破	太陰	太歲	福德	歲破	神煞

姓名	P30					性別	男	
西元	1963 年							
5		2		5		52		國曆
5		9		4		52		農曆
時		日		月		年		日期
偏財		日元		傷官		偏印		主星
己 土		乙 木		丙 火		癸 水		天干
卯 木		巳 火		辰 土		卯 木		地支
乙 木		庚戊丙 金土火		癸乙戊 水木土		乙 木		藏干
比肩		正官 正財 傷官		偏印 比肩 正財		比肩		副星
臨官 49-64		沐浴 33-48		冠帶 17-32		臨官 1-16		十二運星
祿神 伏吟 金匱		血刃 沐浴 金輿 喪門 孤鸞		寡宿 羊刃		祿神		特星神煞
79-88	69-78	59-68	49-58	39-48	29-38	19-28	9-18	歲
戊申	己酉	庚戌	辛亥	壬子	癸丑	甲寅	乙卯	大運

（天干：己、乙 剋；乙、癸 剋。地支：卯、辰 害；辰、卯 害。）

第五節　如果要「求」文昌學問者，可用補正印或正官方式求得

如果在命局中發現缺了某一個學業文昌星，以致在求學、求官的過程中，無法完全發揮其特性及好運的力量，所以能適時補上文昌之喜用正神，那對其行運會有很大的幫助喔。以P31命盤爲例，我們可以一目了然看出缺金「正官」、缺水「正印」，可能會影響學業及官運（長官緣），因爲這兩個宮位是掌管學業及官運、事業，當然也必須考慮（食傷星的喜忌），因爲食傷星代表才華。

解：所以如能運用奇門遁八字「轉運金牌」的作用、原理將其正印與正官補上、那鐵定對命造本身具有很大的幫助，只要您懂此原理，將可運用八字奇遁來趨吉避凶了。

P31命盤

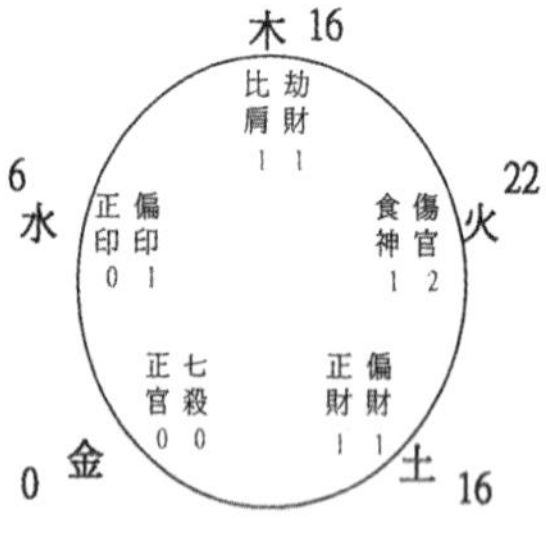

<table>
<tr><td>姓名</td><td colspan="5">P31</td><td colspan="2">性別</td><td>女</td></tr>
<tr><td>西元</td><td colspan="8">1967 年</td></tr>
<tr><td colspan="2">22</td><td colspan="2">9</td><td colspan="2">6</td><td colspan="2">56</td><td>國曆</td></tr>
<tr><td colspan="2">22</td><td colspan="2">2</td><td colspan="2">5</td><td colspan="2">56</td><td>農曆</td></tr>
<tr><td colspan="2">時</td><td colspan="2">日</td><td colspan="2">月</td><td colspan="2">年</td><td>日期</td></tr>
<tr><td colspan="2">劫財</td><td colspan="2">日元</td><td colspan="2">食神</td><td colspan="2">傷官</td><td>主星</td></tr>
<tr><td colspan="2">乙
木</td><td colspan="2">甲
木</td><td colspan="2">丙
火</td><td colspan="2">丁
火</td><td>天干</td></tr>
<tr><td colspan="2">亥
水</td><td colspan="2">辰
土</td><td colspan="2">午
火</td><td colspan="2">未
土</td><td>地支</td></tr>
<tr><td colspan="8">午←合→未；亥←半三合→未</td><td></td></tr>
<tr><td colspan="2">甲壬
木 水</td><td colspan="2">癸乙戊
水 木 土</td><td colspan="2">己丁
土 火</td><td colspan="2">乙丁己
木 火 土</td><td>藏干</td></tr>
<tr><td colspan="2">比肩 偏印</td><td colspan="2">正印 劫財 偏財</td><td colspan="2">正財 傷官</td><td colspan="2">劫財 傷官 正財</td><td>副星</td></tr>
<tr><td colspan="2">長生
49-64</td><td colspan="2">衰
33-48</td><td colspan="2">死
17-32</td><td colspan="2">墓
1-16</td><td>十二運星</td></tr>
<tr><td colspan="2">亡神 學堂 天德貴人 五鬼</td><td colspan="2">十靈日 華蓋 金輿 福德</td><td colspan="2">血刃 紅豔 月德貴人 六厄
隔角</td><td colspan="2">墓庫 天乙貴人</td><td>特星神煞</td></tr>
<tr><td>80
│
89</td><td>70
│
79</td><td>60
│
69</td><td>50
│
59</td><td>40
│
49</td><td>30
│
39</td><td>20
│
29</td><td>10
│
19</td><td>歲</td></tr>
<tr><td>甲
寅</td><td>癸
丑</td><td>壬
子</td><td>辛
亥</td><td>庚
戌</td><td>己
酉</td><td>戊
申</td><td>丁
未</td><td>大運</td></tr>
</table>

出生後9年4個月又30天交大運

星座：雙子座
忌神：火土
喜用神：木水
空亡：寅卯寅卯
血型：0
格局：傷官格
命宮：壬子
胎元：丁酉
胎息：己酉
天運五行：水

104 (49歲)	101 (46歲)	98 (43歲)	95 (40歲)	92 (37歲)	年
乙 劫財 未 正財	壬 偏印 辰 偏財	己 正財 丑 正財	丙 食神 戌 偏財	癸 正印 未 正財	干支
太歲	福德	歲破	太陰	太歲	神煞
105 (50歲)	102 (47歲)	99 (44歲)	96 (41歲)	93 (38歲)	年
丙 食神 申 七殺	癸 正印 巳 食神	庚 七殺 寅 比肩	丁 傷官 亥 偏印	甲 比肩 申 七殺	干支
太陽	天狗	龍德	五鬼	太陽	神煞
106 (51歲)	103 (48歲)	100 (45歲)	97 (42歲)	94 (39歲)	年
丁 傷官 酉 正官	甲 比肩 午 傷官	辛 正官 卯 劫財	戊 偏財 子 正印	乙 劫財 酉 正官	干支
喪門	病符	白虎	小耗	喪門	神煞

第六節　流年凶神來合或來沖本命時，也可用轉運金牌來解決

以P32命盤爲例，我們可以一目了然看出民國98年走土運（偏印）而且是忌神，走忌神運運勢會比較差，同時可能會發生以下事情。

缺點：本年會有愛插嘴、容易刺激人家、同情心少、孤僻、不喜煩雜、抽象化、較被動、粗心、較孤獨、較冷淡、喜怒不流露在外、較不易贊同別人的想法的特性、不易得長上之助益、易與長輩與客人發生誤會、事業甚至財務皆不順遂、易有損失、易蒙不白之冤、事事多阻滯、有志難伸、孤立無援、女命常會爲子女之事憂心。

所以能運用奇門遁八字「轉運金牌」的原理，將流年偏印合掉，那鐵定對命造本身具有很大的幫助，所以只要您懂此原理，將可運用八字奇遁來趨吉避凶了。

解：可用三會、三合或半三合或六合或六沖之方法，將流年偏印合掉，讓它不會過旺，就可將忌神力量降低。

P32命盤

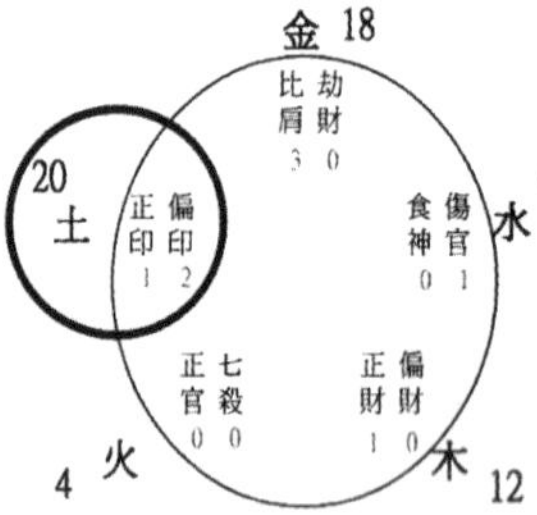

出生後1年5個月又27天交大運

星座：巨蟹座
忌神：金土
喜用神：水木火
空亡：寅卯子丑
血型：A
格局：偏印格
命宮：乙亥
胎元：壬戌
胎息：丙辰
天運五行：火

姓名	P32			性別	女
西元	1964 年				
	22	11	7	53	國曆
	22	3	6	53	農曆
	時	日	月	年	日期
	偏印	日元	比肩	正財	主星
	己 土	辛 金	辛 金	甲 木	天干
	亥 水	酉 金	未 土	辰 土	地支
	甲壬 木水	辛 金	乙丁己 木火土	癸乙戊 水木土	藏干
	正傷 財官	比肩	偏七偏 財殺印	食偏正 神財印	副星
	沐浴 49-64	臨官 33-48	衰 17-32	墓 1-16	十二運星
	月德合 天德合 龍德 紅鸞 陽角 驛馬 沐浴 金輿	祿神 血刃 元辰 桃花 將星 紅豔	寡宿 勾絞	墓庫 飛刃 月德貴人 天德貴人	特星神煞

地支關係：日酉—年辰 合；月未—年辰 合；時亥—日酉—月未 半三合（天干：時己—年甲 合）

72-81	62-71	52-61	42-51	32-41	22-31	12-21	2-11	歲
癸亥	甲子	乙丑	丙寅	丁卯	戊辰	己巳	庚午	大運

104 (52歲)	101 (49歲)	98 (46歲)	95 (43歲)	92 (40歲)	年
乙 偏財 未 偏印	壬 傷官 辰 正印	己 偏印 丑 偏印	丙 正官 戌 正印	癸 食神 未 偏印	干支
太陰	太歲	福德	歲破	太陰	神煞
105 (53歲)	102 (50歲)	99 (47歲)	96 (44歲)	93 (41歲)	年
丙 正官 申 劫財	癸 食神 巳 正官	庚 劫財 寅 正財	丁 七殺 亥 傷官	甲 正財 申 劫財	干支
五鬼	太陽	天狗	龍德	五鬼	神煞
106 (54歲)	103 (51歲)	100 (48歲)	97 (45歲)	94 (42歲)	年
丁 七殺 酉 比肩	甲 正財 午 七殺	辛 比肩 卯 偏財	戊 正印 子 食神	乙 偏財 酉 比肩	干支
小耗	喪門	病符	白虎	小耗	神煞

第七節　「求」流年行大運，可搭配流年所需之十神來補運

如果想在流年求一個好運勢，可以用補流年喜神用神的方式將其好運之十神代表之干支，用事先借運方式補上，那對其流年行運會有很大的幫助喔。

以P33命盤爲例，我們可以看出民國95年上半年走丙火運（比肩運）而且是忌神，下半年走戌土運（食神運）是爲閒神。

解：如果想在95年求大財時就可用「轉運金牌」的原理補上一個「正財辛或酉」，讓尙未走到的財運用奇遁的方式提前走到。

如補上正財後，會比較有異性緣，也很有賺錢機會、做事固定、重視未來、賺錢機會多、工作較穩定、較有家庭責任、好溝通的特性、菩薩心腸、自己有時也希望旁邊的人擁有、財運好、未成家者易有戀愛、財源穩定、事業多利、喜歡掌握、想擁有、有企劃能力、重視未來、慾望較高、比較容易購置不動產。

P33命盤

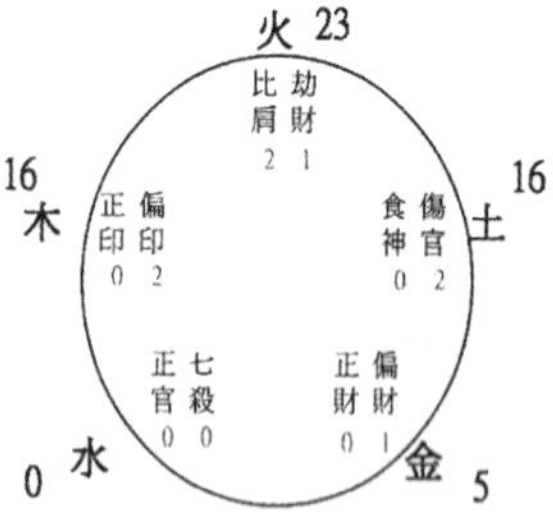

星座：水瓶座
忌神：火木
喜用神：金水
空亡：子丑寅卯
血型：AB
格局：建祿格
命宮：丁丑
胎元：丁巳
胎息：辛未
天運五行：火

出生後8年9個月又12天交大運

姓名	P33		性別	女
西元	1979 年			
4	8	2	68	國曆
4	12	1	68	農曆
時	日	月	年	日期
偏財	日元	比肩	傷官	主星
庚 金	丙 火	丙 火	己 土	天干
寅 木	午 火	寅 木	未 土	地支
戊丙甲 土火木	己丁 土火	戊丙甲 土火木	乙丁己 木火土	藏干
食神 比肩 偏印	傷官 劫財	食神 比肩 偏印	正印 劫財 傷官	副星
長生 49-64	帝旺 33-48	長生 17-32	衰 1-16	十二運星
學堂 元辰 龍德 天喜 紅豔	將星 羊刃 月德 六厄貴人 孤鸞 六秀日	月德貴人 元辰 龍德 天喜 紅豔 學堂	流霞 金輿	特星神煞

天干：庚←剋→丙（日）；丙（日）←剋→丙（月）。地支：午←合→未；寅←半三合→午←半三合→寅。

79-88	69-78	59-68	49-58	39-48	29-38	19-28	9-18	歲
甲戌	癸酉	壬申	辛未	庚午	己巳	戊辰	丁卯	大運

104 (37歲)	101 (34歲)	98 (31歲)	95 (28歲)	92 (25歲)	年
乙 正印 未 傷官	壬 七殺 辰 食神	己 傷官 丑 傷官	丙 比肩 戌 食神	癸 正官 未 傷官	干支
太歲	福德	歲破	太陰	太歲	神煞
105 (38歲)	102 (35歲)	99 (32歲)	96 (29歲)	93 (26歲)	年
丙 比肩 申 偏財	癸 正官 巳 比肩	庚 偏財 寅 偏印	丁 劫財 亥 七殺	甲 偏印 申 偏財	干支
太陽	天狗	龍德	五鬼	太陽	神煞
106 (39歲)	103 (36歲)	100 (33歲)	97 (30歲)	94 (27歲)	年
丁 劫財 酉 正財	甲 偏印 午 劫財	辛 正財 卯 正印	戊 食神 子 正官	乙 正印 酉 正財	干支
喪門	病符	白虎	小耗	喪門	神煞

第八節　地支有太多的花、馬、庫屬不佳命格，可用轉運金牌改變

如果在命局地支中發現有相同之子午卯酉（花）、寅申巳亥（馬）或辰戌丑未（庫），那就屬偏某一種格，對命造會有不良的影響、可用轉運金牌改變其命格喔。

以P34命盤爲例，我們可以看出，地支中有三隻馬：申、申、巳（驛馬星）。代表此人藝高膽大，勞碌奔波。如沒有合，只會亂衝，不懂收成，錢閒不住，開車很快，較會走大路。有車關，易生車禍，手腳較會有問題，多情，愛管閒事。

但該員本身有巳申合，大約可以合掉以上現象約50%以上的功效率，但尚需注意有50%的現象還需要用八字奇遁的方式來改善，才能彌補先天八字的缺憾。

解：可用三會、三合或半三合或六合或六沖之方法，將先天太多的子午卯酉（花）、寅申巳亥（馬）或辰戌丑未（庫）除掉，讓它不會過旺，就可將不順的力量降低。

P34命盤

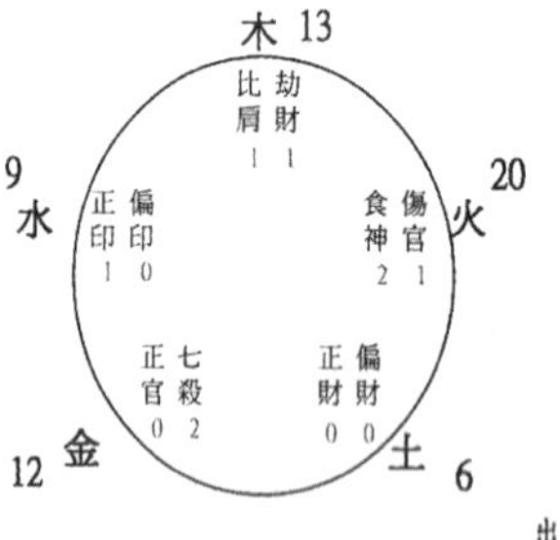

星座：金牛座
忌神：火
喜神、用神：木水
空亡：辰巳午未
血型：AB
格局：食神格
命宮：丁酉
胎元：甲申
胎息：己巳
天運五行：火

出生後3年9個月又9天交大運

姓名	P34	性別	女
西元	1956 年		

時	日	月	年	日期
5	17	5	45	國曆
5	8	4	45	農曆
傷官	日元	正印	食神	主星
丁 火	甲 木（剋：丁←→癸）	癸 水	丙 火	天干
卯 木	申 金	巳 火（合）	申 金（合）	地支
乙 木	戊壬庚 土水金	庚戊丙 金土火	戊壬庚 土水金	藏干
劫財	偏財 偏印 七殺	七殺 偏財 食神	偏財 偏印 七殺	副星
帝旺 49-64	絕 33-48	病 17-32	絕 1-16	十二運星
羊刃 六厄 龍德	血刃 伏吟	文昌 劫煞 福德	血刃 天德合	特星神煞

74-83	64-73	54-63	44-53	34-43	24-33	14-23	4-13	歲
乙酉	丙戌	丁亥	戊子	己丑	庚寅	辛卯	壬辰	大運

104 (60歲)	101 (57歲)	98 (54歲)	95 (51歲)	92 (48歲)	年
乙 劫財 未 正財	壬 偏印 辰 偏財	己 正財 丑 正財	丙 食神 戌 偏財	癸 正印 未 正財	干支
病符	白虎	小耗	喪門	病符	神煞
105 (61歲)	102 (58歲)	99 (55歲)	96 (52歲)	93 (49歲)	年
丙 食神 申 七殺	癸 正印 巳 食神	庚 七殺 寅 比肩	丁 傷官 亥 偏印	甲 比肩 申 七殺	干支
太歲	福德	歲破	太陰	太歲	神煞
106 (62歲)	103 (59歲)	100 (56歲)	97 (53歲)	94 (50歲)	年
丁 傷官 酉 正官	甲 比肩 午 傷官	辛 正官 卯 劫財	戊 偏財 子 正印	乙 劫財 酉 正官	干支
太陽	天狗	龍德	五鬼	太陽	神煞

第九節　男性求姻緣、桃花可用沖日支或補正財方式求得
女性求姻緣、桃花可用沖日支或補正官方式求得

以P35命盤為例，我們可以看出該男性如果想要有更多的女人緣或想結婚，可能需要用八字奇遁的方式將先天的妻位及姻緣位補修好才比較有機會喔。

因男人的妻星是正財，但命盤中並沒見到財星，所以只要補上命中所缺丁、午火（正財），即可明正言順有財星了，機會自然就會比較多喔。

◎**如果能適時補上正財，那正財的優點就會顯現出來。**

比較重視未來、賺錢機會多、工作較穩定、較有家庭責任、男命有女人緣也有菩薩心腸、財運好、未成家者易有戀愛或結婚機會、財源穩定、事業多利。

另一種補法就是用沖的，八字命盤中的配偶宮在日支、如果能找機會沖動日支就有機會叫配偶趕快出現，該員之日支為「子」，所以可用一個「午」字的轉運金牌來沖動配偶宮，那對姻緣桃花就會有很大的幫助了。

其他命例均照此方法來解……如何運用就看您了。

P35 命盤

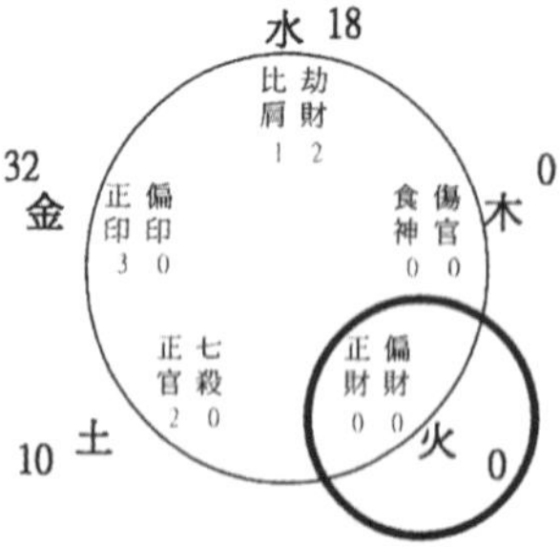

出生後8年10個月又5天交大運

星座：天秤座
忌神：水金
喜用神：木火土
空亡：寅卯寅卯
血型：A
格局：正印格
命宮：甲戌
胎元：甲子
胎息：丁丑
天運五行：土

姓名	P35					性別	男	
西元	1969 年							
17		4		10		58		國曆
17		23		8		58		農曆
時		日		月		年		日期
正官		日元		劫財		正官		主星
己 土		壬 水 (←剋→ 月干)		癸 水		己 土 (←剋→ 月干)		天干
酉 金		子 水 (←刑→ 時支、月支、年支)		酉 金		酉 金 (←刑→ 月支)		地支
辛 金		癸 水		辛 金		辛 金		藏干
正印		劫財		正印		正印		副星
沐浴 49-64		帝旺 33-48		沐浴 17-32		沐浴 1-16		十二運星
桃沐伏金 花浴吟匱		紅六勾天 豔厄絞喜 孤將羊 鸞星刃		桃沐伏金 花浴吟匱		桃沐 花浴		特星神煞
79-88	69-78	59-68	49-58	39-48	29-38	19-28	9-18	歲
乙丑	丙寅	丁卯	戊辰	己巳	庚午	辛未	壬申	大運

104 (47歲)	101 (44歲)	98 (41歲)	95 (38歲)	92 (35歲)	年
乙 傷官 未 正官	壬 比肩 辰 七殺	己 正官 丑 正官	丙 偏財 戌 七殺	癸 劫財 未 正官	干支
天狗	龍德	五鬼	太陽	天狗	神煞
105 (48歲)	102 (45歲)	99 (42歲)	96 (39歲)	93 (36歲)	年
丙 偏財 申 偏印	癸 劫財 巳 偏財	庚 偏印 寅 食神	丁 正財 亥 比肩	甲 食神 申 偏印	干支
病符	白虎	小耗	喪門	病符	神煞
106 (49歲)	103 (46歲)	100 (43歲)	97 (40歲)	94 (37歲)	年
丁 正財 酉 正印	甲 食神 午 正財	辛 正印 卯 傷官	戊 七殺 子 劫財	乙 傷官 酉 正印	干支
太歲	福德	歲破	太陰	太歲	神煞

以P36命盤爲例，我們可以看出該女性如果想要有更多的男人緣或想結婚，可能需要用八字奇遁的方式將先天的夫位及姻緣位補修好才比較有機會喔。

因女人的夫星是正官星，但命盤中並沒見到官殺星，所以只要補上命中所缺金、辛或酉（官殺），即可名正言順有夫星了，機會自然就會比較多喔。

◎如果能適時補上正官，那正官的優點就會跳脫出來。

就會有這種現象，爲人忠心、有理性、誠實、重聲望、守法、有責任感、守成、重地位、頭腦好、事業穩定、有光明正大的心態、理性守信守法、會有好名氣、是人人心中的好朋友、在職位或官位上較易高升、考試較易上榜、官訟較易勝訴、易得長官提拔、未婚女性較易有戀愛及婚嫁緣之機會。

另一種補法就是用沖的，八字命盤中的配偶宮在日支、如果能找機會沖動日支就有機會叫配偶趕快出現，該員之日支爲「辰」，所以可用一個「戌」字的轉運金牌來沖動配偶宮，那對姻緣桃花就會有很大的幫助了。

其他命例均照此方法來解……如何運用就看您了。

P36 命盤

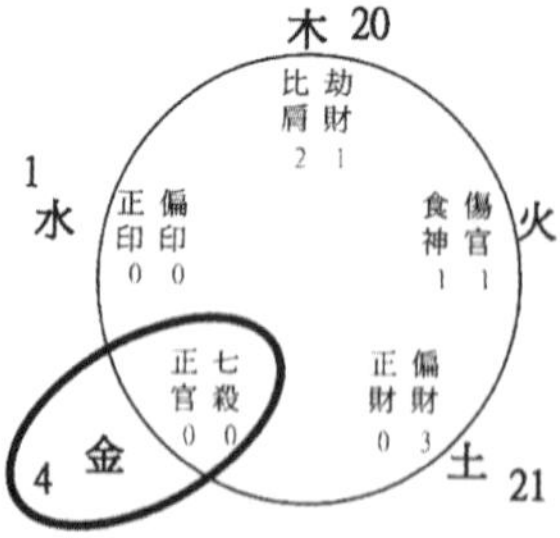

星座：天蠍座
忌神：火土
喜用神：水
空亡：戌亥寅卯
血型：B
格局：偏財格
命宮：辛卯
胎元：己丑
胎息：己酉
天運五行：火

出生後6年1個月又9天交大運

姓名	P36	性別	女	
西元	1986 年			
6	27	10	75	國曆
6	24	9	75	農曆
時	日	月	年	日期
傷官	日元	偏財	食神	主星
丁 火	甲 木	戊 土	丙 火	天干
卯 木 ←害→	合 辰 土 ←沖→	戌 土 ←半三合→	寅 木	地支
乙 木	癸乙戊 水木土	丁辛戊 火金土	戊丙甲 土火木	藏干
劫財	正印 劫財 偏財	傷官 正官 偏財	偏財 食神 比肩	副星
帝旺 49-64	衰 33-48	養 17-32	臨官 1-16	十二運星
羊刃 桃花	華蓋 金輿 月破 喪門 十靈日	魁罡 日破 白虎	驛馬 祿神 月德貴人 天德貴人	特星神煞
77-86 67-76	57-66 47-56	37-46 27-36	17-26 7-16	歲
庚寅 辛卯	壬辰 癸巳	甲午 乙未	丙申 丁酉	大運

(甲、戊 剋)

104 (30歲)	101 (27歲)	98 (24歲)	95 (21歲)	92 (18歲)	年
乙 劫財 未 正財	壬 偏印 辰 偏財	己 正財 丑 正財	丙 食神 戌 偏財	癸 正印 未 正財	干支
小耗	喪門	病符	白虎	小耗	神煞
105 (31歲)	102 (28歲)	99 (25歲)	96 (22歲)	93 (19歲)	年
丙 食神 申 七殺	癸 正印 巳 食神	庚 七殺 寅 比肩	丁 傷官 亥 偏印	甲 比肩 申 七殺	干支
歲破	太陰	太歲	福德	歲破	神煞
106 (32歲)	103 (29歲)	100 (26歲)	97 (23歲)	94 (20歲)	年
丁 傷官 酉 正官	甲 比肩 午 傷官	辛 正官 卯 劫財	戊 偏財 子 正印	乙 劫財 酉 正官	干支
龍德	五鬼	太陽	天狗	龍德	神煞

第十節　命盤中有過多沖、剋、合、害表命格不佳，可用轉運金牌改變

以P36命盤爲例，月干與時干相剋、年干與時干相剋、月干與日干相合、年支與月支呈相沖現象、月支與日支呈相害現象、日支與時支呈相害現象、年支與時支呈相沖現象，在這個命盤上發現有太多的沖、剋、合、害，表示一生多波折，至於這些現象會有怎樣的情形，前面的章節已有清楚說明。

其實不用說∴大家都知道、命盤中如有太多的沖、剋、刑、合、害，對命造本身就比較不那麼平順，請用轉運金牌來改變其先天命格喔。

至於哪一些宮位該合、該沖，也可觀看本中心特別製做的八字奇門遁甲「轉運金牌DVD】教學片。

P37 命盤

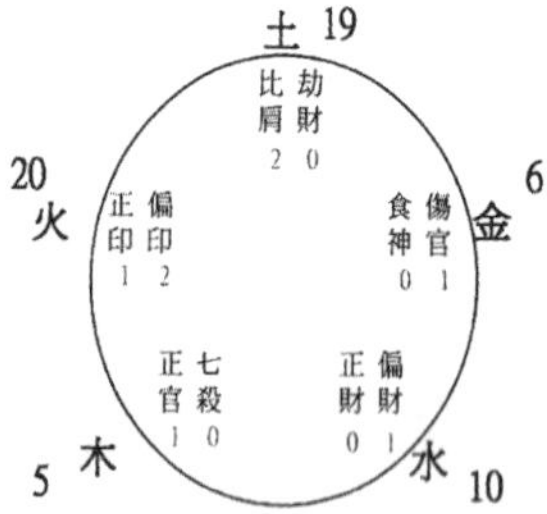

星座：雙子座
忌神：土火
喜用神：金水木
空亡：申酉午未
血型：0
格局：建祿格
命宮：壬辰
胎元：乙酉
胎息：甲子
天運五行：水

出生後5年2個月又25天交大運

姓名	P37		性別	男
西元	1996 年			
11	21	6	85	國曆
11	6	5	85	農曆
時	日	月	年	日期
傷官	日元	正官	正印	主星
庚 金	己 土	甲 木	丙 火	天干
午 火	丑 土	午 火	子 水	地支
己丁 土火	辛癸己 金水土	己丁 土火	癸 水	藏干
比肩 偏印	食神 偏財 比肩	比肩 偏印	偏財	副星
臨官 49-64	墓 33-48	臨官 17-32	絕 1-16	十二運星
流霞 祿神 災煞 歲破 桃花	六秀日 華蓋 墓庫 飛刃	流霞 祿神 災煞 歲破 桃花	天乙貴人 月破 月德貴人	特星神煞

天干：庚剋甲、己甲合、己剋丙
地支：丑子合、午午刑、午丑害、丑午害、午子沖、午子沖

76-85	66-75	56-65	46-55	36-45	26-35	16-25	6-15	歲
壬寅	辛丑	庚子	己亥	戊戌	丁酉	丙申	乙未	大運

104 (20歲)	101 (17歲)	98 (14歲)	95 (11歲)	92 (8歲)	年
乙 七殺 未 比肩	壬 正財 辰 劫財	己 比肩 丑 比肩	丙 正印 戌 劫財	癸 偏財 未 比肩	干支
龍德	五鬼	太陽	天狗	龍德	神煞
105 (21歲)	102 (18歲)	99 (15歲)	96 (12歲)	93 (9歲)	年
丙 正印 申 傷官	癸 偏財 巳 正印	庚 傷官 寅 正官	丁 偏印 亥 正財	甲 正官 申 傷官	干支
白虎	小耗	喪門	病符	白虎	神煞
106 (22歲)	103 (19歲)	100 (16歲)	97 (13歲)	94 (10歲)	年
丁 偏印 酉 食神	甲 正官 午 偏印	辛 食神 卯 七殺	戊 劫財 子 偏財	乙 七殺 酉 食神	干支
福德	歲破	太陰	太歲	福德	神煞

「轉運金牌」（奇門遁八字）之轉運原理

PS：用合的原則下可用三會、六合或三合或半三合，都可選用，但有一重要原則就是，當其合化後之五行，最好是其命造之喜用神。

經過長時間印證，用上述方式來解八字本命之缺點，效果相當顯著，信則靈。

（天干五合）
甲己合化土
乙庚合化金
丙辛合化水
丁壬合化木
戊癸合化火

（六合）
子丑合化土
午未合化火
卯戌合化火
辰酉合化金
巳申合化水
寅亥合化木

（三合）
申子辰—水
寅午戌—火
巳酉丑—金
亥卯未—木

（三合）
申子—水
子辰—水
寅午—火
午戌—火
巳酉—金
酉丑—金
亥卯—木
卯未—木

（三會局）
寅卯辰合化木
巳午未合化火
申酉戌合化金
亥子丑合化水
辰戌丑未歸土

（六沖）
子午
丑未
寅申
卯酉
辰戌
巳亥

以力量大小依序爲　三會＞三合＞半三合＞六合

PS最後也希望對「轉運金牌」（字奇門遁八字）有不明瞭者可來電互相研究。

本中心也有研發「轉運金牌」以提供讀者開運、改運，可來電洽詢可上網瞭解　網址：www.abab.com.tw或www.131.com.tw

第十一節　由日元直接查出各天干及地支的十神代表字元

以下將各種日主五行分類及其十神所代表的干支分別列出，以方便讀者迅速查到資料，在運用轉運金牌時方可迅速比對，才能正確診斷而對症下藥來改善命局不佳之狀況。

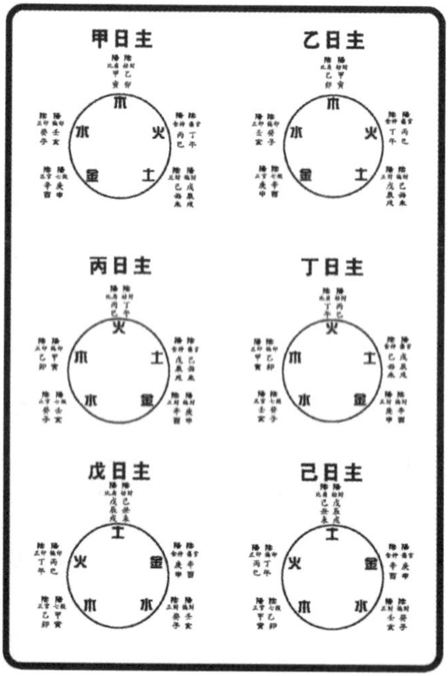

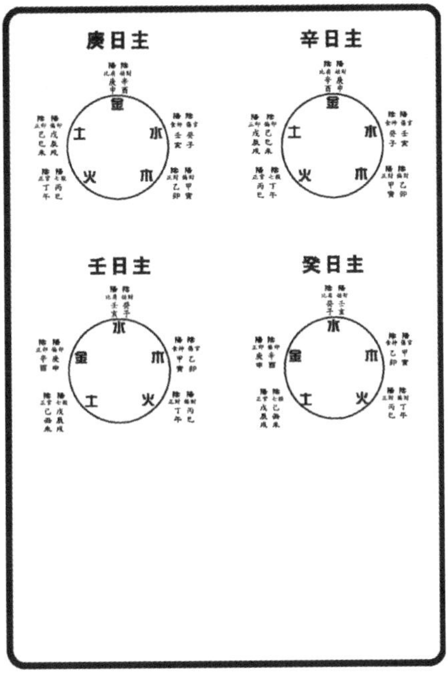
庚日主
金
土
水
火
木
辛日主
金
土
水
火
木
壬日主
水
金
木
土
火
癸日主
水
金
木
土
火

第十二節　轉運金牌開光步驟與應用

拿至本身所信奉或尊敬的廟宇或神壇或土地公廟過香火或用金罡指開光，先報上姓名、地址，然後在心中默唸所求之事後，按下方文案唸完，再用金罡指指向金牌，即可完成開光手續。

請照以下咒語唸：

身中諸內境。三萬六千神。動作履行藏、前劫並後業、願我身自在。常住三寶中，當於劫壞時、我身常不滅，頌此真文時、身心口業皆清淨，先請太陽神君、太陰星娘娘開敕「太陽和月亮」，再奉請五路財神、福德正神……等降敕轉運金牌

讓持護之人、財入黃金萬兩……降納千祥、心想事成大賺錢、急急如律令勅

「轉運金牌」內鑲印有密教「吉祥八寶」法螺、法輪、寶傘、白蓋、蓮花、寶瓶、金魚、盤長】及般若波羅蜜多心經。

如需轉運金牌之各項資料請洽老師處取得

本中心有錄製八字論命初、中、高批命教學DVD共50單元、八字進階論命課程DVD13

單元，全部採現場上課錄影方式錄製，有老師與學生互動提問，易學易懂，保證是市面上最詳實、詳盡的教材，也保證您一定學的會，老師也絕不保留將八字的開運、改運方法全部在課程中解說，也有詳實的講義，保證日後輔導。

本中心也研發一套八字論命軟體（號稱內容最詳細、最精準的論命軟体），想擁有一套不用學八字就可以批出精準八字流年命書，不想學八字但想要瞭解命運者，或是您已有在幫朋友、客戶批八字者，這是一套值得您擁有的好工具，買這一套準沒錯。

吉祥坊易經開運中心服務項目

一、命理諮詢附八字詳批，奇門遁甲用事方位一個月	1800元
二、命名、改名，附改前、改後命書流年一本	2680元
三、一般開市、搬家、動土、擇日，附奇門遁甲擇日	1200元
四、嫁娶合婚擇日，附新郎、新娘八字命書一本	3600元
五、剖腹生產擇日，附72張時辰命盤優先順序	3600元
六、陽宅鑑定及規劃佈局，附男、女主人八字命書一本	4800元
七、開運印鑑，附八字流年命書一本	4500元
八、吉祥印鑑	1800元
九、助運名片設計製作，附八字流年命書一本	2680元
十、八字命理班招生初、中、高階（共50小時）	讀者特優惠
十一、陽宅規劃班招生初、中、高階（共60小時）	讀者特優惠
十二、姓名學招生（23小時）	讀者特優惠
十三、其他教學VCD或開運物品上網查閱	
十四、八字、擇日及婚課、奇門遁甲、姓名學、數字等軟體	請上網流覽

本中心也提供（免費）網上即時論八字、姓名、數字吉凶等等。

網址：www.abab.com.tw

服務處：台中市西屯區西屯路二段297之8巷78號（逢甲公園旁）

TEL：04-24521393　FAX：04-24513496

E-mail：w257@yahoo.com.tw

感謝各位讀者購買本書

凡上網登錄爲本中心會員可享每月開運寶典秘法電子報，許多是用錢都買不到的知識喔！

中國五術教育協會副理事長

黃恆堉 著作

學八字，這本最好用

定價：300 元

（附八字論命光碟）

看完本書，保證你一定會精準斷八字。

學姓名學，這本最好用

定價：320 元

（附光碟）

保證一分鐘得知姓名吉凶!!附贈價值 2000 元電腦軟體。

學數字斷吉凶，這本最好用

定價：320 元

(附數字斷吉凶光碟)

史上最容易上手，最實用的命理書只要看懂中文字，隨時隨地都能上手。

初學手相，這本最好用

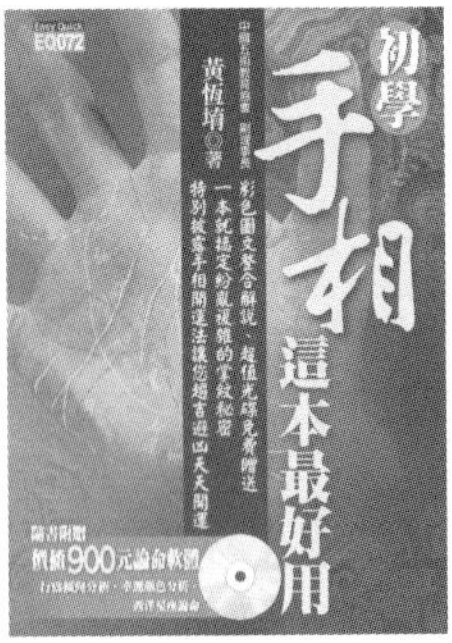

定價：300 元

（附光碟）

彩色圖文整合解説，附贈超值光碟論命軟體，一本就搞定紛亂複雜的掌紋秘密。

黃恆堉

◎吉祥坊易經開運中心負責人
◎右成企管顧問有限公司負責人
◎中國五術教育協會理事兼學術講師
◎中華風水命相學會學術講師
◎智盛國際公關有限公司專任講師
◎永春不動產加盟總部陽宅講師兼顧問
◎中華眞愛生命關懷協會常務理事
◎美國南加州理工大學 MBA（研究中）
◎國際行銷大學企業行銷班講師
◎中小學、大專、社團全腦開發兼任講師
◎緯來電視台天外有天粗鹽開運節目老師
◎大學社團、讀書會、命理與人際關係養成講師
◎各大壽險公司，命理行銷專題講師（1000个場）
◎扶輪社、獅子會、青商會、婦女會等社團命理講座
◎中信、住商、太平洋、信義房屋、面相陽宅開運法講師
◎著有：學姓名學，這本最好用
學八字，這本最好用
八字論命軟體一套
數字論吉凶隨查手册一本
十二生肖姓名學 VCD 一套
開運名片教學 VCD 一套
開運印鑑教學 VCD 一套
奇門遁甲流手册及軟体一套
心想事成開運法 VCD 一套
手相速查手册彩色版一本

中華星相易理堪輿師協進會全國總會理事長

張清淵 著作

學擇日，這本最好用

定價：320 元
（附光碟）
以分為單位突破傳統，融合東西哲學與科學的運用。

我的第一本八字學習書

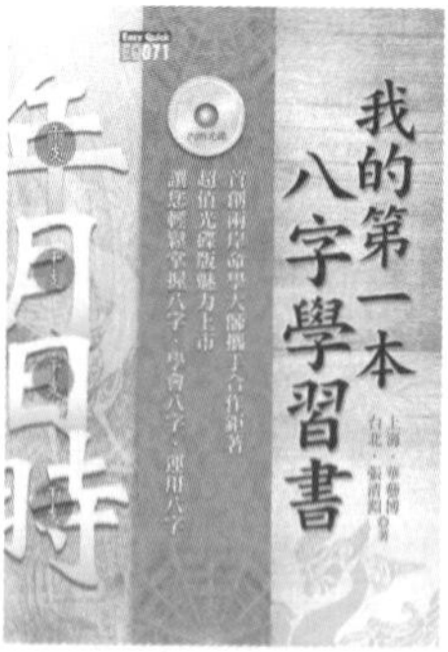

定價 360 元
（附光碟）
超值光碟版魅力上市
讓您輕鬆掌握八字、學會八字、運用八字

第一次學紫微斗數就學會

定價：320 元
（附命盤光碟）
擁有本書，讓您 30 秒排出命盤，三分鐘解析運勢吉凶。

天下第一風水地理書

定價 888 元
（800 頁，彩色印刷）
動員近百位頂尖堪輿專家通力合作
一本足以傳世的風水地理寶典

張清淵

中華民國全國總工會　理事
中華五術社團聯盟總會　總會長
中華星相易理堪輿師協進會全國總會　理事長
中華道教清微道宗總會全國總會　理事長
中華民國關懷工傷者協會　常務理事
中華民國職業工會全國聯合總會　常務理事
台灣省星相卜卦堪輿職業工會聯合會　創會理事長
台北縣星相卜卦堪輿業職業工會　創會理事長
淡江、萬能、元智、華梵、第四屆全國大專院校等各大學易學社　專任指導教授
台視、華視、中視、民視、三立、超視、衛視、蓬萊仙山等有線電視節目　專訪主講老師
河南周易專修學院　名譽院長兼教授
重慶躍華塑膠集團　顧問
玉玄門星相地理五術研究傳授服務中心　負責人
玉宸齋有限公司　董事長

著作

神妙玄微紫微斗數
星座生肖血型全方位論命術
第一次學紫微斗數就學會
奇門三元七政天星綜合擇日電腦軟體
綜合姓名學軟體
發財開運寶典（每年出版一本）
太上大道道德經參悟（善書歡迎助印）
中華象數預測集錦（上、下冊）
中國文史哲通鑑
學擇日，這本最好用
紫微八字姓名易經奇門星座綜合軟體
居家風水不求水、品頭論相 DVD 專輯
玉玄門綜合羅盤
學陽宅風水，這本最好用

周易道玄養生堂負責人

黃輝石 著作

活學妙用易經 64 卦

定價：350 元

中國古老智慧，一生必讀經典。

活學活用生活易經

定價：260 元

輕鬆霑濡《易經》的博大精深。

學會易經・占卜的第一本書

定價：300 元

易經占卜最權威，最暢銷的一本書，引領您輕鬆進入易經占卜的世界。

黃輝石

◎祖籍台灣嘉義朴子，一九五八年生。

◎東方工專工管科畢業、中華道教學院研究生。

◎現任周易道玄養生堂負責人、中華道教學院易經講師、中華道教學院校友會第二屆會長。

◎早年與趣頗為廣泛，研究過堪輿、紫微、八字、姓名學、奇門遁甲、六壬神式、手面相、道教神學、易經卜卦等。

◎人生志願：希望能研究出一套簡捷的方法，讓易經生活化。

亞洲最大命理網站「占卜大觀園」命理總顧問

陳哲毅 著作

學會面相學的第一本書

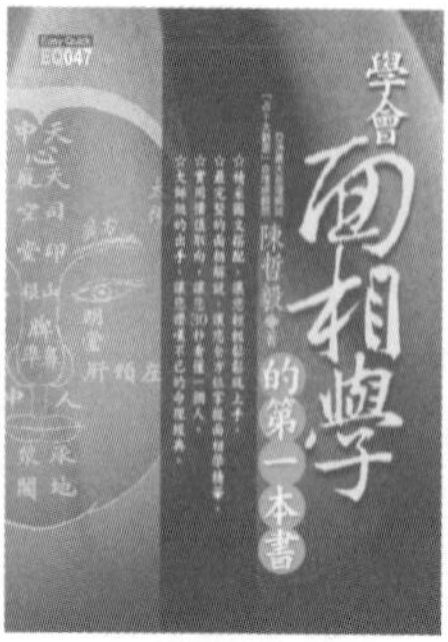

定價：250 元

圖文搭配解說，讓您輕鬆學會面相學。

學會手相學的第一本書2（事業、感情篇）

定價：250 元

按圖索驥，一分鐘告訴你愛情、事業運。

學會手相學的第一本書（基礎入門篇）

定價：250 元

精采圖文搭配，讓讀者輕輕鬆鬆看懂掌紋秘密。

第一次學面相學就做對

定價：250 元

最完整詳盡的解說，讓您有系統掌握面相學堂奧。

陳哲毅

◎亞洲最大個人命理資料庫網站「占卜大觀園」命理總顧問。

◎淡江大學、華梵大學、萬能技術學院等校易學研究社指導老師。

◎中華民國九十二年十大傑出命理金像獎。

◎曾任中國河洛理數易經學會理事長、日本高島易斷總本部學術顧問。

◎現任中華聯合五術團體總會會長、中國擇日師學會理事長、中華五術社團聯盟總會會長、大成報專欄作家。

◎著有《學梅花易數，這本最好用》《第一次學手相學就學會——事業感情篇》《第一次學手相學就學會——基礎入門篇》《第一次學面相學就學會》《學會面相學的第一本書》《姓名學開館的第一本書》《陳哲毅姓名學講堂》《學習姓名學的第一本書》《陳哲毅教您取好名開福運》等 70 餘種。

國家圖書館出版品預行編目資料

大師教你學八字 / 黃恆堉著.
－－第一版－－臺北市：知青頻道出版；
紅螞蟻圖書發行，2007.12
面　；　公分－－(大師系列；7)
ISBN 978-986-6905-80-3（精裝附光碟）

1.命書 2.生辰八字

293.1　　　　96022479

大師系列 7

大師教你學八字

作　　者／黃恆堉
美術構成／Chris' office
校　　對／楊安妮、黃恆堉
發 行 人／賴秀珍
總 編 輯／何南輝
出　　版／知青頻道出版有限公司
發　　行／紅螞蟻圖書有限公司
地　　址／台北市內湖區舊宗路二段121巷19號（紅螞蟻資訊大樓）
網　　站／www.e-redant.com
郵撥帳號／1604621-1　紅螞蟻圖書有限公司
電　　話／(02)2795-3656（代表號）
傳　　真／(02)2795-4100
登 記 證／局版北市業字第796號
法律顧問／許晏賓律師
印 刷 廠／卡樂彩色製版印刷有限公司
出版日期／2007年12月　第一版第一刷
　　　　　2023年11月　　　第六刷(500本)

定價 499 元　港幣 166 元

ISBN 978-986-6905-80-3　　　Printed in Taiwan